KB141045

한 번만 읽으면 평생 잊을 수 없다

15초 영단어

IRASUTOKIOKUHOU DE NOU NI SURIKOMU EITANGO 1880
written by Kuniaki Yoshino & Takayuki Nagai, supervised by Fumiaki Sato

First published in Japan by ASA Publishing Co., Ltd., Tokyo

This Korean edition is published by arrangement with ASA Publishing Co., Ltd., Tokyo
in care of Tuttle-Mori Agency, Inc., Tokyo through Yu Ri Jang Agency, Seoul.

한 번만 읽으면
평생 잊을 수 없다
15초
영단어
TOEIC®
완전 정복
3,000 보카 수록
지은이 요시노 구니아키
나가이 다카유키
감 수 사토 후미아키
옮긴이 김은하
윌북

들어가며

좀처럼 늘지 않는 영어 때문에 고민하는 분들께

'단어를 다 잊어버렸어', '점수가 도통 오르지 않아', '영어가 늘 제자리걸음이야', 이런 고민에 빠져 있나요? 비영어권 학습자라면 누구나 같은 숙제를 품고 있을 겁니다. 그중에서도 피할 수 없는 골칫덩이가 있습니다. 바로 '영어 단어'입니다.

실제로 단어 암기에 쏟아붓는 시간이 전체 영어 학습 시간의 80%나 됩니다. TOEIC 730점 이상을 받으려면 평균 1,000시간 정도 공부해야 한다고 하는데, 계산해보면 영단어에 800시간이 필요합니다.

다시 말해 영어가 고민인 분들은 막대한 시간을 단어 암기에 쏟아부어야 하지만, 현실은 그렇지 못하니 매번 좌절하게 됩니다.

그러나 관점을 바꿔보면 다음과 같은 논리가 성립합니다. '단어만 정복하면 영어 실력은 껑충 뛰어오른다!' 과연 그럴까요?

자, 아래 문장을 해석해보세요.

Our instinctive gut reactions developed in a world full of hungry wild animals and warring tribes, where they served important functions.

솔직히 이 문장을 척척 해석하는 사람은 별로 없습니다. 어려운 단어가 종종 나오니까요. 이번엔 일부 단어를 우리말로 바꿔볼까요?

Our 본능적인 직감에 따른 반응 발달했다 in a 세계 가득한 of 굶주린 야생의 동물들 and 대적하는 부족, where they 담당한다 중요한 기능.

어떤가요? 영어로만 쓰인 문장에 비해 무슨 말인지 대강 이해가 되지요? 모범 답안을 써보면 다음과 같습니다.

우리의 본능적인 직감에 따른 반응은 굶주린 야생동물이나 적대 부족들로 가득한 세계 속에서 발달해온 것으로, 그러한 세계에서는 이 반응이 중요한 기능을 담당했다.

복잡해 보이는 문장도 단어 뜻만 제대로 알면, 어느 정도 해석이 가능합니다. 비영어권 학습자에게 영단어가 얼마나 중요한지 알 수 있는 대목입니다. 하지만 앞서 언급한 골칫덩이가 발목을 잡습니다. '그토록 중요한 영어 단어가 잘 외워지지 않는다', 이것이 문제입니다!

그렇다고 포기할 수는 없지요. 이 책에서는 단어의 벽을 뛰어넘기 위해 '이미지 기억법'을 적용했습니다. 이미지로 단어를 암기하면 오래도록 기억에 남는다는 사실에 기초하여 고안한 방법입니다.

영어 실력의 기본이 되는 영단어 3,000개를 엄선하여 한 단어당 15초면 암기가 끝나도록 구성했습니다. 참고로 영국 언어학자의 조사에 따르면 회화에 필요한 영단어는 850개로, 이 책에서는 850개의 3.5배에 달하는 양을 쉽게 외울 수 있도록 여러분을 안내합니다.

알아두면 활용도가 높은 필수 영단어 3,000개. 이 책으로 정복해 보세요.

사토 후미아키

머리말

'뇌가 좋아하는 공부법'이 따로 있다

먼저 당부의 말씀을 드리고 싶습니다. '정말 나도 쉽게 외울 수 있을까?' 불안해할 필요가 없다는 사실입니다. 저는 그동안 영어 교실을 운영해오며 '이미지 기억법'을 적용했고 이 학습법은 초등학생에게도 80대에게도 나름의 효과가 입증되었기 때문입니다.

사실 제가 이 기억법의 세계에 눈을 뜬 것은 마흔이 지난 무렵이었습니다. 암기에 영 소질이 없어서 영어 단어장을 구입해도 얼마 못 가 포기하기 일쑤였죠. 영단어 20개를 외우는 데 꼬박 하루가 걸렸지만, 이튿날 대부분 기억이 나지 않았습니다. 여러 번 써보기도 하고 소리 내어 외워보기도 했지만 별 효과가 없었습니다.

그러던 중 문득 하나의 아이디어가 떠올랐습니다. 명문대 졸업생들의 공부법을 파헤쳐보기로 한 것이죠. 이 친구들은 딱히 죽을힘을 다해 공부하지 않는데도 시험만 쳤다 하면 보란 듯이 우수한 성적을 거두더군요. 학창 시절 그 친구들을 보며 좋은 머리를 지닌 우수한 유전자가 따로 존재한다고 생각했어요. 그런데 실제로는 틀린 생각이었습니다.

그 친구들은 '뇌가 좋아하는 공부법'을 익히고 최대한 활용한 덕분에 공부 시간이 길지 않아도 고득점을 얻은 것이었습니다.

'뇌가 좋아하는 공부법'은 기억력과 관계 있습니다. 이 기억력을 향상시키려면 '반복'이 무엇보다 중요합니다. 따라서 뇌의 특성을 잘 활용하면 반복 횟수를 줄여서 시간을 크게 절약할 수 있습니다. 뇌의 특성을 활용하여 기억력을 높이는 방법은 다음 3가지입니다.

[기억력을 높이는 3가지 방법]

① 이미지로 보여줄 때 = 시각 정보(그림 또는 사진)를 제공할 때

② 쾌감을 느낄 때(예: 재밌다! 즐겁다! 신난다! 끝냈다! 해냈다! 알겠다!)

③ 반복 횟수가 많을 때

이러한 뇌의 특성을 면밀히 고려해 만든 이 책은, TOEIC 800점대로 점수를 올리려면 반드시 임기해야 할 영단어 3,000개를 세 영역으로 나누어 실었습니다.

실제로 TOEIC 500점대 학생들이 빠르면 2개월, 늦어도 6개월 만에 만족할 만한 점수를 올려 대학원에 입학하거나 대학 편입 시험에 합격했습니다. 영어 실력이 형편없어서 고민하던 회사원은 승진 시험에서 좋은 결과를 얻었다고 합니다.

이 책은 수많은 사람들에게서 효과를 입증한 방법을 한 권의 책으로 응축한 것입니다. 방법을 약간만 바꿔도 결과는 완전히 달라질 수 있습니다. 부디 독자 여러분도 이 책에 소개한 방법을 활용하여 그 효과를 누려보시길.

요시노 구니아키

Part A 차이를 결정짓는 중요 단어

TOEIC 800점대로 점수를 올리기 위해 반드시 암기해야 할 중요 영단어를 정리했습니다. Part A는 유머러스한 짧은 문장을 한 컷의 '일러스트'로 표현하여 머릿속에 해당 단어의 이미지가 남도록 구성했습니다. 이미지를 떠올리면서 외운 단어는 뇌에 시각 정보로 새겨지므로 기억이 오래도록 남습니다.

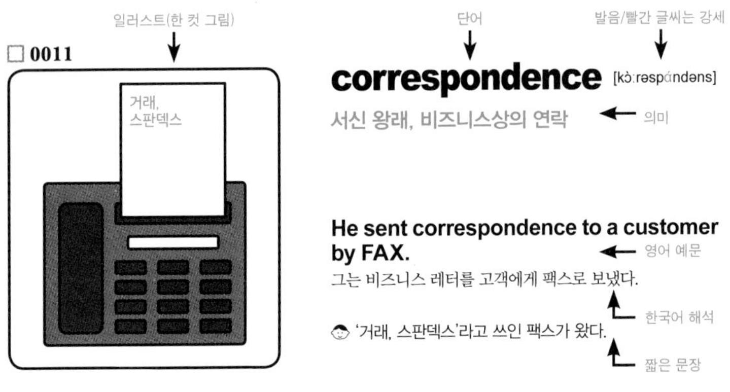

NOTE : Part A 예문은 원어민이 작성했습니다. 영어 초급자도 이해하기 쉬운 문장을 쓰는 데 초점을 맞추다 보니 표현이 다소 어색한 경우가 있습니다. 이 점을 감안하면서 학습해주세요.

Part B 고득점을 위한 필수 단어

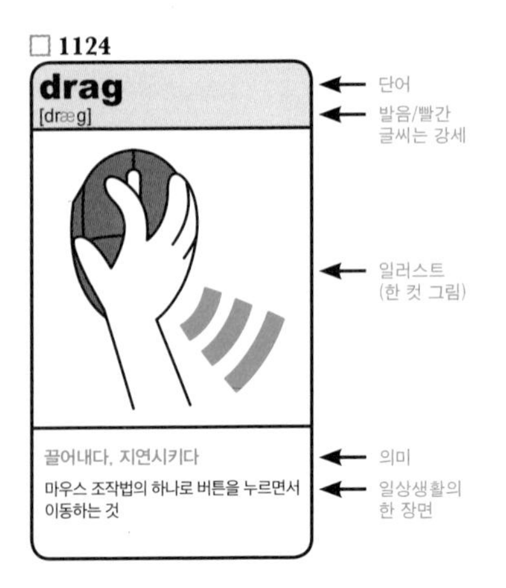

TOEIC 800점을 목표로 일상생활에서 자주 쓰는 사물을 엄선하여 이미지로 표현했습니다. 즉 Part B는 '일상의 한 장면'을 확인하는 과정을 통해 뇌에 '신선한 자극'을 줍니다. 이 방법으로 단어를 외우면 이후 해당 단어와 다시 마주칠 때 '바로 이거야!', '그래! 맞아!' 하고 뇌에 쾌감을 불러일으키므로 기억이 오래갑니다.

Part C 시험 전에 확인해야 할 기본 단어

Part C에는 TOEIC 시험을 준비하는 사람이라면 최소한 알아야 할 단어를 수록했습니다. 중학교 수준에 해당하지만 결코 소홀히 할 수 없는 기본 단어입니다. 한 단어에 의미가 다양한 경우가 많으나 이 책에서는 단어마다 대표적인 의미만 기재했습니다. 차차 다양한 의미와 쓰임도 익혀가길 바랍니다.

'이미지 기억법'의 활용

1 짧은 문장을 읽고 떠오른 이미지를 머릿속에 그려본다.

'한 컷 일러스트'는 특정 장면을 포착하여 간략히 나타낸 그림입니다. 처음에는 짧은 문장만 읽고 '등장인물의 위치는 어디일까?', '표정은 어떨까?', '희망 사항은 무엇일까?', '주변에는 무엇이 있을까?' 이러한 점을 상상해봅니다. 생각이 잘 나지 않을 때는 책에 실린 한 컷 일러스트를 봅니다.

※ 꼭 책에 실린 한 컷 일러스트대로 상상할 필요는 없습니다.

2 짧은 문장을 소리 내어 읽고 떠오른 이미지를 '한 컷 일러스트'에서 찾아보자.

짧은 문장을 소리 내어 읽고 떠오른 이미지를 한 컷 일러스트에서 찾아 손으로 짚어봅니다. 소리 내어 읽을 때는 영어 단어와 우리말 단어의 비슷한 발음을 활용한 언어유희나 의미를 주의 깊게 살펴봅니다.

※ 중요! 이미지를 떠올릴 때는 시선을 눈높이보다 좀 더 위쪽에 둡니다.

● 1시간 후 암기율이 80%를 밑돌 때는……

1번에서 머릿속에 떠올린 그림을 실제로 종이에 그려봅니다.

CONTENTS

Part A

차이를
결정짓는
중요 단어

1122

☐ 0001

archive [ά:rkaiv]

보관하다, 보관소, 서고

They archive videos.
그들은 비디오를 보관하고 있다.

아가 이불함에 보관한 돼지 인형.

☐ 0002

overwhelm [òuvərhwélm]

압도하다

The sumo overwhelmed his opponent.
스모 선수는 상대를 압도했다.

오버한 웰컴 표현으로 압도하다.

☐ 0003

scrutinize [skrú:tənàiz]

면밀히 조사하다

They scrutinized her opinion.
그들은 그녀의 의견을 면밀히 조사했다.

"스크루에 티끌 하나 없이 면밀히 조사해!"

☐ 0004

terrible [térəbl]

끔찍하다

It was a terrible accident.
그것은 끔찍한 사고였다.

데리야키 소스를 바른 불도그의 얼굴은 끔찍하다.

☐ 0005

amount [əmáunt]

양

She eats a big amount of donuts.
그녀는 도넛을 엄청 많이 먹는다.

아마 해녀의 운동량은 어마어마할 것이다.

☐ 0006

analysis [ənǽləsis]

분석

The market analysis is finished.
시장 분석이 끝났다.

어느 나무에 숨었는지 분석하다.

☐ 0007

anticipate [æntísəpèit]

예상하다

I anticipate rain tomorrow.
난 내일 비가 올 것으로 예상한다.

안 군은 티내지 않지만 페인트칠로 허리를 삐끗했을 것으로 예상한다.

☐ 0008

apologize [əpɑ́lədʒàiz]

사과하다

I apologize because I am wrong.
제 잘못이니 사과드립니다.

아폴로 우주선을 향해 사과하다.

□ 0009

blame [bléim]

비난하다

You blame your mother.
어머니를 원망하는군요.

'블레임룩'은 사회적 논란을 일으켜 비난받는 인물의 패션을 말한다.

□ 0010

candidate [kǽndidèit, -dət]

후보자

The candidate lost.
그 후보자는 낙선했다.

캔디를 나눠주면서 데이트 코스로 투표소에 들르라고 권하는 후보자.

□ 0011

correspondence [kɔ̀:rəspɑ́ndəns]

서신 왕래, 비즈니스상의 연락

He sent correspondence to a customer by FAX.
그는 비즈니스 레터를 고객에게 팩스로 보냈다.

'거래, 스판덱스'라고 쓰인 팩스가 왔다.

□ 0012

curious [kjúəriəs]

호기심 많은

The curious cat looks in the box.
호기심 많은 고양이가 상자 안을 들여다본다.

'퀴리 부인도 오이를 싫어했을까' 호기심 많은 소년은 문득 궁금해졌다.

□ 0013

defect [명 dí:fekt, 동 difékt]

결함, 장애, 버리다, 이탈하다

This product has a defect.
이 제품은 결함이 있다.

디펜스(수비) 결함으로 태클을 당했다.

□ 0014

discipline [dísəplin]

훈련, 규율

Discipline is important in many companies.
많은 기업이 규율을 중시한다.

디저트로 푸딩을 만드는 훈련 중이다.

□ 0015

dismiss [dismís]

해고하다

I dismissed him from work.
나는 그를 직장에서 해고했다.

디스플레이에 미스(실수)를 저지른 직원을 해고하다.

□ 0016

eager [í:gər]

열심인

I am eager to learn English.
나는 열심히 영어를 배우는 중이다.

위가 아파도 열심히 일한다.

□ 0017

feature [fíːtʃər]

특징

His face has many features.
그의 얼굴에는 다양한 특징이 있다.

핏이 멋진 사람은 차를 많이 마신다는 특징이 있다.

□ 0018

generous [dʒénərəs]

너그러운

He is a generous person.
그는 너그러운 사람이다.

제일가는 부자는 너그러워서 기부를 많이 한다.

□ 0019

heritage [héritidʒ]

문화유산

Nara is heritage of Japan.
나라현은 일본의 문화유산이다.

헬리콥터에서 봤듯이 T자형으로 난 길이 문화유산이다.

□ 0020

immediately [imíːdiətli]

즉시, 바로

She immediately goes home.
그녀는 즉시 집에 간다.

이미지가 좋아서 결혼 디데이를 바로 정했다.

☐ 0021

janitor [dʒǽnitər]

관리인, 수위

The janitor sweeps the room.
수위가 빗자루로 방을 쓴다.

재미나게 턴하면서 청소하는 관리인.

☐ 0022

launch [lɔːntʃ]

발사하다, 시작하다, 출시하다

The rockets launch into the sky.
로켓이 하늘로 발사되었다.

(호텔) 라운지에서 로켓 발사를 보다.

☐ 0023

merchandise [mə́ːrtʃəndàiz]

상품, 판매하다

They merchandise products for children.
그들은 어린이용 제품을 판다.

머천다이저(상품기획자)가 책상을 판매한다.

☐ 0024

obstacle [ɑ́bstəkl]

장애물, 방해

There is an obstacle in the road.
도로에 장애물이 있다.

엄마는 태클을 무릅쓰고 장애물로부터 아들을 지켰다.

□ 0025

outcome [áututkʌm]

결과

The outcome is not good.
결과가 좋지 않다.

"아우, 껌딱지"라며 깨무는 결과에 당황스러웠다.

□ 0026

pity [píti]

불쌍한, 애석한

It is a pity when they lose.
그들이 지다니 애석하다.

피가 통하지 않는 티셔츠는 애석하게도 너무 작았다.

□ 0027

precise [prisáis]

정밀한, 정확한

The clock is precise.
그 시계는 정확하다.

프리 사이즈가 맞을지 정확히 둘레를 재보자.

□ 0028

qualified [kwάləfàid]

자격 있는, 적합한

She is a qualified for the job.
그녀는 그 일에 적임자다.

9(구)명이 파이팅 끝에 출전 자격을 얻다.

□ 0029

regret [rigrét]

후회하다

I regret I cannot help.
도와드릴 수 없어서 유감입니다.

머리를 그리 바짝 세운 졸업 사진을 보니 후회막급이다.

□ 0030

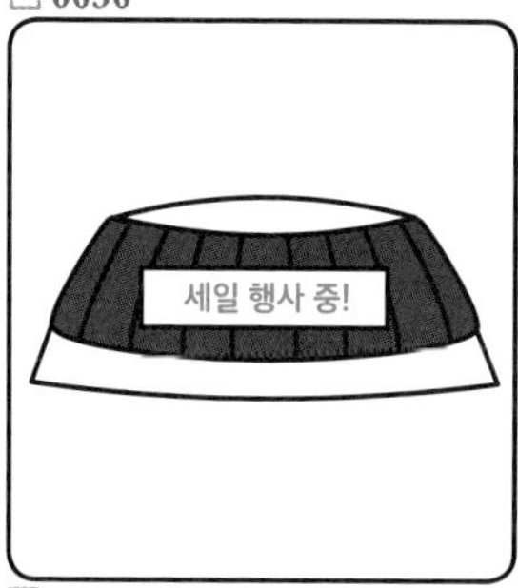

seldom [séldəm]

좀처럼 거의 ~않다

I seldom have time to eat breakfast.
나는 아침을 먹을 시간이 거의 없다.

세일을 돔 구장에서 하다니 거의 없는 일이다.

□ 0031

urge [əːrdʒ]

촉구하다

I urge you to choose.
나는 당신의 선택을 촉구합니다.

"어, 지금 빨간불로 바뀌었어요. 어서 건너가세요!" 운전자는 재촉했다.

□ 0032

voucher [váutʃər]

상품권, 할인권

I have a voucher for a free ticket.
나는 무료 상품권이 있다.

할머니는 안마 상품권(바우처)을 받자마자 이용하셨다.

□ 0033

withdraw [wiðrɔ́ː wiθ-]

(돈을) 인출하다

She withdraws money at the bank.

그녀는 은행에서 돈을 인출한다.

위스키 도둑이 ATM 기기에서 돈을 인출했다.

□ 0034

apply [əplái]

지원하다, 신청하다

I applied for the job.

나는 그 직장에 지원했다.

애플의 휴대폰을 구매하면서 자동이체를 신청했다.

□ 0035

prepare [pripέər]

준비하다

I prepare to fight.

나는 싸울 준비가 되어 있다.

페어룩(커플룩)이 준비된 스티커 사진 기계.

□ 0036

admire [ædmáiər]

존경하다, 숭배하다

He admires the hero.

그는 그 영웅을 숭배한다.

애들이 맘껏 뛰노는 집을 물려주신 존경하는 조상님.

□ 0037

recommend [rèkəménd]

추천하다

She recommends this wine.
그녀는 이 와인을 추천한다.

레고로 만든 집을 가지고 싸워서 서로 바꿔보는 방법을 추천했다.

□ 0038

require [rikwáiər]

필요하다, 요청하다

Do you require help?
도움이 필요하십니까?

리본을 단 콰이어(choir: 합창단) 대원이 구조 요청을 했다.

□ 0039

accuse [əkjúːz]

비난하다, 고발하다

I accuse you of lying!
넌 거짓말쟁이야! 하고 나는 원망의 말을 쏟아냈다.

억울한 누명을 쓰고 비난을 받았다.

□ 0040

dominate [dámənèit]

지배하다

He dominates his enemies.
그는 적을 지배한다.

도미노 피자를 먹고 내내 누워서 트림만 하는 왕족이 나라를 지배하다니.

□ 0041

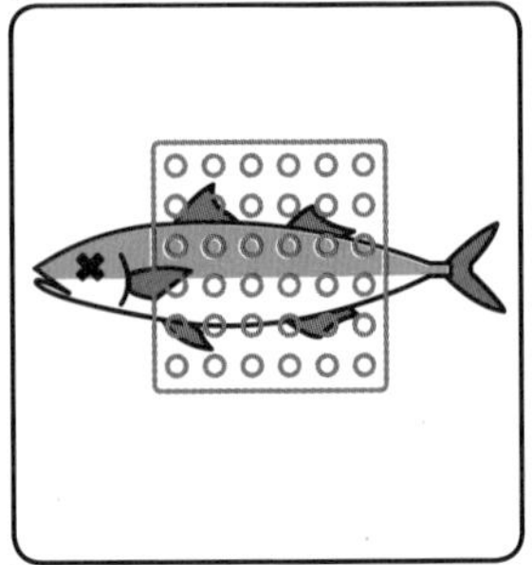

conserve [kənsə́:rv]

보호하다, 보존하다

We have to conserve the forest.

우리는 숲을 보호해야만 한다.

컨테이너에 서빙할 생선을 보관하다.

□ 0042

interrupt [intərʌ́pt]

방해하다, 가로막다

He interrupts my speech.

그가 내 말을 가로막았다.

인터체인지에서 랩을 하며 통행을 방해하고 있다.

□ 0043

eliminate [ilímənèit]

없애다, 제거하다

The spray eliminates the bad smell.

그 스프레이는 악취를 제거한다.

1밀리미터만 자르겠다고 하고선 다 없애버린 그녀.

□ 0044

bear [bɛər]

참다, 아이를 낳다

She can bear it because she is strong.

그녀는 강하니까 견뎌낼 거야.

베어(곰)가 쫓아올 때는 숨을 참고 죽은 척해라.

□ 0045

occupy [ɑ́kjupài]

점령하다, 차지하다

Big dogs occupy a lot of space.
큰 개들이 넓은 공간을 차지하다.

옥외 광고로 큐 사인이 떨어지면 대형 파이가 점령하는 장면을 찍었다.

□ 0046

impose [impóuz]

부과하다, 강요하다

They impose their ideas on us.
그들은 자신들의 생각을 우리에게 강요한다.

인도식 요가 포즈를 강요하다.

□ 0047

reject [ridʒékt]

거부하다

We reject their ideas.
우리는 그들의 의견을 거부한다.

이제서야 제트기에 태워달라고 부탁했지만 거절했다.

□ 0048

considerable [kənsídərəbl]

(양이나 크기가) 상당한, 많은

He eats a considerable amount.
그는 상당히 많은 양을 먹는다.

콘에 사이다를 붓고 불에 구우면 거품이 많이 생긴다.

☐ 0049

embarrassed [imbǽrəst]

당혹스러운, 부끄러운

I am embarrassed because I slipped.
난 미끄러져서 부끄러웠다.

앰뷸런스를 부르지 말지 싸우기만 하니 당혹스럽다.

☐ 0050

modest [mάdist]

소박한, 겸손한

His life is modest.
그의 삶은 검소하다.

모처럼 디스카운트 쿠폰이 생겨 외식을 했지만, 음식은 소박했다.

☐ 0051

calm [kɑ:m]

차분한, 고요한

The ocean is calm today.
오늘은 바다가 잔잔하다.

우리 집 개는 껌을 주면 차분해진다.

☐ 0052

diverse [divə́:rs]

다양한

There are diverse people in the USA.
미국에는 다양한 인종이 산다.

일본의 오다이바는 다양한 볼거리를 갖춘 관광지다.

□ 0053

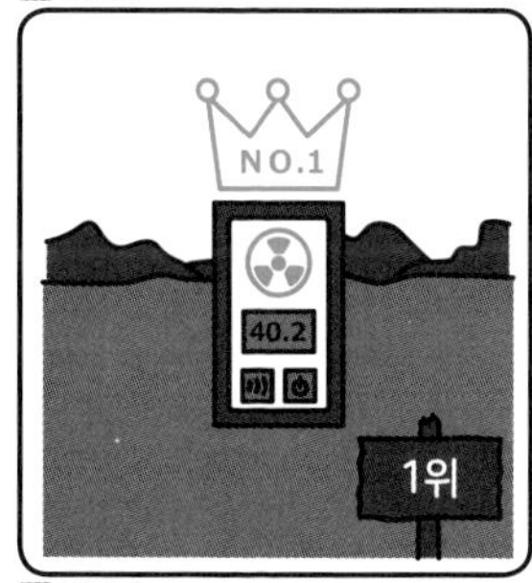

authentic [ɔ:θéntik]

신뢰할 만한, 실제의

This is an authentic gold watch.
이것은 진짜 금시계다.

오차를 센티미터 단위로 줄일 수 있는 신뢰할 만한 제품이 필요하다.

□ 0054

criticize [krítəsàiz]

비난하다, 지적하다

They criticize my essay.
그들은 내 작문을 비평한다.

크리스마스 케이크 사이즈가 작다고 고객이 지적했다.

□ 0055

devastate [dévəstèit]

파괴하다, 황폐화하다

The big bomb devastates the city.
그 거대한 폭탄이 도시를 파괴했다.

데뷔 스테이지에서 선보인 개그는 파괴력 있는 비주얼로 폭소를 자아냈다.

□ 0056

grumble [grʌ́mbl]

불평하다

The old person grumbles all day.
그 노인은 하루 종일 투덜거린다.

선글라스를 쓴 불도그가 불평하듯 짖는다.

☐ 0057

compile [kəmpáil]

모으다, 편집하다

I compiled a lot of data.

나는 많은 자료를 편집했다.

컴퓨터 파일을 열어서 미팅 참가자 명단을 편집했다.

☐ 0058

devote [divóut]

헌신하다, 바치다

They devote their lives to work.

그들은 일에 자신의 삶을 바친다.

대형 보트를 신전에 바치다.

☐ 0059

prevent [privént]

막다, 예방하다

I prevent an accident by driving safely.

나는 안전 운전으로 사고를 예방한다.

프리(공짜)라서 배 터지게 먹고 싶었지만 비만 예방 차원에서 간식은 거절했다.

☐ 0060

appreciate [əprí:ʃièit]

감사하다

They appreciate your hard work.

그들은 당신의 노고에 감사한다.

어플 시연 영상을 공유해주셔서 감사합니다.

□ 0061

achieve [ətʃíːv]

달성하다

She achieved the goal.
그녀는 목표를 달성했다.

아침부터 저녁까지 연습한 끝에 우승이라는 목표를 달성했다.

□ 0062

attempt [ətémpt]

시도

You attempt to stand up, but you are drunk.
넌 일어나려고 했지만, 술에 취해서 일어나지 못했어.

"앗, 뜨거" 하면서도 빨리 먹기를 시도했다.

□ 0063

associate [əsóuʃièit, əsóusièit]

교제, 동료

My associate's name is Dan.
제 동료의 이름은 댄입니다.

어서 시음하러 가자고 동료에게 말했다.

□ 0064

decay [dikéi]

붕괴하다, 부패하다

The unused building decayed.
사용하지 않는 건물이 부식되었다.

디딤돌을 켜켜이 쌓지 않은 바람에 붕괴했다.

□ 0065

clutter [klʌtər]

어질러놓다

The child clutter the room with toys.
아이가 장난감으로 방을 어질러놓는다.

크래커를 탁 쳐서 허공에 어질러놓는다.

□ 0066

forbid [fərbíd]

금지하다

They forbid smoking here.
그들은 여기서 담배 피우는 것을 금지한다.

포크로 비어(맥주) 거품을 걷어내는 걸 허용하지 않는다.

□ 0067

provoke [prəvóuk]

화를 돋우다, 도발하다

Don't provoke the dog!
개를 자극하지 마라!

프로 복서를 자꾸 놀려대면서 화를 돋웠다.

□ 0068

struggle [strʌgl]

분투하다, 어려움을 겪다

I struggle to get a job.
나는 취업하려고 애쓰는 중이다.

스토브(난로)에 럭비 헬멧이 부딪히면서 부상을 입어 선수 생활에 어려움을 겪었다.

☐ 0069

devise [diváiz]

고안하다, 궁리하다

She devises a new machine.
그녀가 새로운 기계를 고안하다.

임신부용 의자를 디자인해서 해외 바이어를 통해 수출하려고 궁리 중이다.

☐ 00070

crave [kreiv]

갈망하다, 간절히 원하다

He craves to become a singer.
그는 가수가 되기를 갈망한다.

크리스마스이브 선물을 간절히 원하는 여자 친구에게 어떤 선물을 해야 할까.

☐ 0071

mimic [mímik]

모방한, 흉내를 잘 내는

He can mimic a bird's cry.
그는 새 울음소리를 흉내 낼 수 있다.

미디 음악을 믹스하는 장비는 들리는 소리를 바로 모방한다.

☐ 0072

anatomy [ənǽtəmi]

해부학

Doctors study anatomy.
의사는 해부학을 공부한다.

죽은 애가 나타나 미니카를 사달라고 하는 영화 속 해부학 장면은 정말 무서웠다.

□ 0073

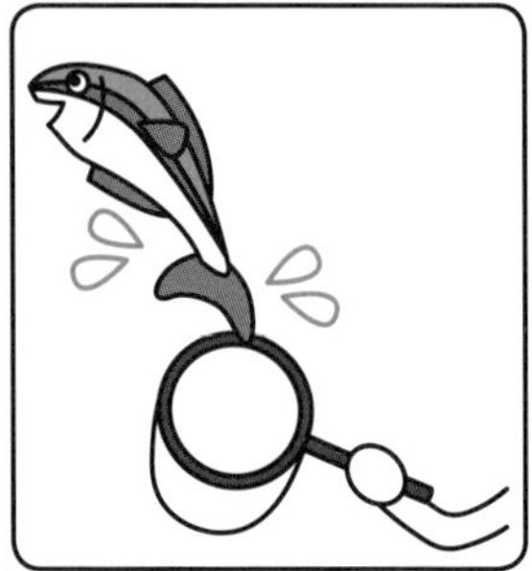

brisk [brisk]

활발한, 팔팔한, 활기를 띤

She walks at a brisk pace.
그녀는 활기차게 걷는다.

활발한 붕어의 리스크는 애써 잡아도 놓쳐버린다는 점이다.

□ 0074

obligation [àbləgéiʃən]

의무, 도리

He has an obligation to his company.
그는 회사에 대한 의무가 있다.

오빠는 리듬에 맞춰 게이트를 통과해야 하는 의무가 있다.

□ 0075

concern [kənsə́:rn]

걱정하다, 우려하다

She has concerns about her future.
그녀는 자신의 미래를 걱정한다.

콘(옥수수)의 산지에 병충해가 심하다고 해서 걱정이다.

□ 0076

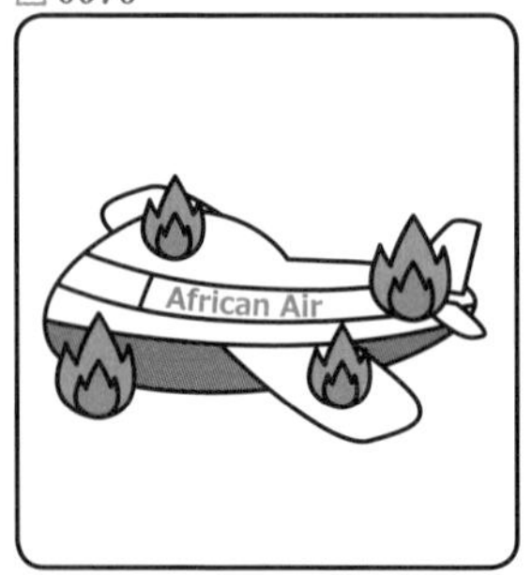

affair [əféər]

사건, 의무

The affair was finally over.
그 사건은 드디어 마무리되었다.

아프리칸 에어에서 수상한 사건이 발생했다.

□ 0077

custom [kʌstəm]

관습, 풍습

Eating oranges in winter is a old custom.
겨울에 오렌지를 먹는 것은 오랜 관습입니다.

큰 스토어에서 명절이 되면 텀블러를 싸게 파는 풍습이 있다.

□ 0078

offence [əféns]

범죄, 위법 행위

Smoking is a big offence here.
여기서는 흡연이 엄청난 불법 행위다.

5미터 펜스를 무단으로 넘으면 위법 행위에 해당한다.

□ 0079

gender [dʒéndər]

성별, 성(性)

My gender is male, I am unmarried.
제 성별은 남자고, 결혼은 하지 않았습니다.

성별에 관계없이 절에 오면 "전 더 기도하고 갈게요" 라고 말한다.

□ 0080

incentive [inséntiv]

인센티브, 장려금

He got a sales incentive.
그는 판매 인센티브를 받았다.

모범 사원에게 인세를 장려금으로 주기로 했다.

□ 0081

pantry [pǽntri]

식료품 저장실

The food is in the pantry.
음식은 식료품 저장실에 있다.

팬에 틀로 찍어내 구운 오리 쿠키를 식료품 저장실에 매달아 두었다.

□ 0082

inventory [ínvəntɔ̀:ri]

재고

The store's inventory is low.
그 가게는 재고가 부족하다.

인도에 진출한 벤처기업이 사과 쿠키를 출시했지만 재고만 쌓였다.

□ 0083

resent [rizént]

화내다, 분개하다

She resents me because I hurt her.
내가 그녀에게 상처를 줬기 때문에 그녀는 나를 원망한다.

앞머리를 위로 올리는 리젠트 스타일로 꾸미느라 지각한 동생에게 누나는 화를 냈다.

□ 0084

contaminate [kəntǽmənèit]

오염시키다

Don't contaminate the ocean!
바닷물을 오염시키지 말라!

에어컨 때문에 강물이 오염되었다.

□ 0085

glare [glɛər]

노려보다, 번쩍이다

The old man glares at me.
그 노인은 나를 노려보았다.

"그래, 한번 일러봐!" 불량배가 노려보며 말했다.

□ 0086

oppose [əpóuz]

반대하다

They oppose my plan.
그들은 내 계획을 반대한다.

어려운 사자 포즈 따라 하기는 반대했다.

□ 0087

thrive [θraiv]

번창하다

This town thrived 50 years ago.
이 마을은 50년 전 번창했다.

스릴 있는 드라이브와 파티를 연계한 크리스마스 이벤트가 여심을 사로잡아 사업이 번창했다.

□ 0088

hesitate [hézətèit]

망설이다, 주저하다

I hesitate to look because I am scared.
나는 무서워서 쳐다보기가 망설여진다.

해저 탐험 대원으로 뽑히면 외출도 어려우므로 지원하기가 망설여진다.

□ 0089

prefer [prifə́ːr]

~을 더 좋아하다

I prefer chocolate to cookies.

난 쿠키보다 초콜릿이 좋다.

프리랜서 아빠가 포장한 선물을 건네자 아들은 엄마보다 아빠가 좋다고 말했다.

□ 0090

inquire [inkwáiər]

문의하다, 조사하다

Please inquire at the desk.

접수창구에서 문의하시길 바랍니다.

잉크로 와이어(철사)를 채색할 수 있는지 문의해봤다.

□ 0091

quit [kwit]

그만두다, 끊다, 포기하다

I quit my job.

나는 일을 그만두었다.

"크" 먹으면 위트가 생기는 맥주를 포기할 수 없다.

□ 0092

earn [əːrn]

벌다, 얻다

He earns the gold prize.

그는 금상을 받았다.

어언 몇 년 만이냐. 아기 새가 어미 새에게 먹이를 얻어먹는 모습을 본 지가.

□ 0093

accommodate [əkάmədèit]

수용하다, 공간을 제공하다

This hotel can accommodate 500 guests.
그 호텔은 500명을 수용한다.

어느 호텔이든 커플이 편히 머물면서 데이트하기 좋은 공간을 제공하려고 노력한다.

□ 0094

expire [ikspáiər]

기한이 끝나다

That food expires tomorrow!
그 음식은 내일이면 유통기한이 끝나!

엑스 표시를 한 파이는 기한이 끝나서 버려야 한다.

□ 0095

accompany [əkΛmpəni]

동행하다

Please accompany me to dinner.
저녁 식사에 같이 가주시길 부탁드려요.

어제 컴퍼니에 가기 싫다는 동생과 동행했다.

□ 0096

punctual [pΛŋktʃuəl]

시간을 잘 지키는

She is always punctual, never late.
그녀는 시간 약속을 잘 지키고 절대 늦는 법이 없다.

타이어가 펑크 나는 바람에 시간을 잘 지키라는 꾸지람을 들었다.

0097

similar [símələr]

비슷한, 유사한

Zebras and horses are similar animals.
얼룩말과 말은 유사한 동물이다.

시제품으로 만든 밀면 티셔츠 인기가 높아지자 유사 제품이 등장했다.

0098

mutual [mjúːʧuəl]

상호적인, 서로의

We have a mutual understanding.
우리는 서로 이해한다.

뮤직 축제에 가져갈 음식을 서로 상의했다.

0099

conscious [kánʃəs]

의식하는

He is conscious about the problem.
그는 그 문제를 의식하고 있다.

컨디션을 좋게 하려면 의식을 집중해야 한다.

0100

notice [nóutis]

고지, 통지

The notice is posted on the door.
공지 사항이 문에 붙어 있다.

'No'라고 적힌 티셔츠를 입고 반대 의사를 통지했다.

☐ 0101

contribution [kὰntrəbjúːʃən]

공헌

They made a big contribution to the project.
그들은 그 프로젝트에 크게 기여했다.

큰 감사의 표시(tribute)로 요리를 하는 데는 언니의 공헌이 컸다.

☐ 0102

fate [feit]

운명, 섭리, 운

She fell down to her fate.
그녀는 운명에 굴복했다.

페이스 조절을 못해 0점을 받았지만 운이 나빴다고 생각하기로 했다.

☐ 0103

venue [vénjuː]

(콘서트 · 스포츠 경기 · 회담 등의) 장소

Tokyo is the venue for the 2020 Olympics.
도쿄는 2020년 올림픽 개최지다.

베니스가 새로운(new) 전시회 장소로 결정되었다.

☐ 0104

tip [tip]

비결, 힌트, 일각, 방법

Please give me tips about speaking English.
영어 회화의 비결을 알려주세요.

팁을 건네면 힌트를 알려준다.

□ 0105

courtesy [kə́:rtəsi]

예의, 예의상의

He held the door open as a courtesy.

그는 예의상 문을 열어두었다.

코트에서 연설이 길면 예의가 없는 것이다.

□ 0106

disaster [dizǽstər]

재해, 대참사

100 people died in the disaster.

그 재해로 100명이 목숨을 잃었다.

디저트에 케첩을 쏟자 대참사라며 소리를 질렀다.

□ 0107

pain [pein]

통증, 고통

I have a pain in my leg.

다리가 아프다.

패인 상처의 고통을 호소했다.

□ 0108

applicant [ǽplikənt]

지원자, 응모자

The job has many applicants.

그 일에 많은 지원자가 몰렸다.

애플사 주최의 콘서트 티켓을 준다고 하자 응모자가 몰렸다.

□ 0109

employ [implɔ́i]

고용하다

We are employed by a big company.
우리는 큰 회사에 고용되었다.

임시 편성 프로그램을 위해 대역 배우를 고용했다.

□ 0110

subordinate [səbɔ́:rdənət]

하위의, 부차적인, 부하

I must teach my subordinate.
나는 내 부하를 반드시 가르칠 것이다.

서브 사항은 보드(게시판)에 공지하라고 부하 직원에게 말했다.

□ 0111

objection [əbdʒékʃən]

반대, 이의

Many people have objections about that policy.
많은 사람들은 그 정책에 대해 반대를 한다.

오브제에 쿠션을 던지며 격렬히 반대했다.

□ 0112

assembly [əsémbli]

조립

Some assembly is required.
어느 정도의 조립이 필요하다.

어선 샘플은 통과되어 조립될 예정이다.

□ 0113

retail [ríːteil]

매장, 소매업

She works in retail.

그녀는 소매업에 종사한다.

매장 리모델링에는 디테일에 특히 신경을 썼다.

□ 0114

declare [dikléər]

선언하다, (세관에) 신고하다

Do you have anything to declare?

신고할 물건이 있나요?

디자인 모형으로 제작한 큰 빵을 세관에 신고했다.

□ 0115

aisle seat [ail siːt]

통로 쪽 좌석

I want an aisle seat so I can go to the rest room.

화장실에 갈 수 있도록 통로 쪽 좌석을 원합니다.

아이를 씻기고 영화관 통로 쪽 좌석에 앉아 데이트했다.

□ 0116

retreat [ritríːt]

휴양지, 수련회

She goes on a retreat every year.

그녀는 해마다 수련회에 간다.

학교 소풍(school treat)으로 휴양지에 갔다.

☐ 0117

emission [imíʃən]

배출

This old bus cannot pass an emission test.

이 낡은 버스는 배기가스 테스트를 통과하지 못한다.

이 미션에 성공하면 배출량을 바로 알 수 있다.

☐ 0118

drawer [drɔ:r]

서랍

The key is in the drawer.

열쇠는 서랍에 있다.

친구에게 '드러워' 하고 소리치자 서랍이 떨어졌다.

☐ 0119

bulletin [búlitən]

게시판, 공보, 속보

Please read the bulletin.

게시판을 읽어주세요.

불로 태워 먹는 음식의 할인 소식은 속보다.

☐ 0120

diagnosis [dàiəgnóusis]

진단

The doctor gave a diagnosis to the patient.

그 의사는 환자에게 진단을 내렸다.

다이아몬드를 삼킨 환자는 뇌사 진단을 받았다.

□ 0121

shatter [ʃǽtər]

산산이 부서지다

The glass window shattered into many pieces.

유리창이 산산이 부서졌다.

셔터를 잘못 내리는 바람에 발등뼈가 산산조각이 났다.

□ 0122

reconcile [rékənsàil]

화해시키다, 조화시키다, 받아들이다

We must reconcile our differences and makes peace.

우리는 서로 다름을 받아들이고 평화를 이루어야 합니다.

이렇게 건실하게 작성한 이혼 서류를 받아들여야 한다.

□ 0123

disorient [disɔ́:riènt]

어리둥절하게 하다, 당혹감을 느끼다

Alcohol disorients me.

나는 술을 마시면 정신이 혼미해진다.

뒤에서 소리치던 할아버지가 나오려 하자 승객들은 당혹감을 느꼈다.

□ 0124

disrupt [disrʌ́pt]

방해하다, 혼란에 빠뜨리다

The loud noise disrupted her study.

시끄러운 소리가 그녀의 공부를 방해했다.

디스코 음악을 틀고 래퍼 흉내를 내며 방해했다.

0125

divert [divə́:rt]

우회하다, 주의를 딴 데로 돌리다

He diverted his course.
그 남자는 방향을 틀었다.

다른 버튼을 눌러 우회했다.

□ 0126

punish [pʌniʃ]

처벌하다, 혼내다

They will punish her for being bad.
그들은 그녀가 실수했다는 이유로 벌을 줄 것이다.

포크니 접시니 할 것 없이 몽땅 떨어뜨린 직원을 혼내고 있다.

□ 0127

refrain [rifréin]

삼가다

Please refrain from smoking.
흡연을 삼가주시길 바랍니다.

리플릿 안에 '귀신과의 접촉을 삼가달라'고 적혀 있다.

□ 0128

burst [bə:rst]

터지다, 폭발하다

The balloons burst.
풍선이 터졌다.

버스가 터널에서 폭발했다.

□ 0129

boost [bu:st]

늘리다, 돋우다

A new project boosts sales.

새로운 프로젝트는 매출을 향상시킨다.

부장의 스트레스를 돋우다.

□ 0130

cherish [tʃériʃ]

소중히 여기다

I cherish his friendship.

나는 그의 우정을 소중히 여긴다.

체리 술을 소중히 여기다.

□ 0131

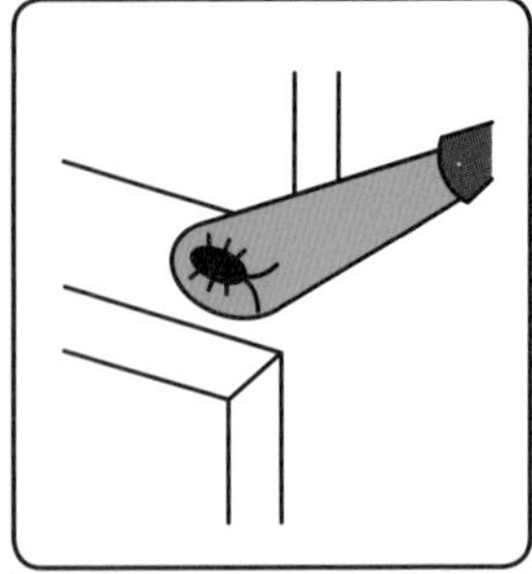

detect [ditékt]

알아내다, 발견하다, 탐지하다

They detected water on Mars.

그들은 화성에서 물을 탐지했다.

디지털 테크놀로지(기술)로 벌레의 근원지를 알아냈다.

□ 0132

embrace [imbréis]

포옹하다

When they met again, they embraced each other.

그들은 다시 만났을 때 서로 끌어안았다.

이불 레이스로 만든 팔찌를 품에 안았다.

□ 0133

pamper [pǽmpər]

애지중지하다, 응석을 받아주다

You pamper your children with too much candy.
아이들을 애지중지하다 보니 사탕을 너무 많이 준다.

팸퍼스 기저귀 브랜드만 고집하고 배변 훈련을 미루는 아이의 응석을 받아주고 있다.

□ 0134

yearn [jəːrn]

갈망하다

I yearn for chocolate ice cream!
나 초콜릿 아이스크림이 너무 먹고 싶어!

갈망하던 대학생이 됐지만 얼마 못 가 "영 따분해!" 하고 불평했다.

□ 0135

intend [inténd]

~할 계획이다

They intend to marry this year.
그들은 올해 결혼할 예정이다.

인도에서 치킨 텐더를 먹을 계획이다.

□ 0136

boast [boust]

자랑하다

He boasts about his new car.
그 남자는 새 차를 자랑한다.

보살님 앞에서는 스트레스성 탈모를 숨기지 않고 오히려 자랑할 수 있다.

□ 0137

capability [kèipəbíləti]

능력, 가능성

He has the capability to do it.
그는 그것을 할 능력이 있다.

캡(모자)을 쓴 아기는 너무 장난이 심해서 돌볼 능력이 없다.

□ 0138

architect [ɑ́ːrkətèkt]

건축가

I am an architect, and I design houses.
저는 건축가이며, 집을 설계합니다.

앞으로 테크놀로지의 발달로 건축가의 재량이 많아질 것이다.

□ 0139

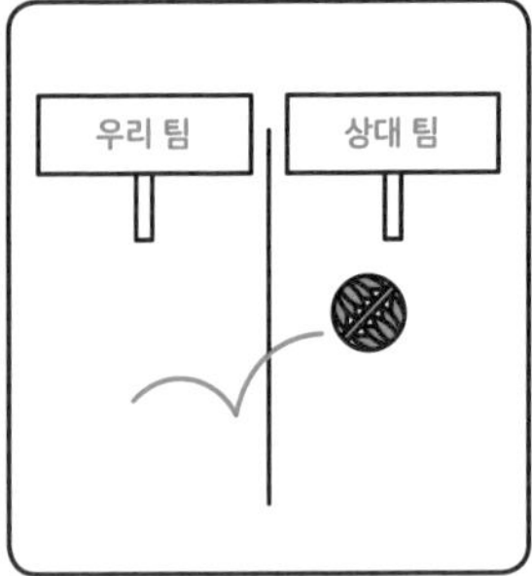

boundary [báundəri]

경계(테두리)

Spain has boundary with France.
스페인은 프랑스와 국경이 접해 있다.

바운스된 공이 더 멀리 날아가서 경계선을 넘어버렸다.

□ 0140

bankrupt [bǽŋkrʌpt, -rəpt]

파산한

The company went bankrupt and closed.
그 회사는 파산하여 문을 닫았다.

마치 뱅크가 래핑된 듯 출입 불가능한 이유는 파산했기 때문이다.

□ 0141

abandon [əbǽndən]

버리다, 포기하다

The dog was abandoned under the bridge.

그 개는 다리 밑에 버려져 있었다.

어려서부터 밴드를 하던 아이는 학교를 포기했다.

□ 0142

aggravate [ǽgrəvèit]

악화시키다, 화나게 하다

The war aggravated the relation between the countries.

전쟁은 양국의 관계를 악화시켰다.

에구, 기분을 어그러뜨리는 친구는 나를 화나게 한다.

□ 0143

acknowledge [æknάlidʒ]

인정하다

I acknowledge that I was wrong.

나는 내가 틀렸다는 것을 인정한다.

에쿠, 지금(now)부터 리즈 시절 지나간 건 인정해야지.

□ 0144

brace [breis]

보강하다, 대비하다

The wall is braced with poles.

벽은 기둥이 받치고 있다.

돼지 부부가 레이스하다가 달아나지 않도록 울타리를 보강했다.

□ 0145

abduction [æbdʌ́kʃən]

납치

Is alien abduction real?
외계인 납치는 진짜인가요?

어라? 납치범이 인덕션과 저금통도 같이 가져가네.

□ 0146

apprehension [æprihénʃən]

불안

There was apprehension to say something.
진술에 대한 불안감이 있었습니다.

'이 어플은 핸드폰 성능을 떨어뜨릴 수 있습니다'라는 경고문이 뜨니 써도 될지 불안하다.

□ 0147

affinity [əfínəti]

친밀감, 호감

She has an affinity for the store staff.
그녀는 매장 직원들에게 친근감을 느꼈다.

내 반려 오리는 언제든 친밀감을 느껴 이름을 어피니티라 지었다.

□ 0148

arrogant [ǽrəgənt]

건방진, 오만한

His arrogant comments made everyone angry.
그의 오만한 발언은 모두를 화나게 했다.

애로 사항을 말하니 부장은 건방지다고 화를 냈다.

□ 0149

blissfully [blísfəli]

더없이 행복하게

They blissfully eat ice cream on a hot day.

더운 날 그들은 아이스크림을 신나게 먹는다.

월척을 낚아서 블리스(축복)가 가득한(full) 날 더없이 행복하다.

□ 0150

bend [bend]

구부리다, 휘다, 바꾸다

Do not bend the rules.

규칙을 왜곡하지 마라.

화장실 문이 휘어지는 바람에 밴드의 리더가 갇히고 말았다.

□ 0151

blunt [blʌnt]

퉁명스러운, 둔감한

He is blunt in his speech.

그는 말투가 무뚝뚝하다.

불쑥 나타난 언니가 이런저런 트집을 잡으며 발 좀 흔들지 말라고 퉁명스럽게 말했다.

□ 0152

dweller [dwélər]

주민, 거주자

The dwellers of this house are rich.

이 집의 거주자는 부유하다.

드넓은 저택에서 웰빙을 누리는 거주자를 보았다.

□ 0153

entirely [intáiərli]

완전히, 전적으로

The cat is entirely black.
그 고양이는 완전히 검은색이다.

완전히 잊고 있었는데 반납일이 타이트하게 남았다.

□ 0154

monopolize [mənɑ́pəlàiz]

독점하다

He wants to monopolize the computer market.
그는 컴퓨터 시장을 독점하고 싶어 한다.

모노(mono: 나 홀로) 폴리스(경찰)가 라이스 햄버거를 독점했다.

□ 0155

plausible [plɔ́:zəbl]

타당할 것 같은, 이치에 맞는, 그럴듯한

It is plausible the plan may work.
그 계획이 효과가 있다는 의견은 타당하다.

프라모델인 젖소와 불도그가 내는 울음소리가 그럴듯하다.

□ 0156

rally [rǽli]

모여들다, 결집하다

The workers rallied outside the boss's door.
노동자들이 상사의 방문 앞에 모여들었다.

'랠리' 하고 소리치자 다람쥐들이 모여들었다.

□ 0157

bite [bait]

한 입 베어 문 조각

Please give me a bite of your cake.
케이크 한 입만 주세요.

아르바이트하는 가게에서 서빙하다가 몰래 한 입 베어 물었다.

□ 0158

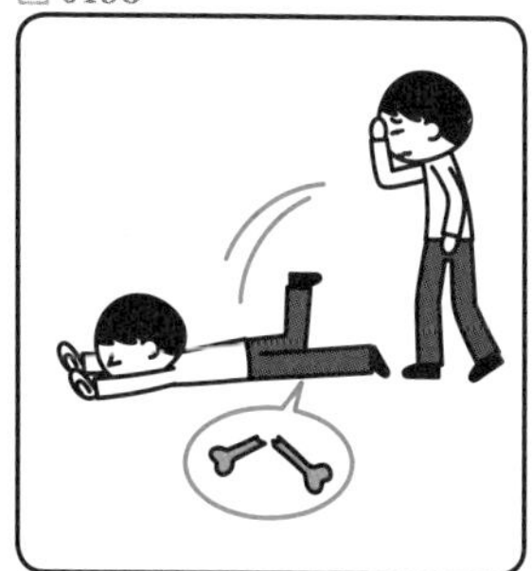

fracture [frǽktʃər]

골절, 부러짐

Her leg fractured when she fell down.
넘어지면서 그녀의 다리가 부러졌다.

풀썩 넘어지더니 레그(leg: 다리)가 처참하게 부러졌다.

□ 0159

yield [jiːld]

산출하다, 생산하다

The farm yields a lot of rice each year.
그 농장은 해마다 많은 쌀을 생산합니다.

일당을 두 배로 받으려면 제품을 몇 배 더 생산해야 한다.

□ 0160

oblivious [əblíviəs]

잘 잊는, 부주의한, 의식하지 못하는

He is oblivious about the food on his face.
그 남자는 얼굴에 음식이 묻은 줄 모른다.

환자를 업고 불이 나도록 뛰느라 환자가 죽었는지 의식하지 못했다.

□ 0161

confident [kάnfədənt]

확신하는, 자신 있는

I'm happy because I'm confident I will get the job.
나는 그 직장에 들어갈 자신이 있기 때문에 행복하다.

치아 컨디션에 좋은 약이라며 그 덴티스트(치과의사)는 확신했다.

□ 0162

occasional [əkéiʒənəl]

이따금, 때때로

I drink occasionally, but not every night.
나는 가끔 술을 마시지만, 매일 밤은 아니에요.

옥구슬처럼 맑은 소리를 내는 종소리가 이따금 들린다.

□ 0163

discredit [diskrédit]

의심하다

The company was discredited because of the scandal.
그 추문으로 회사의 신용이 떨어졌다.

"디스(This: 이거) 크레디트카드로 샀어?" 하고 의심했다.

□ 0164

weld [weld]

용접하다

He welds metal together.
그는 금속이 서로 붙도록 용접한다.

동상의 웨이스트(waist: 허리) 부근을 용접했다.

□ 0165

skeptical [sképtikəl]

회의적인

I'm skeptical I will get the job.
난 그 직장을 잡을 수 있을지 회의적이다.

스스로 케이팝 스타라고 불러달라며 걸 그룹 얘기만 하는데, 과연 가수가 될지 회의적이다.

□ 0166

relentlessly [riléntlisli]

냉혹하게, 가차 없이

The boxer relentlessly punched his opponent.
권투선수는 가차 없이 상대 선수에게 펀치를 날렸다.

릴레이에서 레슬링까지 이어진 훈련에 못 따라오는 선수는 가차 없이 낙오된다.

□ 0167

intersection [intərsékʃən]

교차로

All cars must stop at this intersection.
모든 차가 이 교차로에서 정지해야 한다.

인터넷 스타가 광고 촬영을 위해 섹시한 차림으로 교차로에 서 있다.

□ 0168

toast [toust]

건배, 노르스름하게 굽다

Let's toast to your health!
당신의 건강을 위해 건배합시다!

토스트를 먹을 때는 우유로 건배하자.

☐ 0169

relevant [réləvənt]

관련 있는

This problem is relevant to many other problems.
이 문제는 다른 많은 문제와 관련이 있다.

릴레이 번트는 어떻게든 점수와 연관이 된다.

☐ 0170

preserve [prizə́:rv]

보호하다

We must make laws to preserve nature.
우리는 자연을 보존하는 법을 만들어야 합니다.

프린스(왕자)가 서브한 공에 맞지 않도록 보호망을 설치했다.

☐ 0171

commend [kəménd]

칭찬하다

I commend you for your good job.
나는 맡은 일을 척척 해내는 당신을 칭찬합니다.

감기 걸린 코맹맹이가 맨날 투정 부리는데도 할머니, 할아버지는 그저 칭찬하기 바쁘시다.

☐ 0172

endure [indjúər]

견디다

We endured his long speech.
우리는 그의 긴 연설을 견뎌냈다.

인내심이 두어 번 무너질 뻔했지만, 포기하지 않고 한 자리에서 더위를 견뎠다.

□ 0173

locate [lóukeit]

(위치를) 찾아내다, ~의 장소를 알아내다

The missing child was located in the park.
실종된 아이는 공원에서 발견되었다.

로켓의 위치를 찾아내다.

□ 0174

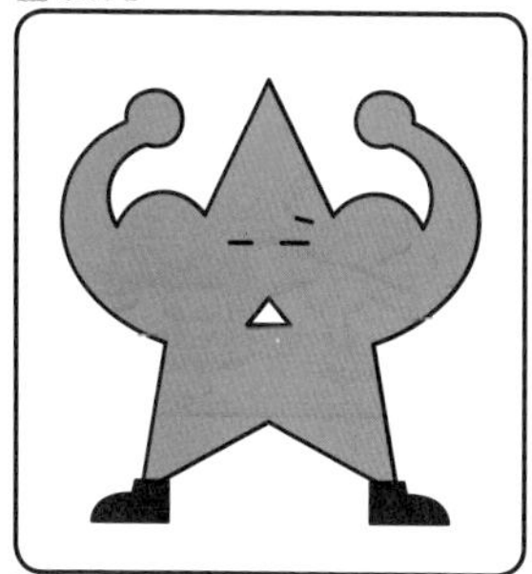

sturdily [stə́ːrdili]

튼튼하게

This building is sturdily built.
이 빌딩은 견고하게 지어졌다.

스타가 되는 것도 몸이 튼튼해야 가능하다.

□ 0175

annoy [ənɔ́i]

짜증나게 하다

The crying cats annoy us every night.
그 우는 고양이들은 매일 밤 우리를 성가시게 한다.

어머니는 노래하는 아들에게 시끄럽다며 짜증을 냈다.

□ 0176

alliance [əláiəns]

동맹, 연합, 협조

An alliance was made between the two countries.
양국 간에 동맹이 성립되었다.

어라, 이렇게 스스로 너구리가 협조를 해주다니 놀랍다.

□ 0177

minister [mínəstər]

장관, 목사

Ministers from both countries met in Paris.

양국의 장관들이 파리에서 만났다.

미니카에 올라서서 스타처럼 포즈를 취한 사람은 장관이다.

□ 0178

eventually [ivéntʃuəli]

결국

Eventually, they returned to their countries.

결국 그들은 조국으로 돌아왔다.

광고 효과를 높이고자 결국 이벤트를 열기로 했다.

□ 0179

improvise [ímprəvàiz]

즉석에서 짓다

The band improvised a song for the finale.

그 밴드는 즉흥연주로 피날레를 장식했다.

인도인 프로그래머가 컴퓨터 바이러스 예방 백신을 즉석에서 만들어냈다.

□ 0180

frivolous [frívələs]

하찮은

I don't like frivolous talk because it is boring.

시시한 이야기는 지루하기 때문에 좋아하지 않는다.

프리스타일 랩 공연이 별로여서 그들이 하찮게 느껴졌다.

□ 0181

ultimately [ʌltəmətli]

결국, 최후로

The team did well, but ultimately lost the game.
그 팀은 잘했지만 결국 경기에서 졌다.

알코올 중독이 치명적인 이유는 결국 죽음의 원인이 되기 때문이다.

□ 0182

presence [prézns]

출석, 존재

We need your presence at the meeting.
우리는 회의할 때 당신의 존재가 꼭 필요합니다.

프레젠테이션 대회 출석을 망설이자 접수 직원이 부채를 주며 두려움을 날려버리라고 했다.

□ 0183

settle [sétl]

해결하다

She must settle the problem quickly.
그녀는 그 문제를 빨리 해결해야 한다.

세팅펌으로 거칠어진 머릿결은 트리트먼트 시술로 해결할 수 있다.

□ 0184

treaty [tríːti]

조약, 약속

The countries signed a treaty and the war ended.
각국이 조약에 서명하자 전쟁이 끝났다.

트리(나무)와 티(차)를 교역하는 약속을 맺었다.

□ 0185

vicinity [visínəti]

근처

Many schools are in this vicinity.
많은 학교가 이 근처에 있다.

비주얼이 신기한 가면을 보고 너무 놀랐지만 티내지 않고 근처로 다가갔다.

□ 0186

forgo [fɔːrgóu]

포기하다, ~없이 끝내다, ~을 삼가다

I will forgo dessert because I am on a diet.
난 다이어트 중이니까 디저트는 삼가려고 해.

계약을 포기하자며 선전포고를 했다.

□ 0187

spontaneous [spantéiniəs]

자발적인

I like doing things spontaneously, without a plan.
나는 계획 없이 자발적으로 일하는 것을 좋아한다.

스폰서 도움으로 테니스를 시작한 뒤 자발적으로 일찍 일어나게 되었다.

□ 0188

negotiate [nigóuʃièit]

교섭하다

The countries negotiated, but they were not successful.
여러 나라가 협상을 벌였지만 성공하지 못했다.

허니, 내일 고시원 룸메이트한테 자리 비워달라고 교섭해보면 안 될까.

□ 0189

infamous [ínfəməs]

악명 높은

Hitler is an infamous person in history.
히틀러는 역사상 악명 높은 인물이다.

인스타그램 스타로 유명(famous)한 그 남자는 알고 보니 속임수 사진으로 악명 높았다.

□ 0190

alimony [ǽləmòuni]

위자료

He has to pay his ex-wife alimony.
그 남자는 전처에게 위자료를 지불해야 한다.

얼리버드가 되어 새벽부터 머니를 벌어도 위자료 주고 나면 남는 게 없다.

□ 0191

meantime [mí:ntàim]

짬, 그동안

In the meantime, let's do homework while we wait.
그동안 기다리면서 숙제하자.

일하는 짬짬이 민트(박하)를 먹으면서 휴식하는 민트 타임을 즐긴다.

□ 0192

numerous [njú:mərəs]

수많은

Numerous employees were blamed for the failure.
수많은 직원이 실패에 따른 비난을 받았다.

늪에는 유머러스한 수많은 악어가 있다.

□ 0193

adjacent [ədʒéisnt]

인접한

The man living adjacent to me is noisy at night.

내 근처에 사는 남자는 밤만 되면 시끄럽다.

어제 이가 시린 할아버지와 인접해 있었다.

□ 0194

deliberate [dilíbərət]

고의적인, 신중한

He deliberately broke the computer.

그는 고의로 컴퓨터를 망가뜨렸다.

딜리버리(배달)로 초콜릿을 보낸 것은 고의적이다.

□ 0195

clue [klu:]

단서

The police are looking for clues.

경찰이 단서를 찾고 있다.

크루(crew: 선원)의 항해 노선에서 별은 단서가 된다.

□ 0196

recognize [rékəgnàiz]

식별하다

When she saw him, she recognized him immediately.

그녀는 그를 보자마자 알아보았다.

내일 나갈 콩국에 연근이 없다는 걸 식별했다.

□ 0197

dedicate [dédikèit]

전념하다, 몰두하다

She dedicated herself to her research.
그녀는 연구에 몰두하고 있다.

대디(daddy: 아빠)가 손뜨개에 전념하고 있다.

□ 0198

tremble [trémbl]

진동하다, 흔들리다, 떨리다

The earth trembled when the earthquake happened.
지진이 일어나자 땅이 흔들렸다.

트램(tram: 노면전차)이 부르르 흔들렸다.

□ 0199

reinforcement [rìːinfɔ́ːrsmənt]

보강, 지원군

The walls need reinforcement to prevent damage.
벽은 손상을 막기 위해 보강이 필요하다.

레인(rain: 비)의 포스(force: 타격)가 거세져서 지붕을 보강했다.

□ 0200

cling [kliŋ]

매달리다, 달라붙다

Politicians cling to their power.
정치가는 그들의 권력에 집착한다.

나는 클라이밍보다 철봉에 매달리는 게 더 어렵다.

□ 0201

dull [dʌl]

지루한, 둔한

His long speech was dull.
그의 긴 연설은 무미건조했다.

행동이 둔한 청년은 자주 지루해한다.

□ 0202

singular [síŋgjulər]

두드러진, 단독의

Her good singing is singular.
그녀의 노래 솜씨는 단연 돋보인다.

싱글이지만 아이를 돌보는 솜씨가 두드러진다.

□ 0203

include [inklúːd]

포함하다

Batteries are included with this product.
이 제품에는 배터리가 포함되어 있다.

(식용) 잉크를 빈달루에 포함시켰다.

□ 0204

vigorous [vígərəs]

(행동 따위가) 격렬한

I vigorously washed my hands after touching the poison.
나는 독을 만지는 바람에 손을 격렬하게 씻었다.

비교적 큰 소리로 격렬하게 노래했다.

□ 0205

testimony [téstəmòuni]

증언

The testimony will be used in court.
그 증언은 법정에서 사용될 것이다.

'요리 테스트 중에 머니를 잘못 넣고 요리한 사람을 봤다'는 증언이 있다.

□ 0206

confrontation [kànfrəntéiʃən]

대결

We must avoid a confrontation with nuclear weapons.
우리는 핵무기 대결을 피해야 한다.

여우가 코가 푸르러질 때까지 욕조에서 대결 중이다.

□ 0207

ceaseless [síːslis]

끊임없는

They ceaselessly look for an answer to the question.
그들은 그 질문의 답을 끊임없이 찾는다.

씨(sea: 바다)에 스칠 듯 바닷새가 끊임없이 날아든다.

□ 0208

seize [siːz]

잡다

The police seized him at his apartment.
경찰이 그를 아파트에서 붙잡았다.

잠복근무한 끝에 범죄 사이즈가 큰 범인을 잡았다.

□ 0209

strategy [strǽtədʒi]

전략

Strategy is important in games and in wars.

전략은 게임과 전쟁에서 중요하다.

스트레이트(straight: 똑바로)로 한곳을 바라보는 것은 전략이다.

□ 0210

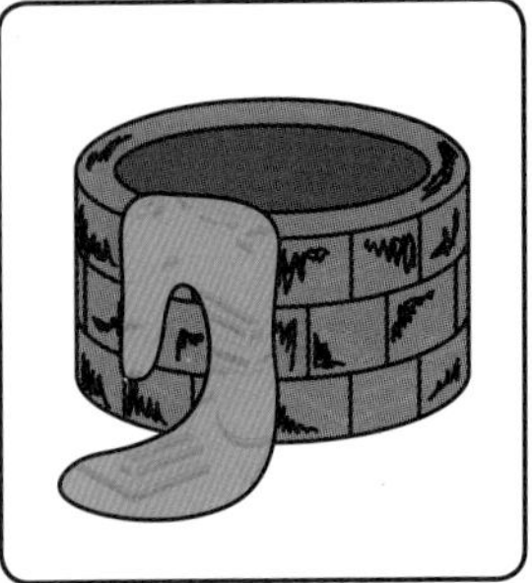

fluid [flú:id]

유동성의, 액체, 부드러운

There is not enough fluid in the engine.

엔진에 오일이 충분하지 않다.

푸른 이끼가 뒤덮인 우물에서 정체를 알 수 없는 액체가 흘러나왔다.

□ 0211

hypocrite [hípəkrit]

위선자

She did what she said not to do, so she is a hypocrite.

그녀는 자신이 하지 말라고 한 일을 했으니 위선자다.

히포크라테스 선서를 하고 의사가 되었지만 가끔 자신이 위선자처럼 느껴질 때가 있다.

□ 0212

particular [pərtíkjulər]

특별한

This particular train pass is very cheap.

이 특별한 기차 패스는 매우 저렴하다.

파티시에가 드라큘라가 그려진 특별한 케이크를 만들고 있다.

□ 0213

flaw [flɔː]

흠, 결점

There are many flaws in the system.
그 시스템에는 많은 결함이 있다.

플라스틱 욕조는 결점이 많다.

□ 0214

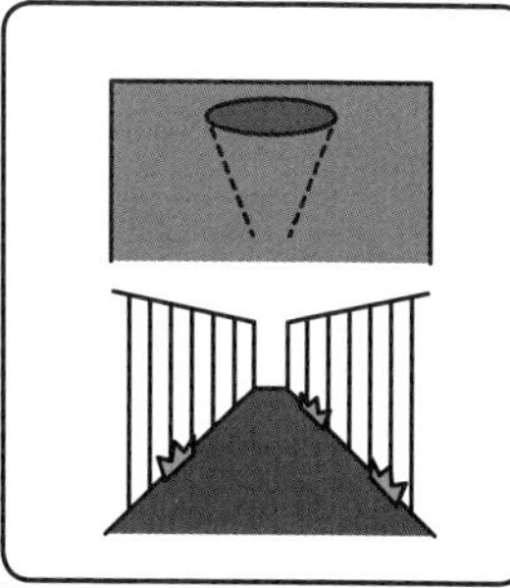

analogy [ənǽlədʒi]

유사점

He made an analogy about a pig when he saw her eat.
그는 그녀가 먹는 모습을 보고는 돼지에 비유했다.

아날로그 방식으로 사진을 분석하니 점점 좁아지는 모양이 유사했다.

□ 0215

betray [bitréi]

배신하다

Her friend betrayed her.
그녀의 친구는 그녀를 배신했다.

비틀린 표정으로 이별 통보를 하는 그녀는 나를 배신했다.

□ 0216

remedy [rémədi]

치료, 의약품

This remedy will help your sleep.
이 약을 먹으면 잠이 올 거예요.

냉면을 데워 치료하고 있다.

□ 0217

impair [impɛ́ər]

손상시키다, 해치다

My hearing was impaired because of the noisy factory.

공장 소음 때문에 청력이 약해졌다.

인상이 어두운 사람과 페어(pair: 짝)가 되면 기분을 해치기 쉽다.

□ 0218

opportunity [àpərtjúːnəti]

기회, 찬스

You have an opportunity to become rich.

당신은 부자가 될 기회가 있다.

오빠는 트위터 커뮤니티를 통해 강아지를 입양할 기회를 얻었다.

□ 0219

hypnotize [hípnətàiz]

~에 최면술을 걸다, ~을 매료하다

She hypnotized him by moving her hands in front of him.

그녀는 남자 앞에서 손을 움직이더니 그에게 최면을 걸었다.

힙을 내놓는 타이즈 광고는 아이를 매료시킨다.

□ 0220

implicate [ímplikèit]

연루되다

If I am implicated in the crime, I will go to jail.

만일 내가 그 범죄에 연루된다면 감옥에 갈 것이다.

의무실에서 임시로 푸딩과 케이크를 먹는 녀석은 범죄에 연루된 것으로 보인다.

□ 0221

trifle [tráifl]

하찮은, 쓸데없는

His mistake is a trifle, so please don't be too angry.

그의 실수는 사소한 것이니 너무 화내지 마세요.

사장이 닭고기 관련 트러블에 대해 쓸데없는 일이라고 말한다.

□ 0222

envy [énvi]

부러워하다

I envy your English skill.

난 당신의 영어 실력이 부럽다.

저 애의 비싼 듯 보이는 음식이 부럽다.

□ 0223

ethics [éθiks]

윤리, 도덕

Telling lies is an ethical problem.

거짓말을 하는 것은 윤리적인 문제입니다.

애쓰며 식수로 길렀기 때문에 베지 않는 것이 도덕적인 행동이다.

□ 0224

ransom [rǽnsəm]

몸값

They must pay a ransom to help their son.

아들을 구하려면 그들은 몸값을 지불해야만 한다.

난폭한 소믈리에는 훔친 와인을 몸값으로 지불해줄 것을 요구했다.

☐ 0225

comprehensive [kàmprihénsiv]

종합적인, 포괄적인

This is a comprehensive list of our services.

이것은 우리 서비스의 포괄적인 목록이다.

컴퓨터 게임 속 리듬에 맞춰 핸들을 시시각각 부드럽게 조작해야 하므로 종합적인 감각이 필요하다.

☐ 0226

accord [əkɔ́ːrd]

주다, 일치하다, 조화, 협정

The teacher accorded them good grades.

선생님은 아이들에게 높은 점수를 주었다.

어디서나 코드 기종에 상관없이 충전할 수 있는 멀티어댑터를 주었다.

☐ 0227

scope [skoup]

범위

The scope of this problem is very wide.

이 문제는 매우 광범위하다.

수수한 차림으로 코트의 흙을 푸욱 퍼내며 범위를 표시한다.

☐ 0228

distress [distrés]

고뇌

We must help people who are in distress.

우리는 곤경에 처한 사람을 도와야 한다.

디자이너가 아이디어 스트레스로 고뇌하고 있다.

□ 0229

hail [heil]

인사를 건네다

He hailed them over the radio, but there was no response.
그는 라디오를 통해 환영의 인사를 건넸지만 아무런 반응도 없었다.

"헤이, 이리 와" 하고 인사를 건넸다.

□ 0230

complicity [kəmplísəti]

공모

Her complicity in the murder was proven.
그녀의 살인 공모가 입증되었다.

컴컴한 밤 푸딩을 훔치러 시티(도시)까지 가기로 공모했다.

□ 0231

legitimate [lidʒítəmət]

합법적인

His legitimate child will be given his money.
그의 법적인 자녀가 돈을 받게 될 것이다.

머리를 짓누르며 헬멧을 대고 있지만 합법적인 투쟁이었다.

□ 0232

initiate [iníʃièit]

시작하다, 개시하다, 착수하다

Talks initiated between the two countries.
양국 사이에 대화가 시작되었다.

이니셜 쓰는 연습을 A부터 시작했다.

□ 0233

victim [víktim]

희생자, 피해자

The victim was only 15 years old.
그 피해자는 겨우 15세였다.

비슷해 보이지만, 팀은 왕따 피해자다.

□ 0234

clarity [klǽrəti]

명쾌함, 명확함

This sentence does not have enough clarity.
이 문장은 명확성이 떨어진다.

큰 집에 티(차)가 있다는 사실은 명확하다.

□ 0235

soil [sɔil]

흙, 땅

The plant needs to grow in soil.
그 식물은 흙에서 키워야 한다.

소스가 있는데 흙냄새가 난다.

□ 0236

crew [kruː]

승무원

The crew of the airplane give good service.
그 비행기의 승무원들은 훌륭한 서비스를 제공한다.

크루즈 승무원이 주위를 살피고 있다.

□ 0237

abuse [əbjúːz]

학대하다, 악용하다

When he was a child, he was abused by his parents.
그는 어렸을 때 부모님께 학대를 받았다.

그에게 아부하지 않으면 학대당하기 십상이다.

□ 0238

decent [díːsnt]

제대로 된, 품위 있는

This food is decent in price and taste.
이 음식은 가격과 맛이 괜찮다.

노인은 몸을 디스(This: 이쪽)로 틀며 품위 있는 매너를 지켰다.

□ 0239

translate [trænsléit]

번역하다

Please translate these documents from English into Korean.
이 서류들을 영어에서 한국어로 번역해주세요.

문장 트랜스폼(transform: 변형)을 레이트(late: 늦은)하지 않게 번역하고 있다.

□ 0240

purchase [pə́ːrtʃəs]

구입, 매입

He purchased a camera at the store.
그는 가게에서 카메라를 구입했다.

펄가루로 빛나는 체스를 구입했다.

☐ 0241

estimate [éstəmèit]

견적을 받아보다, 추정하다

He estimated the price to be around 10,000 won.
그는 가격을 약 10,000원 정도로 추정했다.

S자 몸매를 위해 티(차)를 즐겨 마시는 메이트(동료)의 조언에 따라 복부비만 관리 코스의 견적을 받아보기로 했다.

☐ 0242

virtue [və́:rʧu:]

미덕, 선

A leader must have a life of virtue.
지도자는 선한 삶을 살아야 한다.

오랜만에 찾아뵌 할머니 볼에 '츄' 하고 뽀뽀하는 건 미덕이라고 할 수 있다.

☐ 0243

anxious [ǽŋkʃəs]

염려하는, 간절히 바라는

We are anxious to leave this place.
우리는 이 장소를 떠나길 간절히 바란다.

암기가 술술 되는 셔츠가 개발되기를 간절히 바란다.

☐ 0244

rumor [rú:mər]

소문

I heard a rumor about him, but I don't think it's true.
그에 대한 소문을 들었는데, 사실이 아닌 것 같아요.

루는 뭐니 뭐니 해도 이 집이 가장 맛있다고 소문이 자자하다.

□ 0245

dismay [disméi]

낭패감, (충격을 받은 뒤의) 실망

He was dismayed at the bad news.
그는 나쁜 소식에 경악했다.

디스코텍은 메아리치듯 소리가 울려 이야기하기 힘들다며 실망했다.

□ 0246

divorce [divɔ́:rs]

이혼

I got divorced last year and now I'm single.
나는 작년에 이혼해서 지금은 독신이에요.

뒤도 안 보고 보스처럼 구는 남편은 이혼감이다.

□ 0247

invent [invént]

발명하다, 고안하다

They invented a new machine.
그들은 새로운 기계를 발명했다.

인도에서 이벤트를 위해 신선도가 유지되는 도시락을 고안 중이다.

□ 0248

startle [stá:rtl]

깜짝 놀라게 하다

She was startled by the loud sound.
그녀는 그 큰소리에 깜짝 놀랐다.

스타라면 틀을 깨며 시청자를 깜짝 놀라게 해야 한다.

□ 0249

swarm [swɔːrm]

떼, 군중

The swarm of bees flew around the tree.

벌떼들이 나무 주위를 날아다녔다.

수컷 새가 엄청난 속도로 떼를 지어 날아왔다.

□ 0250

portion [pɔ́ːrʃən]

일부, 부분

A portion of this book is missing.

이 책의 한 부분이 빠져 있다.

포장용 쿠션을 넣지 않은 바람에 택배로 구매한 핸드백의 일부가 흠집이 났다.

□ 0251

vibrant [váibrənt]

활기찬, 생생한, 진동하는

The band gave a vibrant performance.

그 밴드는 활기찬 공연을 했다.

바이크로 부릉부릉 소리를 내며 경주 장면을 찍는 탤런트 얼굴이 활기차다.

□ 0252

principle [prínsəpl]

방침, 주의

That company's principles are too old.

그 회사의 방침은 너무 낡았다.

프린스(공주)의 불륜을 발각한 신문 기사로 언론 방침이 바뀌었다.

□ 0253

conviction [kənvíkʃən]

확신

He has conviction that she is innocent.
그는 그녀가 무죄라고 확신했다.

컨비니언스 스토어(편의점)에서 쿠션을 나눠주는 것이라고 확신했다.

□ 0254

physics [fíziks]

물리학

Sir Isaac Newton is the father of physics.
아이작 뉴턴 경은 물리학의 아버지다.

피뢰침은 지지직 번개가 쳤을 때 전류가 땅속에 들어가도록 한 장치로, 물리학자 프랭클린이 발명했다.

□ 0255

plagiarism [pléidʒərìzm]

도용, 표절

Plagiarism of a report is a against the rules at school.
리포트를 표절하는 것은 교칙에 위배된다.

플라스틱 부분이 젖은 이유는 누군가 제품을 도용했기 때문이다.

□ 0256

compare [kəmpɛ́ər]

비교하다, 비유하다

She compared him to a pig.
그녀는 그 남자를 돼지에 비유했다.

콤비가 페어(pair: 짝)가 되어 왕자와 거지를 연기한 후 두 배우를 비교하는 사람이 많아졌다.

□ 0257

brood [bru:d]

골똘히 생각하다

He looks out the window and broods.

그는 창밖을 내다보며 생각에 잠겼다.

자신을 부르는 소리도 듣지 못한 채 골똘히 생각에 빠졌다.

□ 0258

deserve [dizə́:rv]

~할 자격이 있다, ~를 받을 만하다.

You deserve a reward for helping the child.

당신은 그 아이를 도와줬으니 보상받을 자격이 있습니다.

디저트 후 부서별 장기자랑으로 콩트를 선보인 팀은 칭찬받을 만했다.

□ 0259

proximity [praksímәti]

근접, 가까움

We are in proximity with the bomb.

우리는 폭탄 근처에 있다.

플라스틱 빗에 미리 짜둔 염색약이 튀지 않으려면 최대한 모근 가까이 빗어야 한다.

□ 0260

reputation [rèpjutéiʃәn]

평판

He has a bad reputation with woman.

그는 여자들 사이에서 평판이 나쁘다.

레코드가 푹 꺼진다는 평판이 있다.

□ 0261

adequate [ǽdikwət]

충분한, 적절한

The money was adequate to pay all her bills.
그 돈은 그녀의 모든 청구서를 지불하기에 충분했다.

아들이 큰 통의 음식을 다먹었는데도 양이 충분하지 않았다.

□ 0262

dread [dred]

두려워하다, 공포, 불안

When she didn't come back, we dreaded what had happened.
그녀가 돌아오지 않아서 우리는 무슨 일이 있는지 걱정했다.

도레 도레 도레♪~가 계속되는 BGM이 공포를 자아낸다.

□ 0263

lot [lat]

부지

This empty lot has grass growing inside it.
이 공터에는 풀이 자라고 있다.

부지에 '롯데리아 오픈 예정!'이라 적혀 있다.

□ 0264

disgust [disgʌst]

혐오, 매스껍다

We like peace, and we are disgusted by war.
우리는 평화를 사랑하며, 전쟁을 혐오한다.

디자인은 깔끔하지만 가스 냄새가 틈새에서 계속 풍기니 매스껍다.

☐ 0265

spacious [spéiʃəs]

넓은

The car is spacious inside, so it is perfect for tall people.

그 차는 내부가 넓어서 키 큰 사람들에게 안성맞춤이다.

스페셜한 방에 이삿짐을 풀기 전 넓은 방을 만끽했다.

☐ 0266

infuse [infjú:z]

(액체를) 주입하다, (용기, 사상)을 불어넣다, 달이다

The coach infused the team with confidence.

그 코치는 그 팀에 자신감을 불어넣었다.

인플루엔자 환자에게 주사기로 백신을 주입했다.

☐ 0267

subsidy [sʌbsədi]

보조금

We need a subsidy because we want to buy a house.

우리는 집을 사고 싶기 때문에 보조금이 필요하다.

섭섭하지 않게 시도지사가 보조금을 많이 책정했다.

☐ 0268

fairly [fέərli]

공평하게

The children played with each other fairly.

그 아이들은 서로 공평하게 놀았다.

모든 참가자에게 페라리 모형을 공평하게 주기로 했다.

☐ 0269

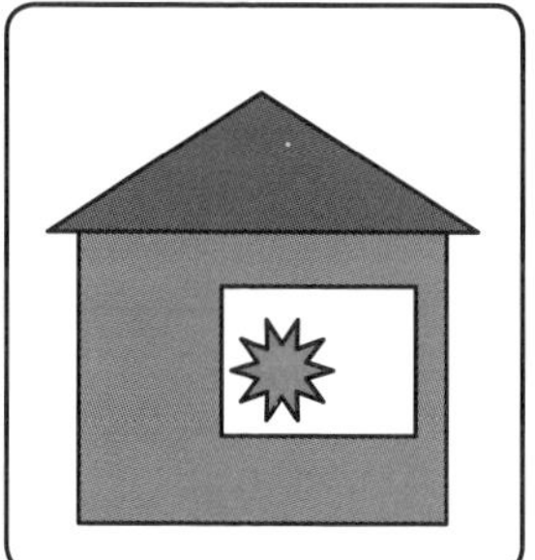

anarchy [ǽnərki]

무정부 상태, 무질서

Some people think anarchy should replace the government.
어떤 사람들은 무정부 상태가 정부를 대체해야 한다고 생각한다.

무질서하게 놀다가 안에 키를 둔 채 나와버렸다.

☐ 0270

curb [kəːrb]

억제하다, 제한하다

The police try to curb crime.
경찰은 범죄를 억제하려고 노력한다.

커브 직전에는 속도를 제한한다.

☐ 0271

ache [eik]

통증, 아픔

He has an ache in his back.
그는 등에 통증을 느꼈다.

"에이쿠, 넘어졌구나. 통증이 낫도록 약 발라줄게."

☐ 0272

vice [vais]

악, 나쁜 버릇, 대리자

Her vice is gambling.
그 여자의 악습은 도박이다.

바에서 새벽이슬이 내릴 때까지 있자니, 과음하는 나쁜 버릇이 도질까봐 불안했다.

☐ 0273

neglect [niglékt]

무시

We must not neglect our duties.

직무를 소홀히 해서는 안 된다.

"네가 그랬지." 원혼이 찾아왔지만 무시했다.

☐ 0274

embark [imbá:rk]

탑승하다, 승선하다, 착수하다

He embarked on a plane to New York.

그는 비행기를 타고 뉴욕으로 갔다.

일본으로 떠난 임을 찾으러 돈을 엔화로 바꾸고 배에 탑승했다.

☐ 0275

restrict [ristríkt]

제한하다

Time is restricted when taking the test.

시험을 칠 때는 시간이 제한된다.

다람쥐를 사냥하러 갔는데 마리 수 제한이 있었다.

☐ 0276

jolt [dʒoult]

충격을 주다, 급격한 동요

The jolt from the car accident gave him a neck ache.

교통사고 당시 충격을 받아 그는 목에 통증이 생겼다.

졸도할 만큼 무서운 장면을 보고 충격을 받았다.

☐ 0277

indigenous [indídʒənəs]

원산의, 토종의

This plant is indigenous to Japan.
이 식물은 일본이 원산지다.

'인도산 J형 가지'는 인도가 원산지다.

☐ 0278

cautious [kɔ́:ʃəs]

신중한

Sometimes being too cautious is not good.
때로는 너무 조심하다 보니 좋지 않은 경우도 있다.

이렇게 할까 저렇게 할까, 고민이 커지며 신중한 태도를 취하고 있다.

☐ 0279

superficial [sù:pərfíʃəl]

표면상의

There is only superficial damage to the car.
그 차는 표면에 흠집이 있을 뿐이다.

스파의 페이셜 마사지가 효과가 없는 이유는 피부 표면상의 자극으로 그치기 때문이다.

☐ 0280

molecule [mάləkjù:l]

미립자, 분자

DNA is a very complex molecule.
DNA는 매우 복잡한 분자다.

모래처럼 한 큐에 떨어지는 게 미립자다.

☐ 0281

corrupt [kərʌpt]

불건전한, 부정한, 부패한

Corrupt politicians can damage a country.
부패한 정치인들은 나라를 해칠 수 있다.

불건전한 클럽에 가지 말라고 타이르자 풋 하고 코웃음을 쳤다.

☐ 0282

manufacture [mænjufǽktʃər]

생산, 제조하다

The manufacture of this machine is difficult.
이 기계는 제조하기 어렵다.

매뉴얼에 따라 팩을 척척 생산하다.

☐ 0283

compulsory [kəmpʌlsəri]

강요하는, (법령에 따른) 강제집행

Should going to college be compulsory?
의무적으로 대학에 가야 할까요?

건빵을 실은 썰매가 시끄러운 소리가 나지 않도록 조용히 가라고 강요했다.

☐ 0284

pleasant [plézənt]

쾌적한, 즐거운

Please have a pleasant stay.
즐거운 시간 보내시길 바랍니다.

프레시하고 젠틀한 샌드위치 덕에 즐겁다.

☐ 0285

conventional [kənvénʃənl]

전통적인

The conventional way of living is changing.
전통적인 생활 방식이 변화하고 있다.

전통적인 방식으로 건강에 좋은 배를 썰어 넣는다.

☐ 0286

dispatch [dispǽtʃ]

(편지·소포·메시지를) 급히 보내다

Volunteers were dispatched to help the people.
사람들을 돕기위해 자원봉사자들이 파견되었다.

디자인이 스페셜하고 내 취향이라 빠른 배송으로 구매했다.

☐ 0287

structure [strʌ́ktʃər]

구조, 구조물

The structure of this sentence is wrong.
이 문장의 구조는 잘못되었다.

스토브를 락스로 닦은 뒤 조립을 해체하여 처음과 같은 구조로 변경했다.

☐ 0288

imminent [ímənənt]

임박한

The environment is in imminent danger.
자연은 절박한 위험에 처한 상태다.

회의 시간이 임박한 사실을 알았을 때는 이미 지각할 수밖에 없는 상황이었다.

□ 0289

massive [mǽsiv]

대규모의, 거대한, 강력한

She eats a massive amount of donuts every week.
그녀는 매주 엄청난 양의 도넛을 먹는다.

대규모 투자로 매스컴의 시선을 끈 부자가 인터뷰에 응했다.

□ 0290

confidential [kɑ̀nfədénʃəl]

내밀한, 기밀의

This is confidential, so please do not tell anyone.
이것은 기밀사항이므로 아무에게도 말하지 마십시오.

최고급 커피를 제공하는 덴탈(dental: 치과) 서비스가 비밀리에 퍼지고 있다.

□ 0291

tranquil [trǽŋkwil]

고요한, 평온한

The sea was tranquil and it was easy to swim.
그 바다는 고요했고 수영하기는 쉬웠다.

트렁크에서 쿨쿨 잘 때가 제일 평온한 상태다.

□ 0292

disengage [disengéidʒ]

떼다, 풀다, 해방시키다

She disengaged from meeting because phone call.
전화가 걸려온 덕에 그녀는 회의에서 벗어났다.

반지를 손에서 해방시켜 디자인 수선 가게에 맡기지 그래.

□ 0293

immodest [imάdist]

염치없는, 자만하는

The rich man was immodest about his money.

그 부유한 남자는 돈에 관한 한 천박했다.

염치없이 "이모!" 하고 부르더니 디저트랍시고 스푼도 없이 투박한 간식을 내왔다.

□ 0294

ballot [bǽlət]

투표용지

I voted using a ballot.

나는 투표용지를 사용해서 투표했다.

배짱 좋게 여럿이 입후보했지만 투표용지를 열어봐도 아직 한 표도 못 얻었다.

□ 0295

keen [kiːn]

예민한

He has a keen mind about mathematics.

그는 수학에 관한 한 예리한 지력을 갖췄다.

긴 꼬챙이 같은 도구가 입속에 들어오니 나도 모르게 예민해졌다.

□ 0296

hapless [hǽplis]

불운한, 불쌍한

The hapless little bird was eaten by the hawk.

그 불쌍한 작은 새는 매에게 잡아먹혔다.

해파리를 다리미로 누르면 안 좋은 일이 생긴다.

□ 0297

tendency [téndənsi]

경향

The tendency toward violence in men is being studied.

남성의 폭력 성향이 연구되고 있다.

텐(10)가지 댄스 용어 변화 경향을 배우고 있다.

□ 0298

dialect [dáiəlèkt]

사투리, 방언

I can't understand their dialect.

난 그들의 사투리를 못 알아듣는다.

다이아몬드 렉처(lecture: 강의)를 하는 강사는 사투리를 쓴다.

□ 0299

alert [ələ́ːrt]

방심하지 않는, 조심성 있는

Police must be alert when they are working.

경찰은 근무 중에 방심해서는 안 된다.

알람이 울리지 않는지 늘 방심하지 않아야 한다.

□ 0300

elude [ilúːd]

회피하다, 벗어나다

She elude his eyes and looked at her feet.

그녀는 그의 눈을 피해 자신의 발을 바라보았다.

이름을 들을 수 없도록 회피했다.

☐ 0301

eligible [élidʒəbl]

자격이 있는, 적임의

He is eligible to be our leader.
그는 우리의 지도자가 될 자격이 있다.

엘리제를 부르기 위해 적임자가 맥주를 따를 것이다.

☐ 0302

illogical [iládʒikəl]

불합리한, 비논리적인

Using a fork to eat soup is illogical.
스프를 떠먹으려고 포크를 쓰는 것은 비논리적이다.

일로 만난 지인이라고 무작정 계약하는 것은 불합리하다.

☐ 0303

lamely [léimli]

절룩거리며, 어설프게

He lamely greeted his rival.
그는 어설프게 경쟁자를 맞이했다.

그는 레임덕으로 이미 약해져 절룩거리고 있다.

☐ 0304

indifferent [indífərənt]

무관심한, 냉담한

I am indifferent about who will become president.
나는 대통령이 누가 되든 관심이 없다.

인도에서 모피 렌탈 숍을 오픈했지만 모두 무관심했다.

□ 0305

sufficient [səfiʃənt]

충분한

His pay was sufficient and he was happy.

그는 임금이 충분했고 행복했다.

서핑에 필요한 지원은 충분하다.

□ 0306

illicit [ilísit]

불법의, 부정한

Illicit use of this account is not allowed.

이 계좌의 불법 사용은 허용되지 않습니다.

"이리 와, 앉아(sit)!" 부정한 돈을 쓰면 곤란해진다.

□ 0307

merge [məːrdʒ]

합치다, 합병하다

They merged with another company.

그들은 다른 회사와 합병했다.

마작 모양 파이를 합쳤다.

□ 0308

nuclear [njuːkliər]

원자력의, 핵무기의

Is nuclear energy dangerous?

원자력은 위험한가?

뉴 크리너(New cleaner: 신제품 청소기)의 동력은 원자력이다.

☐ 0309

grant [grænt]

보조금, 지원금

He was given a grant for his research.
그는 연구비를 지원받았다.

그래, 지원금을 받을 수밖에.

☐ 0310

suitable [sú:təbl]

적절한, 적합한

Knives are suitable tools for cutting.
칼은 썰기에 적합한 도구다.

수박은 여름에 딱 맞는 과일이다.

☐ 0311

reckless [réklis]

무모한, 경솔한

Her reckless comment about foreigners upset him.
외국인에 대한 그녀의 발언 때문에 그는 당황했다.

내 클래스(class)의 학생은 무모한 행동을 자주 한다.

☐ 0312

occupation [ὰkjupéiʃən]

직업

Her occupation is an engineer.
그녀의 직업은 엔지니어다.

오케이, 이 펜션에는 음식을 배달하는 직업이 있다.

□ 0313

bravery [bréivəri]

용기, 용맹

He showed bravery when it was dangerous.
위험에 처했을 때 그는 용기를 보여주었다.

용감하게 블라인드를 올리니 벌이 들어왔다.

□ 0314

cordial [kɔ́:rdʒəl]

진심에서 우러난, 성심성의껏

You are cordially invited to our wedding.
우리 결혼식에 초대합니다.

할아버지를 위한 음식을 코에 대드리니 진심으로 기뻐하셨다.

□ 0315

renowned [rináund]

유명한, 명성 있는

He is a renowned actor in France.
그는 프랑스의 유명한 배우입니다.

리나운사는 어패럴 기업으로 명성이 높다.

□ 0316

undertake [əndərtéik]

떠맡다, 약속하다

I am happy to undertake this job.
이 일을 맡게 되어 기쁘다.

탁자 언더(under)에서 선물을 받고 약속을 들어주기로 했다.

□ 0317

certitude [sə́:rtətjù:d]

확실성, 확신

She said "he is wrong!" with certitude.
그녀는 확신에 차서 "그 남자가 틀렸어요!"라고 말했다.

써티원(thirty one, 31) 아이스크림을 계속 먹으면 비만이 될 게 확실하다.

□ 0318

ban [bæn]

금지하다

Some films cannot be seen because they are banned.
일부 영화는 상영이 금지되어 볼 수 없다.

밤거리는 위험해서 통행이 금지되어 있다.

□ 0319

landscape [lǽndskeip]

풍경, 조망

This landscape has mountains, rivers, and trees.
이 풍경에는 산과 강과 나무가 있다.

폴란드산 스케치북에 다양한 풍경을 담고 싶다.

□ 0320

premature [prì:mətʃúər]

시기상조의

After 2 months, he prematurely asked to marry her.
두 달 만에 그는 조급하게도 그녀에게 결혼해달라고 했다.

미리(pre) 맞춰놓은 답례품을 먼저 먹는 것은 시기상조라고 생각한다.

□ 0321

uproar [ʌprɔ̀:r]

소동

The terrorist attacks caused an uproar in the country.

테러 공격은 그 나라에 큰 소란을 불러일으켰다.

"앞으로"라고 외치면서 비틀대는 모습이 너무 웃겨서 소동이 일어났다.

□ 0322

sequence [sí:kwəns]

연속

The birds flew away, one after the other, in sequence.

새들은 차례로 날아갔다.

시작부터 큰 스시를 먹으라니 고민의 연속이다.

□ 0323

emotion [imóuʃən]

감정

Do animals feel emotion like humans?

동물도 인간처럼 감정을 느낄까?

이모는 슈퍼가 문을 닫아서 속상한 감정을 느꼈다.

□ 0324

exhale [ekshéil]

(숨을) 내쉬다

She exhaled loudly, and everyone looked at her.

그녀가 크게 숨을 내쉬자 모든 사람이 그녀를 쳐다보았다.

X표가 있는 위장약을 먹고 해일처럼 방귀가 나온다.

□ 0325

hostage [hástidʒ]

인질

They were taken hostage by the terrorists.
그들은 테러범들에게 인질로 잡혔다

주인인 호스트가 인질로 잡혔다.

□ 0326

apparently [əpǽrəntli, əpέər-]

겉보기에는, 외관상으로는, 명백히

She is apparently sleepy.
그녀는 졸린 것 같다.

아빠가 론드리(laundry: 세탁소)에 다녀온 후 명백히 멋있어졌다.

□ 0327

shudder [ʃʌdər]

떨다, 진동하다

The building shuddered when the earthquake hit.
지진이 일어나자 건물이 흔들렸다.

셔터가 드르르 흔들렸다.

□ 0328

vote [vout]

투표

I will vote for someone who will change this country.
나는 이 나라를 바꿀 사람을 뽑으려고 한다.

보트를 타고 와서 투표를 했다.

☐ 0329

complimentary [kàmpləméntəri]

무료의, 칭찬하는

Complimentary drinks will be served at 9.
9시에 무료 음료가 제공됩니다.

컵라면 플러스 무료 라면을 샀는데 빈 상자만 왔다.

☐ 0330

justify [dʒʌ́stəfài]

정당화하다

They justify using war to make peace.
그들은 평화를 위해 전쟁을 이용하는 것을 정당화한다.

"저 시간에 와야 티(차)와 파이를 준다니까." 지각을 정당화하는 학생을 꾸짖었다.

☐ 0331

quota [kwóutə]

할당

They were rewarded for passing their sales quota.
그들은 판매 할당량을 초과하여 상을 받았다.

커터(칼)로 만주를 할당해주었다.

☐ 0332

assert [əsə́:rt]

단언하다, 강력히 주장하다

She asserted herself.
그녀는 자기주장을 내세웠다.

"어서 대피하십시오." 방송에서 지구의 위기를 단언했다.

□ 0333

aware [əwɛ́ər]

알아차린, 깨달은

Are you aware about the food on your face?

얼굴에 음식이 묻은 거 알고 있니?

"어! 왜 그런거죠?"라고 질문했다.

□ 0334

grim [grim]

(상황, 전망 따위가) 암담한, (용모가) 험악한

The result of the game looked grim for the team.

경기 결과는 그 팀에게 암울해 보였다.

그림을 보여주려고 목마를 태워줬는데 너무 무거워 얼굴이 험악해졌다.

□ 0335

diminish [dimíniʃ]

완화되다, 축소하다, 깎아내리다, 상처를 입히다

The number of tigers in nature is diminishing.

야생 호랑이 수가 줄어들고 있다.

모임에서 다들 내 키가 미니(mini) 하다고 상처를 주었다.

□ 0336

complicate [kάmpləkèit | kɔ́m-]

복잡하게 하다

His lateness complicates our schedule.

그 남자가 지각한 바람에 일정이 복잡해졌다.

실을 꼼꼼하게 풀어야 오케이할 텐데 복잡하게도 해 놨다.

□ 0337

compel [kəmpél]

~에게 억지로 –하게 하다, ~에게 (어떤 행동을) 강제하다

When I saw he had a gun, I was compelled to run.
그가 총을 가지고 있는 모습을 보고 난 어쩔 수 없이 도망쳤다.

억지로 골프를 하라고 강요했다.

□ 0338

voyage [vɔ́iidʒ]

여행(항해, 비행)

The ship's voyage was dangerous one.
그 배의 항해는 위험했다.

항해를 떠나는 내 모습, 잘 보이지?

□ 0339

author [ɔ́:θər]

저자, 작가

The author of this book is famous.
이 책의 저자는 유명하다.

어서 저자를 만나고 싶다고 생각했는데, 거짓말처럼 옆에 있었다.

□ 0340

lean [li:n]

기대다

He leaned on the heavy door and it opened.
그가 무거운 문에 기대자 문이 열렸다.

링컨 대통령이 탁자에 기대어 서 있다.

☐ 0341

redundant [ridʌndənt]

여분의, 남아도는, 쓸데없는

This part is redundant and can be removed.
이 부품은 중복되었으니 제거해도 된다.

리본을 맨 임산부의 배가 단단해져 트림을 할 여유도 없다.

☐ 0342

confuse [kənfjúːz]

혼동하다

I confuse the two men a lot because they look similar.
그들은 생김새가 비슷해서 난 그 두 남자가 헷갈린다.

콘센트와 퓨즈를 혼동하고 있다.

☐ 0343

credibility [krèdəbíləti]

신용

His credibility was lost when they found he had lied.
그 남자가 거짓말했다는 사실을 그들이 알게 되는 바람에 그는 신용을 잃었다.

크레디트카드는 빌려 온 신용으로 유지된다.

☐ 0344

instance [ínstəns]

예, 일례

Think of a fruit, any fruit, for instance an apple.
과일을 떠올려보세요. 어떤 과일이라도 좋습니다. 예를 들면 사과요.

예를 들면 인스턴트 라면에 오일을 넣으면 더 맛있다.

□ 0345

retain [ritéin]

유지하다

This translation doesn't retain the original book's feeling.

이 번역은 원작의 정서를 잃어버렸다.

이태인은 꾸준히 1위를 유지했다.

□ 0346

conscience [kánʃəns]

양심

He wanted to buy it, but his conscience didn't let him.

그는 그 물건을 사고 싶었지만 양심이 허락하지 않았다.

양심이 있다면 콤팩트한 사이즈의 선물이라도 해야지.

□ 0347

means [mi:nz]

방법

There is another means of solving the problem.

그 문제를 해결하기 위한 또 다른 방법이 있다.

민머리의 저 남자가 더 나아 보일 방법을 찾고 있다.

□ 0348

consider [kənsídər]

검토하다

Please consider another way to do it.

그 일을 할 다른 방법을 검토해주세요.

큰 여우 모양 디자인 시안이 더 괜찮은지 검토 중이다.

□ 0349

due [djuː]

마감, 기한

January 23rd is when the report is due.

1월 23일이 보고서 마감일이다.

마감이 가까워오니 두렵다.

□ 0350

embassy [émbəsi]

대사관

She must go to the embassy to get her passport.

그녀는 여권을 받기 위해 대사관에 가야 한다.

"엥엥" 하며 빠진 이를 보며 울고 있다.

□ 0351

nasal [néizəl]

코의, 코에 관한

I have a nasal voice today.

오늘 난 코맹맹이가 되었다.

코에 나사가 끼었다.

□ 0352

literally [lítərəli]

정말로, 문자 그대로

He literally lost all his money to gambling.

그는 말 그대로 전 재산을 도박으로 날렸다.

술을 1리터나 마셨더니 문자 그대로 취했다.

□ 0353

stubborn [stʌbərn]

고집 센, 완고한

The door is stubborn and you have to push it hard.

그 문은 단단해서 힘껏 밀어야 한다.

스타벅스에서 본 할아버지는 고집이 세서 직원이 난감해했다.

□ 0354

confiscate [kάnfəskèit]

몰수하다, 압수하다

The drug were confiscated by the police.

그 마약은 경찰에 압수되었다.

두 콤비의 스케이트를 압수했다.

□ 0355

outrageous [autréidʒəs]

도가 지나친, 터무니없는

I will not forget her outrageous actions.

나는 그녀의 터무니없는 행동을 잊지 않을 것이다.

아웃렛에서 산 저 술 때문에 도가 지나치게 취했다.

□ 0356

wither [wíðər]

시들다

The plant withered in the hot sun.

그 식물은 뜨거운 햇볕 아래서 시들어갔다.

윙크를 더 해주며 시든 풀을 응원했다.

☐ 0357

acute [əkjúːt]

(통증이) 심한, (지능이) 뛰어난, (감각이) 예민한

There is an acute pain in my right eye.
오른쪽 눈에 심한 통증이 있다.

앗, 쿡쿡 쑤시는 통증이 점점 심해진다.

☐ 0358

verse [vəːrs]

시(의 한 구절), 운문

This verse is from the Bible.
이 시는 성경에 나온다.

버스에서 시 읽는 남자를 보고 한눈에 반했다.

☐ 0359

abstain [æbstéin, əbstéin]

삼가다, 기권하다

She abstained from drinking for a year.
그녀는 1년간 금주했다.

앱(App)에 따르면 스테인리스 그릇의 기름때를 그대로 버리는 것을 삼가야 한다.

☐ 0360

confirm [kənfəːrm]

확인하다

May I see ID to confirm your identity?
신분증을 보여주시겠습니까?

콩이 잘 자라는지 팜(farm: 농장)을 확인했다.

☐ 0361

incite [insáit]

선동하다

The police shooting incited a demonstration.

경찰의 총격이 시위를 불러일으켰다.

인터넷 사이트에서 집회를 선동했다.

☐ 0362

suppress [səprés]

억압하다

He suppressed his anger toward his boss.

그는 상사 앞에서 가까스로 화를 참았다.

서프라이즈하게 늦은 레스토랑 직원이 억압당하고 있다.

☐ 0363

consideration [kənsìdəréiʃən]

고려, 숙려, 심사숙고

Thank you for your consideration about my safety.

제 안전에 신경 써주셔서 감사합니다.

콘셉트를 시도하기 전에 더 고려해봐야 한다.

☐ 0364

suppose [səpóuz]

생각하다, 추측하다

I suppose he will win the election.

그 남자가 선거에서 이길 것 같다.

서서 어떤 포즈를 취할지 생각해보았다.

□ 0365

cram [kræm]

억지로 쑤셔 넣다, 벼락치기 공부

He crammed all night for the test the next day.

그는 이튿날 치르는 시험 때문에 밤새도록 벼락치기 공부를 했다.

크림 커피 없이는 벼락치기 공부가 불가능하다.

□ 0366

inevitable [inévətəbl]

피할 수 없는, 불가피한

Sometimes being sad is inevitable.

때때로 찾아오는 슬픔은 피할 수 없는 것입니다.

강아지가 1초 이내로 에비(새우)를 문 것은 불가피한 일이다.

□ 0367

impediment [impédəmənt]

지장, 훼방, 장애

The budge cut is an impediment to our progress.

예산 삭감은 우리의 발전을 가로막는 장애물입니다.

임지를 파다 뭔가 나와 작업에 장애가 생겼다.

□ 0368

pleasure [pléʒər]

기쁨, 영광

It's my pleasure to help you.

당신을 도와드리게 되어 기쁩니다.

너의 프레젠트(선물)가 참 기쁘구나.

☐ 0369

occasion [əkéiʒən]

(어떤 일이 일어나는 특정한) 기회

I would like to see Spain, if the occasion arises.

기회가 된다면 스페인에 가보고 싶다.

고백하면 오케이할 것 같아. 지금이 기회야!

☐ 0370

graze [greiz]

가볍게 스치다, 닿아서 까지다

The bullet grazed his shoulder, but did not kill him.

총알이 어깨를 스쳤지만, 그는 죽지 않았다.

그레이 색의 저 새가 머리 위를 스쳐 지나갔다.

☐ 0371

lack [læk]

부족, 결핍

The lack of support from his coworkers made him quit.

동료들의 지원이 부족해 그는 회사를 그만두었다.

레고 모양 크래커를 먹다가 치아가 빠져서 치아 개수가 부족하다.

☐ 0372

obsolete [ɑ̀bsəlìːt]

시대에 뒤처진, 한물간, 쓸모없어진

WindowsXP is already obsolete.

윈도우XP는 이미 구식입니다.

업어서 리테일몰까지 데려다주는 게 그리 구식이야?

□ 0373

explain [ikspléin]

설명하다

Today I will explain how to use a smartphone to you.

오늘 저는 여러분에게 스마트폰 사용법을 설명해드리겠습니다.

이구아나가 플레인(plane: 비행기) 구조를 설명 중이다.

□ 0374

composure [kəmpóuʒər]

침착, 냉정, 평정

He losses his composure when he is angry.

그 남자는 화가 나면 평정심을 잃는다.

콤보 박스들을 치우기 전 쉬면서 평정을 찾고 있다.

□ 0375

owe [ou]

은혜를 입다, ~할 의무가 있다

I owe her a lot because she saved my life.

그녀가 내 목숨을 구해줬으니 난 그녀에게 큰 신세를 졌다.

은혜를 갚는 건 우리의 의무다.

□ 0376

breach [briːtʃ]

(법률 · 도덕 · 약속)의 위반, 불이행

Our contract was breached and we must have a meeting.

계약 불이행에 따른 파기로 우리는 회의를 해야 한다.

머리카락을 브리치(bleach: 탈색)하는 건 교칙 위반이야.

☐ 0377

condone [kəndóun]

용서하다

Their actions cannot be condoned by anyone.

그들의 행동은 누구에게도 용납될 수 없다.

콘도를 예약했다고 해서 용서해줬다.

☐ 0378

deploy [diplɔ́i]

배치하다

Drones are deployed in Afghanistan and iraq.

드론은 아프가니스탄과 이라크에 배치된다.

딥(deep: 깊은)한 곳으로 큰 개를 배치하기가 힘들다.

☐ 0379

observe [əbzə́:rv]

관찰하다

Let's observe what happens when we mix these two chemicals.

이 두 가지 화학 물질을 섞으면 어떤 일이 일어나는지 관찰해봅시다.

오빠는 서툰 부분은 있지만 관찰력이 좋다.

☐ 0380

fragment [frǽgmənt]

파편

A fragment of an old book was found in Egypt.

고서의 일부분이 이집트에서 발견되었다.

파편이 떨어지니 후라이를 그만 튀겨도 되겠지?

□ 0381

asset [ǽset]

자산

His family divided his assets when he died.

그 남자가 세상을 뜨자 가족이 재산을 나눴다.

애가 셋이나 되니 자산을 불려야 한다.

□ 0382

spectator [spékteitər]

관중

There are many spectators watching the baseball game.

야구 경기를 보는 관중이 많다.

스펙터클한 영화는 관중이 많은 편이다.

□ 0383

praise [preiz]

칭찬하다

He was praised for his good job.

그는 매끄러운 일솜씨로 칭찬을 받았다.

"멋진 플레이야!" 저 선수를 칭찬했다.

□ 0384

immerse [imə́ːrs]

담그다

Immerse the beans in water three hours.

콩을 물에 세 시간 담가두어라.

임연수어를 소스에 푹 담갔다.

□ 0385

scarce [skɛərs]

불충분한, 부족한, 모자라는

Water is scarce in the desert.

사막에서는 물이 귀하다.

냉장고의 스케일은 큰데 얼린 사과 하나라니 뭔가 부족하다.

□ 0386

acquire [əkwáiər]

획득하다, 얻다

Women acquired the right to vote in 1946.

여성은 1946년 투표권을 얻었다.

얼큰한 국물을 얻기 위해 연구 중이다.

□ 0387

sensible [sénsəbl]

분별 있는, 현명한, 재치가 있는

A sensible person can tell right from wrong.

현명한 사람은 옳고 그름을 가릴 줄 안다.

센스가 좋은 사람은 분별력이 있다.

□ 0388

commodity [kəmádəti]

생활필수품, 상품

Toothbrushes and hairbrushes have become commodities.

칫솔과 머리빗은 필수품이 되었다.

고모는 뒤도 돌지 않고 생활필수품을 구하러 뛰어갔다.

☐ 0389

enact [inǽkt]

법률로 만들다

The government enacted an plan to protect the forest.

정부는 숲을 보호할 계획을 세웠다.

법으로 정해지면 이 액트(act: 행동)가 가능해진다.

☐ 0390

row [rou]

줄, 열

There is a row of old houses on this street.

이 거리에 오래된 집들이 줄지어 있다.

일렬로 촛불이 줄지어 서 있다.

☐ 0391

stale [steil]

신선하지 않은, (빵 따위가) 딱딱해진

This bread is stale and cannot be eaten.

이 빵은 오래되어 먹을 수 없습니다.

신선하지 않은 스시의 테일(tail: 꼬리)은 버려!

☐ 0392

implication [ìmplikéiʃən]

함의, 암시, (범죄 등에) 연루

His implication in the crime was shocking.

그 남자가 범죄에 연루되다니 충격이다.

인도인이 푸딩에 리본을 케이블처럼 감아둔 채 뭔가를 암시한 웃음을 짓는다.

□ 0393

irrigation [irəgéiʃən]

관개(농사를 짓는 데 필요한 물을 논밭에 대는 일)

New irrigation systems made farming succeed.
새로운 관개 시스템 덕분에 농사가 잘됐다.

이리도 가녀린 여성이 관개시설을 만들다니.

□ 0394

advocate [ǽdvəkèit]

주장하다, 옹호하다

She advocated for him, saying he was not guilty.
그녀는 그 남자가 무죄라고 말하면서 그를 변호했다.

애들에게 보컬 트레이닝을 하며 기본기의 중요성을 주장했다.

□ 0395

former [fɔ́:rmər]

예전의, 이전의

The former debate was more interesting than this one.
이전의 토론은 이보다 더 흥미로웠다.

폼(form: 형태)이 먼 옛날 버전과는 다르다.

□ 0396

pushover [puʃouver]

만만한 사람, 호구(虎口), 봉(鳳)

He's a pushover when cute girls ask him for favors.
그 남자는 귀여운 소녀들이 부탁하면 거절할 줄을 모른다.

살짝 푸시만 했는데 게임 오버라니, 만만한 사람이로군.

☐ 0397

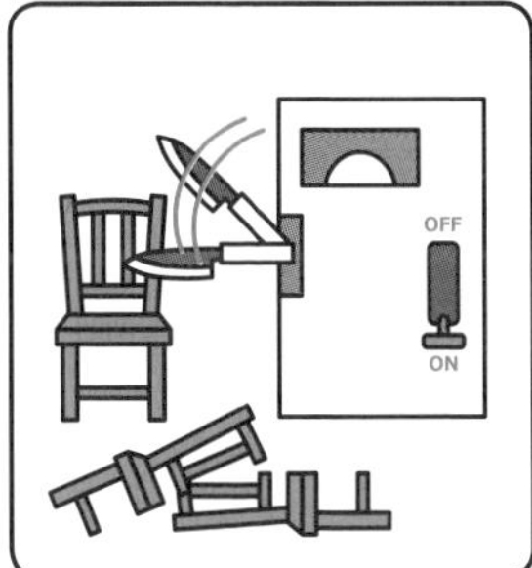

device [diváis]

장치, 기기

This device is used to connect to the internet.
이 장치는 인터넷 연결하는 데 사용됩니다.

대형 바에 '슥' 자르는 장치가 있다.

☐ 0398

bountiful [báuntifəl]

많은, 풍부한

There were bountiful amounts of food to eat.
먹거리가 풍부했다.

바구니에 운동화가 풀(full)로 차 있다.

☐ 0399

allege [əlédʒ]

주장하다

The police alleged he killed her with a knife.
그 남자가 그녀를 칼로 죽였다고 경찰은 주장했다.

그는 알러지를 없애려면 운동이 최고라고 주장한다.

☐ 0400

perspective [pərspéktiv]

시각, 관점, 견해

Every person has a unique perspective about the incident.
그 사건에 대해서는 누구나 독특한 견해를 피력했다.

퍼슨(person: 사람)마다 스펙을 보는 다양한 관점이 있다.

□ 0401

omit [oumít]

생략하다

This section has been omitted from the summary.

이 부분이 요약본에서 생략되었다.

오, 미리 생략한다고 하니 간단하군.

□ 0402

concede [kənsí:d]

양보하다, 패배를 인정하다

He conceded that he killed her with a knife.

그 남자는 그녀를 칼로 죽였다고 인정했다.

콩트에서 시키는 대로 내가 양보해야 하나?

□ 0403

ambiguous [æmbígjuəs]

애매한

Their response was ambiguous and difficult to understand.

그들의 대답은 모호하고 이해하기 어려웠다.

애매한 비교는 이해가 어렵다.

□ 0404

reservoir [rézərvwà:r]

저수지

This reservoir provides water for all of Jeju.

이 저수지는 제주의 모든 지역에 물을 공급해준다.

레저 시설에 보를 쌓아 저수지를 만들었다.

☐ 0405

inhibit [inhíbit]

억제하다, 금하다

This medicine inhibits coughing.
이 약은 기침을 억제한다.

인장이 희게 비치는 도장은 사용을 금지한다.

☐ 0406

reciprocate [risíprəkèit]

보답하다

You should reciprocate his kindness with a gift.
그가 베푼 친절에 선물로 보답해야 한다.

좋은 레서피(recipe)로 보답을 하고 싶다.

☐ 0407

tremendous [triméndəs]

터무니없는

Everyone is panicking about the tremendous market crash.
엄청난 시장 붕괴에 모두 당황하고 있다.

트리(나무)에서 떨어진 매가 음식에 빠지는 터무니없는 상황이 벌어졌다.

☐ 0408

cozy [kóuzi]

아늑한, 안락한

He sat down in the cozy chair and fell asleep.
그는 아늑한 의자에 앉아 잠이 들었다.

콕콕 집어 고쳐주니 방이 안락해졌다.

□ 0409

incredible [inkrédəbl]

믿을 수 없는, 놀라운

His stories about his life are incredible.
그의 인생 이야기는 믿기지 않을 정도로 놀랍다.

이렇게 크레디트카드를 들고 다니는 개가 있다니 믿을 수 없는 풍경이다.

□ 0410

fluently [flúːəntli]

유창하게, 술술

Oh, you can speak Japanese fluently!
와, 일본어가 유창하시군요!

프론트(앞)에서 틀리지 않고 유창하게 연설했다.

□ 0411

token [tóukən]

(화폐 대용으로 쓰는) 토큰, 상품권, 교환권, 표시

Please accept this as a token of my appreciation.
이것을 감사의 표시로 받아주십시오.

"톡" 하고 내놓은 것은 상품권이었다.

□ 0412

huge [hjuːdʒ]

거대한

Great Danes are huge dogs.
그레이트데인(Great Danes)은 대형견이다.

휴일과 주말이면 거대한 풍선을 날리며 스트레스를 풀었다.

□ 0413

improve [imprú:v]

개선하다

We try to improve our business methods everyday.

우리는 사업 방식을 개선하려고 날마다 노력한다.

이렇게 프로가 재단을 하니 문제가 개선되었다.

□ 0414

illiterate [ilítərət]

문맹

Illiterate people are increasing in Japan.

일본에서는 문맹자가 늘고 있다.

1리터의 우유로는 문맹을 개선할 수 없다.

□ 0415

recover [rikʌvər]

되찾다, 회복하다

We should try to recover useful material by recycling.

쓸 만한 물건은 회수하여 재활용하도록 노력해야 한다.

리커버해서 가게의 명성을 회복해야 한다.

□ 0416

exception [iksépʃən]

예외, 제외

These are many exceptions to English spelling rules.

영어 철자법에는 예외가 많다.

이 섹션(section: 구획)은 단속 예외입니다.

□ 0417

outbreak [au'tbrei,k]

돌발, 돌연한 출연

There was an outbreak of disease and many people died.

갑작스러운 질병으로 많은 사람이 죽었다.

아이가 브레이크 댄스를 추며 돌발 행동을 했다.

□ 0418

tend [tend]

~하는 경향이 있다

He tends to be late for dinner when he works.

그는 일할 때 저녁 식사에 늦는 경향이 있다.

텐동을 많이 먹으면 누구나 살이 찌는 경향이 있다.

□ 0419

definitely [défənitli]

분명히, 확실하게

We will definitely be tired after mountain climbing.

등산하고 나면 우리는 분명히 피곤할 것이다.

더워지자 피어나는 곰팡이들 때문에 가게 주인은 힘들어졌다.

□ 0420

jeopardy [dʒépərdi]

위험

The house is on fire and our lives are in jeopardy.

집에 불이 나서 우리 목숨이 위태롭다.

손이 끼면 위험하니 지퍼에 닿지 않게 주의해야 한다.

☐ 0421

equipment [ikw ipmənt]

장치, 기기

This equipment can be used in case of an emergency.
이 장비는 비상시 사용할 수 있다.

이크, 장치의 사용법이 뭔지 모르겠다.

☐ 0422

mere [m iər]

겨우, 단순히 ~에 불과한

I have a mere few won in my bank account.
제 은행 계좌에는 겨우 몇 원밖에 없어요.

'미야옹' 하고 우는 고양이가 겨우 한 마리만 남았다.

☐ 0423

distinguish [dist iŋgwiʃ]

구별하다, 식별하다

Can you distinguish correct from incorrect?
옳은 것과 그른 것을 구별할 수 있나요?

원숭이도 이것(this)을 튕기는 게 좋다며 좋은 것을 구별한다.

☐ 0424

collision [kəl iʒən]

충돌

The car collision injured them.
자동차 충돌로 그들은 부상을 입었다.

콜리(collie: 견종)가 종종 충돌을 일으킨다.

□ 0425

esteem [istíːm]

존경하다, ~을 (높이) 평가하다

This essay has gathered esteem at the school.

이 에세이는 학교에서 높은 평가를 받았다.

이 스팀 장치 개발자를 존경하고 싶다.

□ 0426

transmit [trænzmít]

발송하다

I will transmit the date to you now.

지금 날짜를 전송할게요.

트렁크 밑 상표 확인 문자를 발송해야 한다.

□ 0427

chaos [kéias]

혼돈, 무질서, 아수라장

After the war, the area was left in chaos.

전쟁이 끝난 후, 그 지역은 혼돈에 빠졌다.

머릿속이 온통 카오스 상태다.

□ 0428

handle [hændl]

다루다, 처리하다

The situation must be handled well.

그 상황은 잘 처리해야 합니다.

핸들을 능숙하게 잘 다뤘다.

0429

rural [rúərəl]

시골의, 전원의

This is a rural farming village.
이곳은 농촌이다.

시골에 오면 시골의 룰을 따라야 한다.

0430

amaze [əméiz]

놀라게 하다

Her beauty amazed me when she wore the dress.
그녀가 그 드레스를 입었을 때 나는 그녀의 아름다움에 놀랐다.

엄마야, 그렇게 소리 지르니 깜짝 놀랐어.

0431

sequel [síːkwəl]

속편

The series is popular, and they're making another sequel.
이 시리즈는 인기가 있어서 또 다른 속편을 제작 중이다.

이 시리즈의 퀄리티가 좋아 속편이 기다려진다.

0432

strain [strein]

중압감, 긴장, 무리하다

Don't strain yourself moving the heavy desk.
무거운 책상을 옮기느라 무리하지 마세요.

스트레스가 원인이 되어 위가 긴장했다.

□ 0433

growl [graul]

(동물이) 으르렁거리다

That loud growl came from that small dog.

그 작은 개가 큰소리로 으르렁거렸다.

개가 그르렁거리며 으르렁댔다.

□ 0434

wander [wándər]

떠돌다, 헤매다

Let's wander around until we find somewhere to eat.

식사할 만한 곳을 찾을 때까지 돌아다니자.

'왕왕' 더 크게 짖으며 개가 길을 헤메고 있다.

□ 0435

stoop [stu:p]

자세가 구부정하다, 앞으로 굽히다

He hurt his back, when he stooped to pick up the rock.

그는 몸을 숙여 바위를 들어 올리려다가 허리를 다쳤다.

"스톱(stop)!" 하는 큰 소리에 깜짝 놀라서 고꾸라질 뻔했다.

□ 0436

immigrant [ímigrənt]

이민, 이민자

There are over two million immigrants living in Japan.

일본에는 2백만 명이 넘는 이민자가 살고 있다.

이민자는 이미 그레이트(great)한 미래를 설계해놓는다.

□ 0437

define [difáin]

정의하다, 뜻을 분명하게 하다

Dictionaries define the meaning of words.
사전은 단어의 의미를 정의한다.

노인의 범위를 딥(deep)한 개념으로서 재정의할 필요가 있다.

□ 0438

climate [kláimit]

기후

In the summer, the climate here is hot and humid.
이곳은 여름에 덥고 습합니다.

키가 클 나이면 기후가 좋은 곳으로 가야 한다.

□ 0439

impress [imprés]

인상을 주다, 감명을 주다

Her boss was impressed with her strengths.
그녀의 강점을 알게 된 상사는 감명을 받았다.

임산부가 풀에 쌀만 먹던 것이 인상 깊다.

□ 0440

durable [djúərəbl]

질긴, 튼튼한, 오래가다

This bag can be used every day because it is durable.
이 가방은 튼튼해서 날마다 쓸 수 있다.

츄어블 영양제의 효력은 오래간다.

☐ 0441

revoke [rivóuk]

취소하다, 폐지하다

Their freedom of speech was revoked at that time.
당시에는 언론의 자유가 폐지되었다.

리복 운동화를 사준다는 말은 이제 취소다.

☐ 0442

priority [praiɔ́:rəti]

우선순위

This is priority seating for people with disabilities.
이 자리는 장애인 우선 좌석이다.

프리 카드를 미리 든 사람이 우선권이 있다.

☐ 0443

solitude [sάlətjù:d]

고독

Along in the dark, my solitude pains me.
어둠 속의 고독은 나를 괴롭힌다.

산타는 썰매를 타다 고독을 느낀다.

☐ 0444

harsh [ha:rʃ]

가혹한, 거친, 호된

Smoking tobacco is harsh on the throat, nose, and lungs.
흡연은 목, 코, 폐에 가혹한 행위다.

하품도 쉽게 못할 정도로 충치가 가혹한 상황이다.

□ 0445

alter [ɔ́:ltər]

바꾸다

I would like to have this suit altered to be smaller.

이 양복을 좀 더 작은 사이즈로 바꾸고 싶습니다.

옷을 다(all) 바꿔 입다.

□ 0446

value [vǽlju:]

가치

This diamond's value cannot be measured.

이 다이아몬드의 가치는 측정할 수 없다.

패스트푸드는 별로다. 그만한 가치가 없다.

□ 0447

sincere [sinsíər]

성실한, 진심 어린

Please accept my sincere apology.

진심으로 사과드립니다.

신사가 진심 어린 말로 아이들을 타일렀다.

□ 0448

evasive [ivéisiv]

회피하는, 얼버무리는

He is evasive of that topic because it is embarrassing.

그 주제는 민망하니까 그는 얼버무렸다.

이곳은 배가 쉽게 다니지 못하므로 사람도 피하는 게 낫다.

□ 0449

segregate [ségrigèit]

격리하다, 차별하다

Black were segregated from whites in the American South.
미국 남부에서 흑인은 백인과 차별 대우를 받았다.

경찰은 그를 격리하기 위해 세게 밀며 "그리로 가"라고 했다.

□ 0450

stout [staut]

튼튼한

He is a stout young man, and a good worker.
그는 건장한 청년이자 유능한 일꾼이다.

스타와 팬의 사랑은 견고하다

□ 0451

consistency [kənsístənsi, -əns]

일관성

Consistency is important for writing a good thesis.
일관성은 좋은 논문을 쓰는 데 중요하다.

큰 시스터(sister: 자매)의 자세는 일관성이 있다.

□ 0452

insight [ínsàit]

식견, 통찰력

Studying kendo gives me insights about Japanese culture.
검도를 공부하면 일본 문화에 대한 통찰력을 얻을 수 있다.

인도를 관광(sightseeing)하며 식견을 넓히다.

□ 0453

interfere [intərfíər]

간섭하다, 방해하다

Do not interfere with their argument.

그들의 논쟁을 방해하지 마라.

인터체인지에서 통행을 방해하는 차에게 주의를 준다.

□ 0454

dangle [dǽŋgl]

매달리다

The strap dangled from her cellphone.

그녀의 휴대전화에 끈이 달랑거렸다.

엄마에게 댕글댕글 매달렸다.

□ 0455

snatch [snæʧ]

낚아채다, 승리 등을 빼앗다

The eagles snatched the snake from the road.

독수리들이 길에서 뱀을 낚아챘다.

스냅을 움직인 채 떨어진 열쇠를 낚아챘다.

□ 0456

responsible [rispάnsəbl]

책임 있는

They will find who is responsible for the attacks.

그들은 누가 신랄한 비난에 책임져야 할지 잘 알 것이다.

응답(response) 없는 후배 직원에게 책임 있는 행동을 요구했다.

□ 0457

complaint [kəmpléint]

불만, 고충

The customer made a complaint.

손님이 불만을 제기했다.

“큰 비행기(plane)로 가고 싶다!”며 불만을 터뜨렸다.

□ 0458

era [íərə, érə]

시대

We divide time into eras, based on the emperors.

우리는 황제의 재위 기간을 기준으로 시대를 구분한다.

에라, 모르겠다. 뼈만 보고 어느 시대인지 어떻게 알아?

□ 0459

likelihood [láiklihùd]

가능성, 가망

There is a likelihood that he will be late.

그는 늦을 가능성이 있다.

좋아하면(like) 이후에라도 손에 넣을 가능성이 있다.

□ 0460

cynical [sínikəl]

냉소적인, 비꼬는

His cynical humor about the attacks angered some people.

공격을 당한 남자가 보인 냉소적인 유머에 몇몇 사람들은 화를 냈다.

시니어(노인)니까 칼슘을 드셔야죠! 다친 노인에게 비꼬는 투로 말했다.

□ 0461

vague [veig]

모호한, 막연한

His response was vague and I don't know if he meant "yes" or "no."
그의 반응이 애매해서 "예"를 의미하는지 "아니요"를 의미하는지 알 수 없었다.

베이글을 좋아하는지 물어도 애매하게 대답했다.

□ 0462

obscure [əbskjúər]

무명의, 불분명한

Soseki Natsume's "I am a Cat" may be obscure to modern readers.
나쓰메 소세키의 "나는 고양이로소이다"는 현대 독자들이 다소 이해하기 어려울지도 모른다.

없이 살아도 치료(cure)를 불분명한 사람에게 받을 수는 없다.

□ 0463

privilege [prívəlidʒ]

특권

Some people are born with privileges and others are not.
특권을 가지고 태어나는 사람이 있는가 하면 그렇지 않은 사람도 있다.

프레첼을 빌리지(village: 마을)에 제공하는 특권이 있다.

□ 0464

tribe [traib]

부족, 종족

Many tribes exist in South America, India, and Africa.
남아메리카, 인도, 아프리카에는 많은 부족이 존재한다.

트리 앞에서 라이브 공연을 하는데, 원시 부족이 나오는 뮤지컬이었다.

□ 0465

psychology [saikɑ́lədʒi]

심리학

Psychology is the study of the human mind.

심리학은 인간의 마음을 연구하는 학문이다.

심리학의 한 분야 중에는 사이코패스 연구도 있다.

□ 0466

phenomenon [finɑ́mənɑ̀n]

현상

The phenomenon of lights in the sky, is called an aurora.

하늘에서 빛이 발하는 현상을 오로라라고 합니다.

피리를 나팔처럼 불다니 이상한 현상이다.

□ 0467

implement [ímpləmənt]

실행하다

The new design will be implemented next week.

새 디자인은 다음 주 시행될 것이다.

잉크를 빨리 넣어야 프린트를 실행할 수 있다.

□ 0468

triumph [tráiəmf]

대성공, 승리

The Olympic team triumphed and won the gold medal.

올림픽 팀이 승리하여 금메달을 땄다.

트라이앵글을 멀리 부는 대회에서 승리를 거두다.

0469

contempt [kəntémpt]

경멸

She looked at me with contempt.
그녀는 경멸의 눈초리로 나를 바라봤다.

그는 음식을 크게 탐하는 태도를 경멸한다.

0470

showdown [ʃóudàun]

막판, 최후 결전

It became a showdown when both sides revealed guns.
양측이 총을 꺼내든 순간 대결이 되었다.

최후 결전에서 진 토끼는 쇼크를 받고 기분이 다운되었다.

0471

confession [kənféʃən]

자백, 고백

His confession of love made her happy.
그가 사랑을 고백하자 그녀는 행복해했다.

여우가 큰 패배를 솔직히 고백했다.

0472

offspring [ɔ:fspriŋ, af]

자손, 새끼

Deer usually birth one to three offspring every year.
사슴은 보통 해마다 한 마리에서 세 마리 정도 새끼를 낳습니다.

스프링(spring: 봄) 오프(off: 쉬는) 날에는 손자를 보러 가야지.

□ 0473

cuisine [kwizíːn]

요리(법)

Japanese cuisine is a UNESCO Cultural Heritage.
일본 요리는 유네스코 문화유산이다.

요리에서 퀴퀴한 쉰내가 난다.

□ 0474

oppress [əprés]

억압하다, 탄압하다

The people were oppressed by the powerful government.
국민들은 강력한 정부에 의해 억압당했다.

왕은 프레스(press: 언론)에 탄압을 계속했다.

□ 0475

emphasize [émfəsàiz]

강조하다

Safety is emphasized when doing dangerous jobs.
위험한 일을 할 때는 안전을 강조한다.

나의 앞니가 표준 사이즈보다 크다고 강조했다.

□ 0476

feeble [fíːbl]

가냘픈, 연약한

The boy was feeble from not eating for 3 days.
소년은 사흘 동안 굶어서 기력이 없었다.

피부가 처진 불도그는 기력이 약해진 상태다.

□ 0477

cheat [tʃi:t]

속이다, 시험에서 커닝하다, 바람을 피우다

He cheated them out of a lot of money.
그 남자는 그들을 속여 많은 돈을 빼앗았다.

치~, 트릭으로 나를 속이다니.

□ 0478

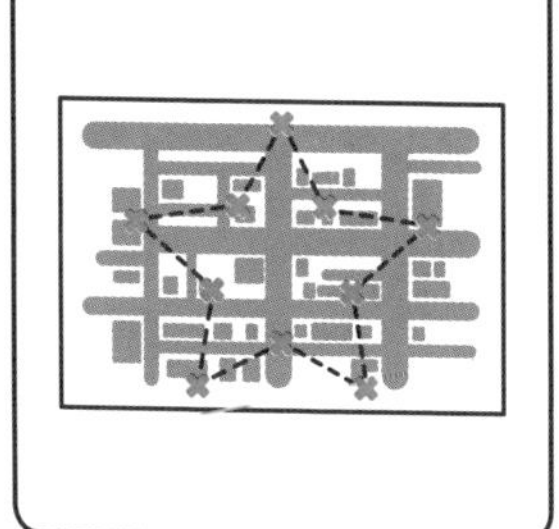

plot [plat]

음모, (연극, 시, 소설 따위의) 구성, 선을 긋다

The plot of this story is not very interesting.
이 이야기는 줄거리가 별로 재미없다.

추리소설의 플롯을 따라가면서 범인의 발자취를 그려 보니 음모가 드러났다.

□ 0479

chronic [kránik]

상습적인, 만성인

He is chronically late for meetings.
그 남자는 걸핏하면 회의에 늦는다.

매일 그렇게 익지 않은 고기를 먹으니 만성적인 질병에 걸릴 수밖에.

□ 0480

rude [ru:d]

무례한

Staring is rude in many countries.
많은 나라에서 빤히 쳐다보는 것은 무례한 행동이다.

루즈한 드레스 차림으로 면접에 오다니 무례하다.

☐ 0481

prohibit [prouhíbit]

금지하다

Smoking is prohibited in this area.

이 지역은 흡연이 금지되어 있다.

이 팀은 프로가 흰 빛의 옷을 입는 것을 금지한다.

☐ 0482

glitter [glítər]

반짝반짝 빛나다

The sunshine glitters on the lake.

호수에 비친 햇빛이 반짝인다.

글리터 메이크업은 반짝이 화장이라고도 한다.

☐ 0483

geometry [dʒiámətri]

기하학

Geometry is useful for building and sailing.

기하학은 건축과 항해에 유용하다.

새가 지면에 틀리지 않게 기하학적인 문양을 그리고 있다.

☐ 0484

deport [dipɔ́ːrt]

추방하다, 강제 이송하다

He was deported for bringing drugs into the country.

그는 마약 소지죄로 국외 추방당했다.

그는 디지털 감지 후 포트(port: 항구)에서 국외 추방 당했다.

☐ 0485

rash [ræʃ]

경솔한, 성급한

Please don't do anything rash!

제발 경솔한 짓은 하지 마!

러시아워(rush hour)라도 닫히는 엘리베이터에 함부로 들어가는 것은 경솔하다.

☐ 0486

exemption [igzémpʃən]

면세, 공제

There is a tax exemption if you spend over $100 dollars.

100달러 이상을 쓰면 세금이 면제됩니다.

이제 잼까지 면세가 된다니 돈을 더 많이 쓰겠네.

☐ 0487

cargo [kɑ́:rgou]

화물

The cargo from China was delivered safely.

중국에서 온 화물은 안전하게 배송되었다.

차(car)고에 화물이 배달되었다.

☐ 0488

wage [weidʒ]

임금, 급여

The workers want higher wages.

노동자들은 임금이 인상되길 원한다.

웨이트를 지난달에 했더니 급여가 더 올라갔어.

□ 0489

reluctant [rilʌ́ktənt]

내키지 않는

I'm reluctant to say it, but she's right and I'm wrong.

이런 말하는 게 내키지는 않지만, 그 여자가 맞고 내가 틀렸다.

내키지 않는 일을 했더니 릴렉스(relax)가 더 필요하다.

□ 0490

distract [distrǽkt]

주의를 딴 데로 돌리다

He is distracting her and she cannot study.

그가 그녀의 정신을 흐트러뜨려서 그녀는 공부를 할 수가 없다.

디스(This) 트랙터 앞의 오리들의 주의를 딴 데로 돌리고 있다.

□ 0491

tardiness [tɑ́:rdinis]

지각

Being sick is no excuse for tardiness.

아프다고 해서 지각 사유가 될 수는 없다.

아침마다 타들어가는 엄마 속도 모르고 매일 지각이다.

□ 0492

inject [indʒékt]

주입하다, 주사하다

They must inject this medicine into your blood.

그들은 이 약을 당신 혈액에 주입할 수밖에 없다.

잉크젯 프린터에 잉크를 주입하다.

□ 0493

appear [əpíər]

나타나다, 생겨다

The news appeared on SNS after 5 minutes.

그 뉴스는 5분 후 SNS에 실렸다.

어, SNS에 나타난 그의 얼굴이 활짝 피었다.

□ 0494

lazy [léizi]

게으른, 나른한

I feel lazy today, so I will stay home and do nothing.

오늘은 찌뿌드드해서 그냥 집에 있을래.

게으른 사람은 매일 늦으며(late) 지각한다.

□ 0495

integrate [íntəgrèit]

통합하다, 결합하다

They integrated the new information into their plan.

그들은 새로운 정보를 그들의 계획에 통합했다.

개별 인터뷰 후 그리 성실하지 않은 학생들을 통합했다.

□ 0496

chore [tʃɔːr]

허드렛일, 잡일

He has many chores to do before leaving today.

그는 오늘 떠나기 전에 해야 할 일이 많다.

그는 초인적으로 많은 잡일을 해낸다.

□ 0497

involve [inválv]

연루되다, 말려들다

They were involved in a fight in the bar.
그들은 술집에서 싸움에 휘말렸다.

인도인이 볼을 차다 사고에 연루되었다.

□ 0498

incumbent [inkʌ́mbənt]

현직의

Who is the incumbent mayor?
현직 시장은 누구입니까?

현직 비서는 수입(income)이 좋아도 변치 않고 도시락을 싼다.

□ 0499

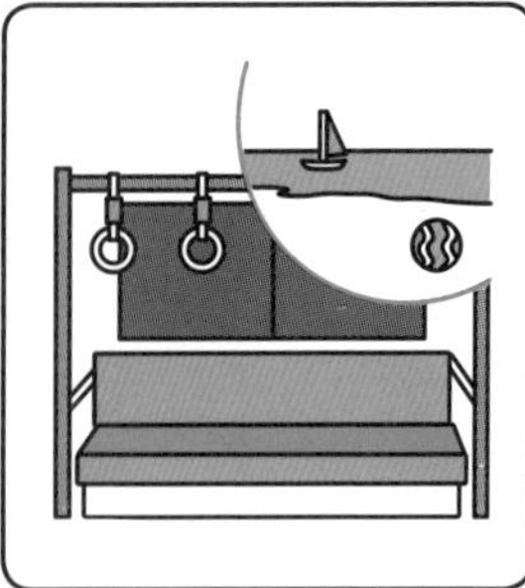

vacant [véikənt]

비어 있는

This seat is vacant, so you may sit here.
이 자리는 비어 있으니 여기 앉으세요.

바캉스 시즌에는 좌석이 비어 있다.

□ 0500

subtlety [sʌ́tlti]

예민함, 미묘

The subtleties of the tea ceremony take years to learn.
섬세한 다도의 예법을 배우려면 몇 년이 걸린다.

서브로 설탕을 티(차)에 얼마나 넣느냐에 따라 맛이 미묘하게 달라진다.

□ 0501

customs [kʌstəmz]

세관

After the flight, it took two hours to go through customs.
비행 후 세관을 통과하는 데 2시간이 걸렸습니다.

“거기 스톱” 세관에 걸렸다.

□ 0502

famine [fǽmin]

기근

Many people died from hunger during the famine.
많은 사람이 기근 동안 굶어 죽었습니다.

패미콤만 하면서 놀다 보니 기근에 시달렸다.

□ 0503

malice [mǽlis]

악의

I don't like him, but I don't have malice toward him.
나는 그 남자를 좋아하지 않지만, 그에게 악의는 없다.

애니메이션에 등장하는 악에 찬 다람쥐 이름은 맬리스였다.

□ 0504

submission [səbmiʃən]

제출

This essay is not suitable for submission to the teacher.
이 에세이는 선생님께 제출하기에 적합하지 않다.

서브 미션은 기한 내 모든 서류를 제출하는 것이다.

□ 0505

render [réndər]

(어떤 상태로) 만들다, (어떤 상태가 되게) 하다

The light fell and broke, rendering it useless.

조명이 떨어지면서 깨지는 바람에 못쓰게 되었다.

내던진 주먹으로 상대를 KO 상태로 만들었다.

□ 0506

feasible [fíːzəbl]

실현 가능한

He can swim well, so it is feasible he reached land.

그는 수영을 잘하니까 육지에 다다를 수도 있다.

피지섬에 불도그가 올라갔다.

□ 0507

prediction [pridíkʃən]

예측, 예언

His predictions about the weather are usually correct.

그의 날씨 예측은 대체로 정확하다.

미리(pre) 사전(dictionary)을 사달라고 말했기 때문에 선물을 예측할 수 있다.

□ 0508

installment [instɔ́ːlmənt]

할부금

If it is too much, you may pay in monthly installment.

너무 비싸면 몇 개월 할부로 구매해도 된다.

인스턴트 커피를 먼저 할부로 사두었다.

☐ 0509

immaculate [imǽkjulət]

티 하나 없이 깨끗한, 순결한

His immaculate teeth show when he smiles.
그는 웃을 때마다 새하얀 치아가 돋보인다.

이 메이커의 화장품을 쓰면 티 없는 피부가 된다고?

☐ 0510

obvious [ɑ́bviəs]

명백한

Games are boring when it is obvious who will win.
누가 이길지 뻔한 게임은 지루하다.

오, 비슷하게 노력했는데 이번엔 실력이 명백히 늘었다.

☐ 0511

rigid [rídʒid]

엄격한, 견고한, 융통성이 없는

Their rigid laws do not allow them to dance.
그들이 만든 규율은 엄격해서 춤추는 것을 허용하지 않는다.

교장 선생님은 엄격하게 학생을 리드하고 지도한다.

☐ 0512

relic [rélik]

유물, 유적

The relic was found in the ground.
그 유물은 땅속에서 발견되었다.

비행기에서 내리니 유적들이 보였다.

□ 0513

commemorate [kəméməréit]

기념하다, 축하하다

We commemorated the 50th wedding anniversary of my parents.

우리는 부모님의 결혼 50주년 기념일을 축하해드렸다.

함께(com) 기억할(memory) 날을 기념하다.

□ 0514

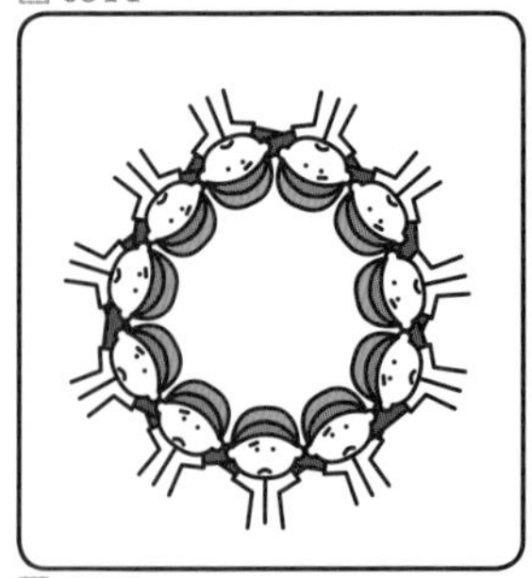

enhance [inhǽns]

(능력, 가치, 지위를) 높이다

We have enhanced the telephone by making the smartphone.

우리는 스마트 폰을 만들어서 전화기를 향상시켰다.

인원이 합해질수록 점수가 더욱 높아진다.

□ 0515

seek [siːk]

찾다, 구하다

We will seek new life on other planets.

우리는 다른 행성에서 새로운 생명체를 찾을 것이다.

시크했던 그 토끼를 계속 찾고 있다.

□ 0516

reward [riwɔ́ːrd]

보상, 사례금

There is a big reward for finding the missing child.

실종된 아이를 찾으면 거액의 사례금을 받는다.

리포트를 워드로 작성하면 보상을 받는다.

☐ 0517

prosper [práspər]

번영하다

This area prospered in the Chosun era.

이 지역은 조선 시대에 번성했다.

프로가 운영하는 스파(spa) 사업이 번성 중이다.

☐ 0518

stingy [stíndʒi]

인색한

He was stingy with his money, but he didn't become rich.

그는 돈 쓰는 데 인색했지만 부자가 되지는 못했다.

인색한 노인이 스티로폼은 지류와 함께 버리지 말라고 말했다.

☐ 0519

earnings [ə́:rniŋz]

소득, 수익, 벌다

His earnings were paid to him in rice.

그의 소득은 쌀로 지급되었다

어렵게 내게 온 수익은 함부로 쓸 수 없다.

☐ 0520

atmosphere [ǽtməsfiər]

분위기, 공기, 대기

Read the atmosphere.

분위기를 읽어라.

엣지 있게 모처럼 방 분위기를 바꾸어 보았다.

□ 0521

novel [nάvəl]

참신한, 소설

Novel news of today will be boring news tomorrow.
오늘의 새로운 뉴스가 내일의 지루한 뉴스가 된다.

노란 벨(Bell: 종)을 목에 건 것은 참신하다.

□ 0522

emancipate [imǽnsəpèit]

해방하다

Blacks were emancipated from slavery in 1863.
흑인들은 1863년 노예제도에서 해방되었다.

"이만 스톱해!" 선생님은 나를 해방시켜주셨다.

□ 0523

threat [θret]

위협

Saying "If you do not, I will kill you" is a threat.
"네가 하지 않으면 죽여 버릴 거야"라고 말하는 것은 위협이다.

스트레이트로(곧바로) 돈을 내놓으라 위협했다.

□ 0524

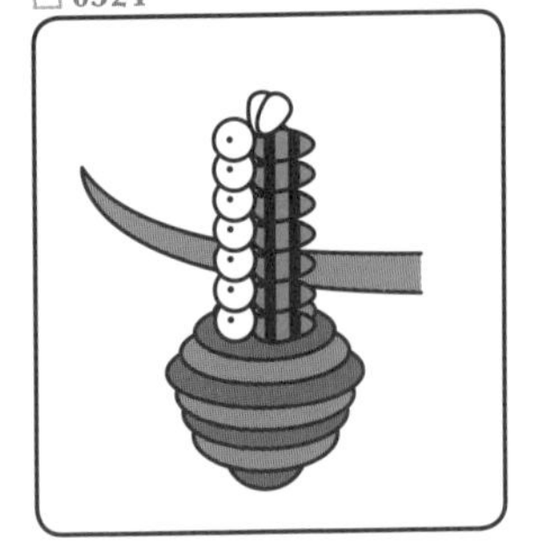

stack [stæk]

쌓다, 포개다, 무더기

The bills were stacked up on the table.
청구서가 탁자 위에 쌓여 있었다.

스틱이 쌓여 있다.

☐ 0525

comparable [kάmpərəbl]

필적하다, 비슷한

His skill level is comparable to a master's.

그의 기술 수준은 달인 급이다.

큰 여우와 페어(pair) 불도그는 무게가 비슷하다.

☐ 0526

relegate [rélәgèit]

좌천시키다

She was relegated from manager to clerk.

그녀는 지배인에서 점원으로 좌천되었다.

내일도 게이트(gate: 문)로 가면 좌천시킬 거야!

☐ 0527

humiliate [hju:mílièit]

창피를 주다, 굴욕감을 주다

She was humiliated in front of everyone.

그녀는 모든 사람 앞에서 창피를 당했다.

휴, 미운 친구가 나를 놀려서 모욕을 느꼈다.

☐ 0528

glory [glɔ́:ri]

영광, 영예, 명성

The empire won glory in the war.

그 제국은 전쟁에서 승리의 영광을 얻었다.

그로데스크한 리터치로 그 작품은 명성을 얻었다.

☐ 0529

bid [bid]

입찰하다

She bid a thousand dollars for the painting.
그녀는 그 그림의 입찰가로 천 달러를 불렀다.

진품 도자기가 비등한 가격으로 입찰에 붙여졌다.

☐ 0530

curable [kjúərəbl]

치료할 수 있는, 낫는

Don't worry, this sickness is curable.
걱정 마, 이 병은 치료할 수 있어.

한 큐에 치료할 수 있습니다!

☐ 0531

splendid [spléndid]

호화로운, 훌륭한

The performance was splendid, and the audience cheered.
공연은 훌륭했고 관객들은 환호했다.

스프레이를 뿌리자 드디어 화려한 건물이 눈앞에 나타났다.

☐ 0532

sacrifice [sǽkrəfàis]

희생

Some people sacrifice their lives for their religion.
종교를 위해 목숨을 바치는 사람도 있다.

누가 희생될지 시크릿한 내용의 드라마가 흥미롭다.

□ 0533

genuine [dʒénjuin]

진짜의

This diamond is genuine, not a fake.
이 다이아몬드는 가짜가 아니라 진짜다.

저기 누워 있어서도 축구 생각뿐이니 그는 진짜 선수이다.

□ 0534

property [prάpərti]

재산, 소유물

When I die, give my property to my daughter.
내가 죽거든 내 재산을 딸에게 주게.

적절한(proper) 색의 티셔츠가 내 재산이다.

□ 0535

cough [kɔːf]

기침, 헛기침하다

She coughed because of the smoke.
그녀는 연기 때문에 기침을 했다.

콜록콜록 기침이 심하다.

□ 0536

demoralize [dimɔ́ːrəlàiz]

의욕을 꺾다, 의기소침해지다

The soldiers were demoralized from many days of fighting.
병사들은 여러 날 이어진 전투로 사기가 떨어졌다.

데모하는 사람들의 의욕을 꺾을 순 없었다.

☐ 0537

species [spíːʃiːz]

(동식물 분류상의) 종

This is a rare species of frog.
이 개구리는 드문 종입니다.

스피츠, 시추 등 개는 품종이 다양하다.

☐ 0538

excellent [éksələnt]

훌륭한, 탁월한

The book is excellent, and I recommend it to all.
훌륭한 책이니 모두 읽어보길 바랍니다.

엑셀(Excel)은 기능이 탁월한 계산 프로그램이다.

☐ 0539

enrage [inréidʒ]

성나게 하다

The sight of her husband with another woman enraged her.
다른 여자와 함께 있는 남편을 보고 그녀는 격분했다.

인접한 곳에서 레코드를 크게 틀어 주민을 화나게 했다.

☐ 0540

remnant [rémnənt]

나머지

The pyramids are remnants of a great society.
파라미드는 위대한 사회의 유산이다.

레몬과 인도 음식 난이 남았다.

0541

interaction [intəræ̀kʃən]

교류, 상호작용

Human interaction is what makes society.
인간의 상호작용이 사회를 만드는 것이다.

상호 간(inter)에 행동(action)을 취하며 교류한다.

0542

remit [rimít]

납입, 송금

Your payment has been remit.
지불하신 금액이 송금되었습니다.

제한(limit) 한도를 확인하고 부랴부랴 송금했다.

0543

superior [səpíəriər]

우수한

The master's skill level is superior to his.
선생의 실력은 그 남자보다 뛰어나다.

그 호텔의 슈페리어 룸은 기대 이상이었다.

0544

relieve [rilíːv]

완화하다

This medicine will relieve you of your headache.
이 약을 드시면 두통이 나아질 거예요.

릴렉스 마사지를 받으니 긴장이 완화되었다.

□ 0545

ensure [inʃúər]

확실하게 하다

We must ensure a return profit.
우리는 수익이 확실히 보장되어야 한다.

인수분해는 하면 할수록 확실히 재미있다.

□ 0546

pigment [pígmənt]

그림물감, 안료

This pigment is close to your skin tone.
이 색소는 당신의 피부색에 가깝습니다.

돼지(pig)에게 물감으로 색을 칠했다.

□ 0547

mellow [mélou]

감미로운, 원숙한

This wine has a gentle and mellow taste.
이 와인은 부드럽고 부드러운 맛이 난다.

멜론의 맛은 감미롭다.

□ 0548

frequently [fríːkwəntli]

자주

That good customer frequently comes to the store.
그 좋은 손님은 가게에 자주 온다.

후리가케를 흔들면 자주 비둘기가 날아온다.

□ 0549

proper [prάpər]

적절한

Sometimes the most difficult way is the most proper way.

때로는 가장 어려운 방법이 가장 적절한 방법이기도 하다.

프로페셔널한 미용사는 고객에게 적절한 헤어스타일을 잘 안다.

□ 0550

counterpart [káuntərpὰːrt]

(지위나 입장 따위가) 동등한 상대

The president of the US and the prime minister of Japan are counterparts.

미국의 대통령에 상응하는 사람은 일본의 수상이다.

카운터를 사이에 두고 서 있는 파트너와는 모든 것이 동등하다.

□ 0551

excerpt [éksəːrpt]

발췌, 인용, 대목

Please read this excerpt from the article.

그 논문에서 인용 부분을 읽어보세요.

이 책에서 인용 부분을 찾기를 힘들다.

□ 0552

peculiar [pikjúːljər]

별난, 특이한

This is a most peculiar film, starring a monkey.

이 작품은 원숭이가 주인공으로 나오는 특이한 영화다.

이 피클은 맛이 희한하다.

□ 0553

board [bɔːrd]

탑승하다

You may board the airplane at this time.

지금 비행기에 탑승하셔도 됩니다.

보드를 탄 사람이 비행기에 탑승한다.

□ 0554

experiment [ikspérəmənt]

실험

Experiment are a good way to test ideas.

실험은 아이디어를 시험하는 좋은 방법이다.

엑기스를 펠리칸에게 먼저 주입하는 실험을 했다.

□ 0555

fringe [frindʒ]

(실을 꼬아 장식으로 만든) 술

The fringe of her coat was white.

그녀 코트의 술 장식은 흰색이었다.

할아버지에게 프리지아 모양의 술을 달아드렸더니 좋아하셨다.

□ 0556

applause [əplɔ́ːz]

칭찬, 박수갈채

The film received a lot of applause and became popular.

그 영화는 많은 박수갈채를 받고 인기를 끌었다.

애플에 로즈(장미) 문양을 새겼더니 칭찬이 쏟아졌다.

□ 0557

rigorous [rígərəs]

엄격한

Soldiers should receive rigorous training.
군인은 엄격한 훈련을 받아야 한다.

스승의 엄격함에 이골이 나버렸다.

□ 0558

ideal [aidíːəl]

이상적인

It is ideal for your health to exercise every day.
건강을 위해 날마다 운동하는 것이 이상적이다.

이상적인 교사는 학생들의 아이디어(idea)에 귀를 기울인다

□ 0559

deny [dinái]

부정하다

He denied he was the murderer.
그는 자신이 살인자라는 것을 부인했다.

'그건 더 아니'라며 강하게 부정했다.

□ 0560

forgery [fɔ́ːrdʒəri]

위조(품)

He was accused of forging money.
그는 통화 위조 혐의로 기소되었다.

모조리 위조품이었다.

□ 0561

clause [klɔ:z]

조항, (문법)절

Some clauses of the constitution may be changed.

헌법의 일부 조항이 바뀔지도 모른다.

산타클로스가 계약 조항을 읽고 있다.

□ 0562

thoroughly [θə́:rouli]

완전히, 철두철미하게

Do you thoroughly understand what may happen?

일어날지도 모르는 상황을 제대로 숙지했나요?

차라리 범인을 포위하는 게 낫다.

□ 0563

hinder [híndər]

방해하다, 훼방 놓다

Progress was hindered by his lateness.

그가 지각하는 바람에 진행에 차질이 생겼다.

힘을 더 준다 해도 팀에 방해만 될 뿐이다.

□ 0564

supply [səplái]

공급

A good economy has a balance of supplies and demands.

원활한 경제는 공급과 수요가 균형을 이룬다.

서둘러 영양에 플러스되는 약을 공급했다.

☐ 0565

convey [kənvéi]

전달하다

Please convey my message to him.

그에게 제 메시지를 전해주세요.

'콤비가 되어보자!'는 생각을 전달했다.

☐ 0566

sustain [səstéin]

지속하다, 지지하다, 격려하다

The country is sustained by overseas resources.

그 나라는 해외 자원으로 유지되고 있다.

서서 스테이(stay)하며 환자를 격려 중이다.

☐ 0567

utmost [ʌtmòust]

최고의, 최대한

Winning gave him the utmost happiness.

승리는 그에게 최고의 행복을 안겨주었다.

엇! 뭐라도 티나게 최고의 동상으로 만들어야 해!

☐ 0568

overrate [ouvərréit]

과대평가하다

I think that restaurant is overrated.

그 식당은 과대평가된 것 같아.

오버해서 평가하는(rate) 것을 과대평가라고 한다.

□ 0569

environment [inváiərənmənt]

환경

A good work environment is important for business.

쾌적한 업무 환경은 비즈니스에서 중요하다.

음식을 자유롭게 먹는 환경이 늘 부럽다(envy).

□ 0570

gravitational [grævətéiʃənl]

중력의, 인력의

The gravitational pull of the sun keeps the earth in orbit.

태양의 중력은 지구가 궤도를 유지할 수 있도록 해준다.

중력(gravity)의 형용사형은 'gravitational'이다.

□ 0571

patronage [péitrənidʒ]

후원

Thank you for your many years of patronage.

다년간의 후원에 감사드립니다.

그 경찰은 우리 봉사단의 든든한 후원자(patron)다.

□ 0572

expel [ikspél]

내쫓다, 제명하다

He will not go to school because he was expelled.

그는 퇴학당했기 때문에 학교에 가지 않을 것이다.

'expel'의 스펠을 틀려서 내쫓았다.

□ 0573

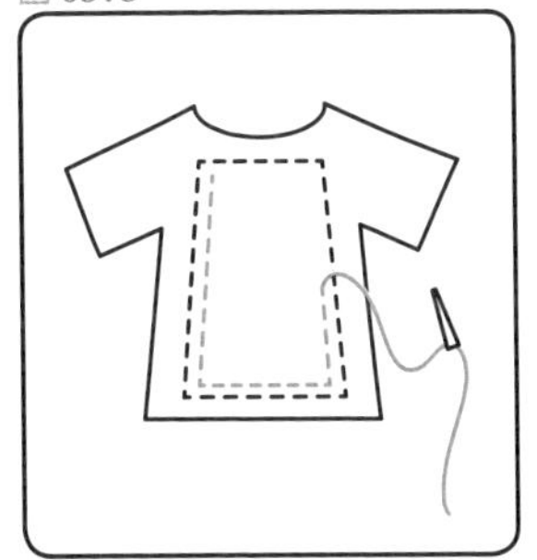

ingenuity [indʒənjúːəti]

기발한 솜씨, 정교함

The ingenuity of the design makes it a hit.

독특한 디자인으로 인기몰이가 한창이다.

이제 뉴(new: 새) 옷은 정교하게 한 땀 한 땀 만들어야 한다.

□ 0574

inherit [inhérit]

물려받다

She inherited her father's business.

그녀는 아버지의 사업을 물려받았다.

이렇게 멋진 헬리콥터를 물려받다니!

□ 0575

hostile [hɑ́stl]

적의가 있는, 반감을 보이는

We must defend this planet from hostile aliens.

우리는 적대적인 외계인들로부터 이 행성을 지켜야 합니다.

그 호스트는 물건을 던질 만큼 적의를 보였다.

□ 0576

urgent [ə́ːrdʒənt]

긴급한

I came here on urgent business.

급한 용무로 왔습니다.

어, 가발이 벗겨졌다니 긴급 상황이다.

□ 0577

enthusiasm [inθjúːziæzm]

열중, 열의

His enthusiasm for this project has died.

이 프로젝트를 향한 그의 열정이 식어버렸다.

열정적 연주에 모두 감동했다.

□ 0578

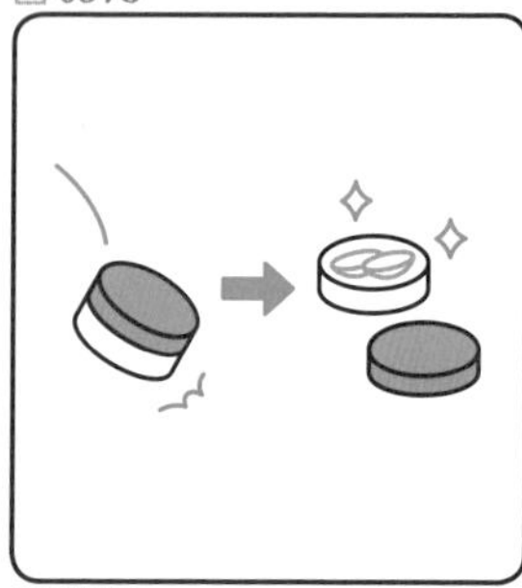

intact [intǽkt]

손상되지 않은, 온전한

I dropped the egg, but it remained intact.

달걀을 떨어뜨렸는데도 온전했다.

이 콘택트렌즈를 떨어뜨렸지만 손상되지 않았다.

□ 0579

forfeit [fɔ́ːrfit]

(재산 따위의) 몰수, (권리·자격 따위의) 상실, 박탈

The game was forfeit because of his error.

그가 실수하는 바람에 게임 출전권을 박탈당했다.

포크 하나까지 피트니스 센터의 모든 것을 몰수했다.

□ 0580

riot [ráiət]

폭동

Many police and people were hurt in the riot.

그 폭동으로 많은 경찰과 사람들이 다쳤다.

라이언이 폭동을 일으키다.

☐ 0581

abolish [əbάliʃ]

폐지하다

Some people think nuclear energy should be abolished.

일부 사람들은 핵에너지가 폐지되어야 한다고 생각한다.

어린이 보충 수업 제도가 폐지되었다.

☐ 0582

stray [strei]

길을 잃다, 일행을 놓치다

Don't stray from the road, or you will get lost.

길에서 벗어나지 마라, 그렇지 않으면 길을 잃을 것이다.

길을 잃어버린 스트레스로 머릿속이 하얗게 되었다.

☐ 0583

dismantle [dismǽntl]

제거하다, 해체하다

The couch was dismantled in order to move it.

소파를 옮기려고 분해했다.

이 맨홀(this manhole)을 틀림없이 제거해야 한다.

☐ 0584

prove [pru:v]

입증하다

He should prove his plan will work.

그는 자신의 계획이 효과가 있다는 것을 증명해야 한다.

프로 요리사가 솜씨를 입증하다.

☐ 0585

reckon [rékən]

생각하다, 추정하다

I reckon I will get a divorce.
저 이혼할 것 같아요.

레코드를 들으며 곤히 자는 사람은 무슨 생각 중일까.

☐ 0586

ironically [airánikəli]

반어적으로, 풍자적으로

Ironically, he won the gold medal without ever practicing.
역설적이게도, 그는 한 번도 연습해본 적 없이 금메달을 땄다.

아이러니하게도 그는 인기가 많다.

☐ 0587

degree [digríː]

학위

I have a degree in English from a good university.
나는 명문 대학에서 영어 학위를 받았다.

인정하기(agree) 힘들지만 그는 학위가 있다.

☐ 0588

stumble [stʌmbl]

발이 걸리다, 발을 헛디디다

There are many rocks and we must be careful not to stumble.
바위가 많아서 넘어지지 않도록 조심해야 한다.

스탠드가 바닥에 있어 발이 걸릴 수 있다.

□ 0589

prevail [privéil]

널리 퍼지다, 압도하다

Apple is the prevailing brand for smartphones.
애플은 스마트폰 가운데 가장 유명한 브랜드다.

😊 프리티한 베일이 널리 퍼졌다.

□ 0590

tradition [trədíʃən]

전통

Traditions are from the past.
전통은 과거에서 온 것이다.

😊 호랑이는 틀어박혀 사전을 읽는 전통이 있다.

□ 0591

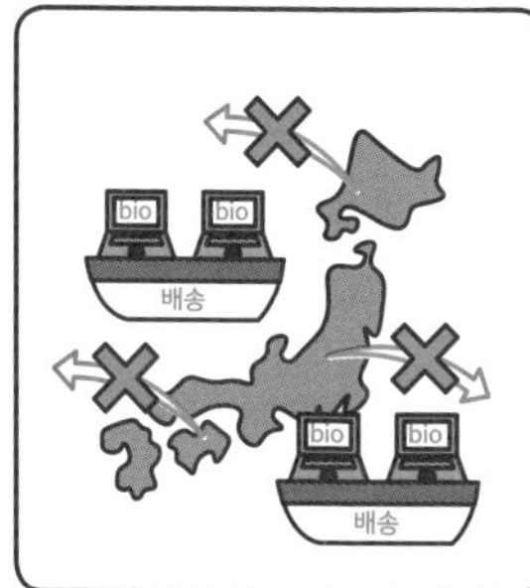

violate [váiəlèit]

위반하다

Your action violates our teams of agreement.
당신의 행동은 우리가 합의한 조건에 위반됩니다.

😊 바이오(bio) 의약품의 늦은(late) 배송은 규칙 위반이다.

□ 0592

scholarship [skálərʃip]

장학금

He got a scholarship to go to college.
그는 장학금을 받아 대학에 갔다.

😊 장학금을 받아 그 학자(scholar)는 배(ship)을 타고 유학을 떠났다.

□ 0593

equip [ikwíp]

갖추다, 장착하다

He is equipped with the skills necessary for the job.

그는 그 일에 필요한 기술을 갖추고 있다.

이 귀여운 아이는 학교에 갈 준비를 갖추었다.

□ 0594

evaluate [ivǽljuèit]

평가하다

I will evaluate your work and give you feedback.

작업을 평가하고 피드백을 드리겠습니다.

200루블의 가치를 얻어낸 그를 높게 평가했다.

□ 0595

humane [hjuːméin]

자비심 깊은, 인간미가 있는

We should treat animals in a humane way.

우리는 동물을 인도적으로 다뤄야 한다.

인간(human)은 소중하다는 인도적인 사고법을 가져야 한다.

□ 0596

compulsive [kəmpʌ́lsiv]

강박관념에 사로잡힌, 어쩔 수 없는

He is a compulsive gambler, always spending all his money.

그는 상습적인 도박꾼이라서 매번 돈을 다 써 버린다.

컴퓨터로 쇼핑해 사치를 부리면 낭비라는 강박관념이 있다.

□ 0597

flourish [flə́:riʃ]

번창하다

The town flourished from trade.
그 도시는 무역으로 번창했다.

그 플로리스트가 연 식당이 번창하고 있다.

□ 0598

gene [dʒi:n]

유전자

We look like our parents because we have their genes.
우리는 부모님의 유전자를 가지고 있기 때문에 그들과 닮는다.

진범이 누구인지 유전자 감식이 필요했다.

□ 0599

cuddle [kʌdl]

껴안고 귀여워하다

I want to stay in bed and cuddle with my dog.
나는 침대에 누워 강아지를 껴안고 싶다.

큰 인형을 껴안아 들고 귀여워하는 아이.

□ 0600

penetrate [pénətrèit]

~을 꿰뚫다, 관통하다

The bullet penetrated his head, killing him.
총알이 머리를 관통하여 그를 죽였다.

펜이 트레이를 꿰뚫었다.

□ 0601

contentment [kənténtmənt]

만족

Finding contentment in life is my goal.
인생에서 만족감을 찾는 것이 나의 목표다.

콘텐츠(contents: 내용물)가 좋으니 만족스럽다.

□ 0602

insist [insíst]

주장하다, 역설하다

He insisted on paying for everyone's dinner.
그는 모두의 저녁 식사 값을 지불하겠다고 고집을 부렸다.

이 여동생(sister)은 그 할아버지가 범인이라고 주장했다.

□ 0603

legislation [lèdʒisléiʃən]

법률 제정, 입법

Legislation to protect the environment is necessary.
환경 보호를 위한 입법이 필요하다.

레지스탕스는 입출국을 해선 안 된다는 법률 제정의 필요성을 강조했다.

□ 0604

upstart [əpstɑ:rt]

벼락부자, 벼락출세한 사람

Inheriting his father's money, the upstart went travelling.
아버지 돈을 물려받은 벼락부자가 여행을 떠났다.

스타트업(startup: 신생 벤처기업) 대표가 벼락부자가 되었다.

□ 0605

coarse [kɔːrs]

거친

A shark's skin is coarse, and a dolphin's skin is smooth.
상어의 피부는 거칠고 돌고래의 피부는 매끄럽다.

이번 코스는 곡식을 통째로 거칠게 가는 것이다.

□ 0606

sobriety [səbráiəti]

취하지 않은 상태, 맨 정신, 금주

My doctor told me that only sobriety will save my life.
의사가 술을 끊어야만 살 수 있다고 말했다.

그 사무라이는 금주 중이다.

□ 0607

perception [pərsépʃən]

지각, 통찰력

Many artists have a unique perception of the world.
예술가들은 대부분 세계관이 독특하다.

"피지섬은 여기야" 엄마는 세계지리 지각이 뛰어나다.

□ 0608

especially [ispéʃəli]

특히

This course is especially delicious.
이 코스는 특히 맛있다.

이번 스페셜(special) 여행에서도 특히 좋았던 건 마사지였다.

☐ 0609

prescribe [priskráib]

처방하다, ~을 규정하다

The doctor prescribed the medicine.
의사가 약을 처방했다.

언론(press) 앞에서 울기(cry) 전에 미리 약을 처방받았다.

☐ 0610

elaborate [ilǽbərət]

공들인, 정교한

His elaborate plan failed because nobody could understand it.
그의 계획은 정교했지만 아무도 이해할 수 없어서 실패했다.

'이 레벨까지 보라색을 올려야 해.' 디자이너가 컬러에 공을 들이고 있다.

☐ 0611

catering service [kéitəriŋ sə́:rvis]

출장 요리 서비스

We have a catering service for business conventions.
저희는 비즈니스 컨벤션에 출장 음식 서비스를 제공합니다.

케이터링 서비스, 즉 출장 요리 서비스를 모바일로 구매할 수 있다.

☐ 0612

ancestor [ǽnsestər]

조상, 선조

His ancestors came to Korea from China many years ago.
그의 조상은 오래 전 중국에서 한국으로 왔다.

안전하게 누운 스타(star)는 나의 조상이다.

□ 0613

rational [rǽʃənl]

합리적인, 분별 있는

It is difficult for me to be rational when I am emotional.
난 감정에 사로잡히면 분별 있게 행동하기가 어렵다.

레일 선을 넘지 않는 것이 합리적입니다.

□ 0614

envision [invíʒən]

(장래의 일 등을) 마음에 그리다

He envisions a future of peace.
그는 평화로운 미래를 꿈꾼다.

애인과 비전(vision)을 늘 마음에 그린다.

□ 0615

bashful [bǽʃfəl]

수줍어하는

The bashful child dose not speak.
수줍음을 타는 아이라 말을 하지 않는다.

배시시 웃기만 하니 답답하군. 너무 수줍어하는 거 아니니?

□ 0616

assign [əsáin]

임명하다, 할당하다

He has been assigned a lot of homework this week.
그는 이번 주에 할당된 과제가 많았다.

엇, 저 사인은 나를 반장으로 임명한다는 건가?

□ 0617

prejudice [prédʒudis]

편견

There is prejudice against foreigners.
외국인에 대한 편견이 있다.

미리(pre) 주스 맛을 평가하는 건 편견이다.

□ 0618

immortal [imɔ́ːrtl]

불후의, 불멸의

Gods are often immortal , and they cannot die.
신은 대개 불멸의 존재이기에 죽지 않는다.

이모가 보내주신 고구마는 틀림없이 불후의 명품이다.

□ 0619

valid [vǽlid]

유효한, 정당한

Do you have a valid ID?
신분증이 유효합니까?

면접에서는 나의 밸류(value: 가치)를 더 보여주는 것이 유효하다.

□ 0620

earnest [ə́ːrnist]

열심인, 성실한

He gave his earnest opinion about the movie.
그는 그 영화에 대한 의견을 진지하게 말했다.

언니는 스토브 옆 열심히 공부하는 동생을 바라본다.

□ 0621

conceivable [kənsíːvəbl]

상상할 수 있는, 생각할 수 있는, 있음직한

It is conceivable they will win the gold medal.
그들이 금메달을 딸 것으로 생각된다.

고율의 시세가 버블이 아니라는 것은 도표를 보면 생각할 수 있는 일이다.

□ 0622

demolish [dimάliʃ]

(건물을) 철거하다

The old house was demolished, and a new one was built.
낡은 집은 헐리고 새 집이 지어졌다.

철거하는 것에 반대하는 데모가 진행 중이다.

□ 0623

eruption [irʌ́pʃən]

(화산의) 폭발, 분화

There was an eruption at Sakurajima.
사쿠라지마에서 화산이 분화했다.

이 유럽에선 화산 폭발로 문화유산이 위험에 처해 있다.

□ 0624

consequence [kάnsəkwèns]

결과

The consequences of war are death and destruction.
전쟁의 결과는 죽음과 파괴다.

그 영화의 다음 시퀀스는 모든 사건의 결과다.

□ 0625

mature [mətjúər]

성숙한

This wine is mature and has a rich taste.

이 포도주는 숙성되어 맛이 풍부하다

☺ 잘 익은 사과가 나뭇가지에 맺혔다.

□ 0626

calamity [kəlǽməti]

재난, 참화

The earthquake caused calamity in the downtown area.

도심 지역에 지진으로 인한 재난이 발생했다.

☺ 이 클램차우더는 너무 매워서 입 속에서 재난이 일어난 것 같다.

□ 0627

grateful [gréitfəl]

감사하는

I am a grateful to you for coming to my performance.

제 공연에 와 주셔서 감사합니다.

☺ 그래도 경기가 끝나면 선수들은 훌훌 털고 감사의 인사를 나눈다.

□ 0628

exhaust [igzɔ́:st]

지치다, 다 써버리다

When they exhausted their food supply, they ate their shoes.

그들은 음식이 바닥나자 신발을 먹었다.

☺ '이그, 조심해' 기력이 다해서 쓰러지면 위험하다.

□ 0629

loiter [lɔ́itər]

어정거리다, 어슬렁거리다

The kids are loitering in front of the convenience store.
아이들이 편의점 앞에서 어슬렁거리고 있다.

놀이터에서 촛불과 판자를 들고 어정대고 있다.

□ 0630

reliance [riláiəns]

신뢰, 의존

Society is built from reliance on one another.
사회는 서로에 대한 신뢰를 바탕으로 형성된다.

릴리(백합)는 나에게 신뢰를 주는 꽃이야.

□ 0631

spouse [spaus, spauz]

배우자

I live in Canada but my spouse lives in the US.
나는 캐나다에 살고 있지만 배우자는 미국에 살고 있다.

스파에서 배우자를 찾아다녔다.

□ 0632

verge [vəːrdʒ]

가장자리, 경계

She was on the verge of tears.
그녀는 금방이라도 울음을 터뜨릴 기색이었다.

벼랑 끝 지면의 가장자리에 할아버지, 할머니가 서 있다.

□ 0633

exert [igzə́:rt]

열심히 노력하다, (힘·지식 등을) 발휘하다, (압력을) 가하다

He exerted himself to open the door.
그는 문을 열려고 애썼다.

이구아나가 절대 떨어지지 않으려고 애썼다.

□ 0634

pour [pɔ:r]

붓다, 쏟아지다

Please pour me another cup of coffee.
커피 한 잔 더 따라 주세요.

주전자에서 물이 콰 쏟아지다.

□ 0635

debase [dibéis]

(가치·품위 따위를) 떨어뜨리다

The product's sales were debased from negative reviews.
그 제품의 판매량은 부정적인 평가로 인해 감소되었다.

더 날씬했던 베이스 주자가 급격히 살이 쪄서 팀 전력을 떨어뜨렸다.

□ 0636

faith [feiθ]

믿음, 신뢰

Thank you for faith in our company.
저희 회사를 믿어주셔서 감사합니다.

페이스 투 페이스(face to face: 얼굴을 맞대고)로 대화를 나누면 신뢰감이 생긴다.

□ 0637

lapse [læps]

시간이 경과하다, 실책

The missing ship was found after a lapse of ten years.
실종된 배는 10년 만에 발견되었다.

랩으로 수차례 감싸면 시간이 경과 후 어떻게 될지 조사해보자.

□ 0638

debt [det]

빚, 부채

Credit card debt is difficult to pay off.
크레디트카드 빚은 갚기 어렵다.

데이트 비용 때문에 빚이 늘었다.

□ 0639

theft [θeft]

도둑질, 절도죄

Theft is taking something that in not yours.
도둑질은 남의 것을 빼앗는 행위다.

친분을 쌓아 경계를 느슨하게 한 후 도둑질을 했다.

□ 0640

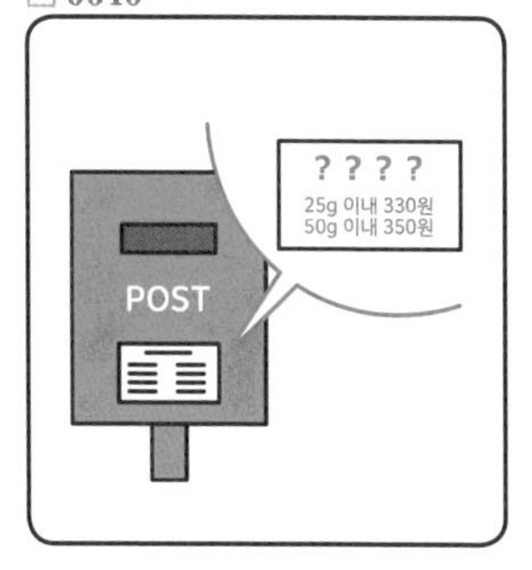

postage [póustidʒ]

우편 요금

Please pay the postage for this package.
이 소포의 우편 요금을 지불해 주세요.

포스트(우체통)에 붙어 있는 공지는 우편 요금이다.

☐ 0641

roam [roum]

돌아다니다, 방랑하다

Let's roam around and look for a place to eat lunch.
돌아다니면서 점심 먹을 곳을 찾아보자.

낚시할 곳을 찾아 돌아다니며 놂.

☐ 0642

resilient [rizíljənt]

회복력 있는, 강력한

This material is resilient against force.
이 물질은 힘을 가했다가 빼면 원래대로 돌아온다.

이사 날도 조용한(silent) 집은 회복력이 강한 집이다.

☐ 0643

suggest [səgdʒést]

제안하다

She suggested a restaurant at which to eat dinner.
그녀는 저녁을 먹을 만한 식당을 제안했다.

저 게스트를 섭외하라고 제안을 받았다.

☐ 0644

conservative [kənsə́ːrvətiv]

보수적인

Conservative politicians are gaining power all over the world.
보수 정치인들이 전 세계에서 권력을 얻고 있다.

캔 속에 밴 음식을 먹지 않는 사람은 보수적이다.

□ 0645

intermittent [intərmítnt]

때때로 끊기는, 간헐적인

The sick boy coughed intermittently during the movie.
아픈 소년은 영화를 보는 동안 간헐적으로 기침을 했다.

인터체인지만 믿고 간헐적으로 과속을 하는 차가 있다.

□ 0646

laborious [ləbɔ́:riəs]

고된

This job is laborious in the hot sun.
이 일은 뜨거운 태양 아래서 하기는 힘들다.

고된 노동(labor)은 언젠가 끝나겠지.

□ 0647

minutes [mínəts]

회의록

He recorded the minutes in the court room.
그는 법정에서 의사록을 기록했다.

미니스커트를 입고 뛰다가 넘어져서 회의록이 흩어졌다.

□ 0648

isolate [áisəlèit]

~을 고립시키다, 떼어놓다

We must isolate the cause of the disease.
병원체를 분리해야 한다.

나만 아이스라테를 골라서 고립되었다.

□ 0649

migrate [máigreit]

이동하다, 이주하다

Birds migrate south in the winter.
새들은 겨울에 남쪽으로 이동한다.

"마이(my) 그림" 하며 우는 아이를 이동시켰다.

□ 0650

occur [əkə́:r]

발생하다

An earthquake occurred last night.
어젯밤에 지진이 발생했다.

"억" 하는 사이 지진이 발생했다.

□ 0651

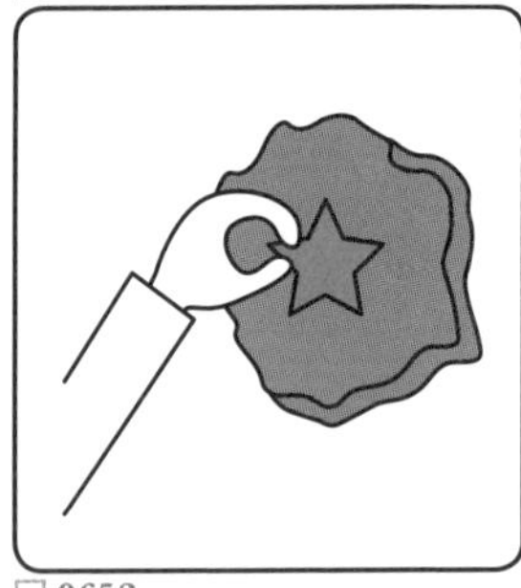

fossil [fásəl]

화석

This fossil of a fish is millions of years old.
이 물고기 화석은 수백만 년 전 것이다.

포슬포슬한 흙을 걷어내니 화석이 나왔다.

□ 0652

room [ru:m]

방, 여지

Is there room for 5 people in the car?
차에 5명이 탈 공간이 있습니까?

그 룸은 가구가 들어갈 여지가 아직도 많다.

□ 0653

existence [igzístəns]

존재

Our existence starts when we are born.

우리의 존재는 우리가 태어날 때부터 시작된다.

이그, 지긋지긋한 육아. 처음 아내의 존재를 실감했다.

□ 0654

diverge [daivə́:rdʒ]

(한 점에서) 갈라져 나오다

He diverged from the road and got lost.

그는 길에서 벗어나 길을 잃었다.

다이버가 코스가 갈라져 혼란스러워했다.

□ 0655

assumption [əsʌ́mpʃən]

가정, 추측

Assumptions about people we don't know are sometimes wrong.

모르는 사람에 대한 추측은 때때로 틀리기도 한다.

애써 샴푸하는 시간을 추측해보았다.

□ 0656

encourage [inkə́:ridʒ]

격려하다, 장려하다

I encourage you to study aborad.

네게 해외 유학을 권한다.

언니에게 코러스가 훌륭하다고 격려했다.

☐ 0657

quarantine [kwɔ́:rənti:n]

검역

Nobody can leave this town because it is under quarantine.

검역 중이기 때문에 아무도 이 마을을 떠날 수 없습니다.

쿠웨이트에서 온 여러 동물을 검역 중이다.

☐ 0658

mammal [mǽməl]

포유류

Most mammals do not lay eggs, but they give birth.

포유류는 대부분 알을 낳지는 않지만 출산을 한다.

포유류가 자라면 매머드만 해진다.

☐ 0659

distort [distɔ́:rt]

왜곡하다, 일그러지게 하다

This camera lens distorts the picture.

이 카메라의 렌즈는 영상을 왜곡시킨다.

This(이) 토트백은 모양이 일그러졌다.

☐ 0660

tentatively [téntətivli]

임시로

Can I tentatively make a reservation?

임시로 예약할 수 있나요?

임시로 쳐놓은 텐트에 물이 들어차려고 한다.

□ 0661

invoice [ínvɔis]

청구서

Here is the invoice for our services.
저희 서비스에 대한 청구서가 여기 있습니다.

사고 싶지 않은 물건에 대한 청구서가 와서 보이스(voice: 목소리)조차 안 나왔다.

□ 0662

purpose [pə́:rpəs]

목적

Asking "why" is like asking "for what purpose".
'왜'라고 묻는 것은 '무슨 목적을 위해'라고 묻는 것과 같다.

멋지게 보일 목적으로 포즈를 취했다.

□ 0663

doom [du:m]

불행한 운명에 처하다

She was doomed to spend the rest of her life in prison.
그녀는 여생을 감옥에서 보낼 운명이었다.

돔 구장에서 야구공이 날아와 머리를 다쳐 불행한 운명에 처한 적이 있다.

□ 0664

approximately [əprɑ́ksəmətli]

대략, 어림잡아

It will cost approximately one million dollars.
그것은 비용이 대략 100만 달러가 들 것이다.

앞으로의 우주 계획에 들어가는 비용은 대략 지구 전체의 식량 문제와 맞먹는다.

□ 0665

addition [ədíʃən]

추가

Are there any additional question?

추가 질문이 있습니까?

오디즙이 너무 시어서 꿀을 추가했다.

□ 0666

skid [skid]

미끄러지다, 옆으로 미끄러짐

The car skidded on the ice.

차가 얼음 위에서 미끄러졌다.

스킨헤드 위로 파리가 미끄러졌다.

□ 0667

toll [toul]

통행료, 운임

You must pay a toll to cross the bridge.

다리를 건너려면 통행료를 내야 한다.

톨게이트에서 통행료를 지불했다.

□ 0668

condiment [kándəmənt]

향신료

Wasabi is a Japanese condiment.

와사비는 일본 조미료다.

몸의 컨디션을 향상시키는 향신료를 뿌린다.

0669

mandatory [mǽndətɔ̀:ri]

명령을 받은, 의무적인, 강제적인

It is mandatory for kids to wear helmets when riding bicycles.
자전거를 탈 때 아이들은 의무적으로 헬멧을 착용해야 한다.

맨날 술안주로 도토리를 사오라고 명령한다.

0670

afford [əfɔ́:rd]

여유가 있다

We can afford to be late because the meeting is not important.
중요한 회의가 아니라 지각해도 괜찮으니 시간 여유가 있다.

어지간한 부자라서 포드 자동차를 살 만한 여유가 있다.

0671

budget [bʌ́dʒit]

예산

The budget for the film is three-hundred million dollars.
그 영화의 예산은 300만 달러다.

바지에 두었던 예금통장의 예산에 맞춰 여행을 갈 계획이다.

0672

soothing [sú:ðiŋ]

달래는, 진정시키는

The soothing music made the baby sleep.
마음을 진정시켜주는 음악 덕에 아이가 잠들었다.

아기의 아토피 증세가 수딩 크림 덕에 진정됐다.

□ 0673

radical [rǽdikəl]

급진적인, 과격한, 근본적인

Radical changes are needed to save our planet.
우리의 행성을 구하기 위해서는 근본적인 변화가 필요하다.

라디오의 컬러는 물론 기능도 완전히 근본적으로 개선했다.

□ 0674

crumble [krʌ́mbl]

산산이 부수다, 가루가 되다

The cookie crumbled in his hand.
쿠키가 그의 손에서 부스러졌다.

'크룽크룽' 거리며 포클레인이 집을 산산이 부수었다.

□ 0675

unison [júːnisn]

일치

They cheered for the baseball team in unison.
그들은 한마음으로 야구팀을 응원했다.

유니크하지만 손맛이 느껴지지 않는다는 게 시식단의 일치된 의견이다.

□ 0676

designate [dézignèit]

지정하다

This place was designated as a national park.
이곳은 국립공원으로 지정되었다.

디지털로 디자인된 것만 지정해서 출력했다.

□ 0677

integrity [intégrəti]

진실성

Most people have integrity, but liars and thieves do not.

대부분의 사람들은 성실하지만 거짓말쟁이와 도둑은 그렇지 않다.

인터넷으로 그린티를 구매했는데 맛과 포장에서 진실성이 느껴졌다.

□ 0678

recede [risí:d]

물러나다, 후퇴하다

The ocean receded before the tsunami occurred.

해일이 발생하기 전에는 바닷물이 썰물이 되어 밀려나간다.

리스트에 없던 다람쥐들이 나타나 뒤로 물러섰다.

□ 0679

vocational [voukéiʃənl]

직업상의

He doesn't have any vocational skills, and he cannot get a job.

그 남자는 직업 기술이 없기 때문에 일자리를 구할 수 없습니다.

직업상 보카(voca: 영단어)를 잘 아는 분을 소개합니다.

□ 0680

irate [airéit]

성난

The irate people shouted in front of city hall.

성난 사람들이 시청 앞에서 소리 쳤다.

화가 나서 이글이글 레이저가 나왔다.

☐ 0681

desist [dizíst, -síst]

~을 그만두다

Please desist from action!
활동을 삼가주세요!

데모하는 지점장은 결국 일을 그만뒀다.

☐ 0682

infer [infə́ːr]

추론하다

From this fact, we can infer he is innocent.
이 사실에서 우리는 그가 결백하다고 추론할 수 있다.

촉감만으로 인조 fur(모피)인지 아닌지 추론하다.

☐ 0683

rot [rɑt]

썩다, 부패하다

Bacteria causes things to rot.
박테리아는 부패의 원인이다.

쥐(rat)가 죽어 부패했다.

☐ 0684

conflict [kənflíkt]

분쟁, 충돌

Conflicts in the Middle East continue.
중동의 분쟁은 계속되고 있다.

콘서트홀에서 플라스틱 병이 콘크리트 바닥을 맞고 튀어 오르는 통에 분쟁이 났다.

□ 0685

scholar [skálər]

학자

Scholars must continue studying for all their lives.
학자는 평생 공부를 계속해야 한다.

소스의 컬러를 바꾸려고 학자는 연구를 거듭했다.

□ 0686

enliven [inláivən]

~을 활기 띠게 하다, 생기를 돋우다

The team was enlivened by winning the gold medal.
그 팀은 금메달을 따면서 활기를 되찾았다.

활기를 불어넣는 인기 라이브 공연 티켓을 선물로 드렸다.

□ 0687

prestige [prestíːʒ]

명성, 위신

His family had prestige in the Edo Period.
그의 가족은 에도 시대에 명성을 얻었다.

프레젠테이션을 스테이지(stage: 무대)에서 한 것이 계기가 되어 명성을 얻었다.

□ 0688

accurate [ǽkjurət]

정확한

This translation is accurate and can be trusted.
이 번역은 정확하고 신뢰가 간다.

정확한 알바생은 큐 사인과 동시에 유령으로 변신한다.

□ 0689

tactfully [tǽktfəli]

약삭빠르게, 빈틈없이

He treated the president tactfully and got a raise.
그는 사장을 재치 있게 응대하여 승진했다.

턱시도 입고 오페라 풀코스를 리드하는 지휘자는 빈틈이 없었다.

□ 0690

numb [nʌm]

(추위·충격 따위로) 무감각해진, 저린, 곱아진

Her legs were numb from sitting for such a long time.
그녀는 오래 앉아 있었더니 다리가 저려왔다.

너무 오래 무릎 꿇은 채 기도만 했더니 다리가 저렸다.

□ 0691

vanish [vǽniʃ]

사라지다, 자취를 감추다

Many people vanish every year, and are never found.
많은 사람이 매년 사라지고 다시는 발견되지 않는다.

바니걸(bunny girl: 토끼 소녀)이 '쉿' 소리와 함께 사라졌다.

□ 0692

recite [risáit]

낭독하다, 암송하다

The actors recited their dialogue well.
배우들이 대사를 잘 살렸다.

리틀 베이비라는 대여 사이트에서 빌린 그림책을 아기가 줄줄 암송했다.

□ 0693

peril [pérəl]

위험

There are many perils when hunting lions.

사자를 사냥할 때는 많은 위험이 따른다.

펠리컨(pelican) 중에서 L사이즈는 위험하다.

□ 0694

constraint [kənstréint]

제약, 속박

The ship was constrained by the ice, and could not move.

이 배는 얼음으로 인한 제약 때문에 움직이지 못했다.

컨디션 악화로 스트레스가 심해진 사장은 트집을 잡으며 직원을 속박했다.

□ 0695

considerate [kənsídərət]

사려 깊은, (남을) 배려하는

He is considerate to all people but his wife.

그는 아내를 제외한 모든 사람을 배려한다.

콘서트에서 시를 낭독하다가 더러 실수했지만 사려 깊은 관객들이 양해해주었다.

□ 0696

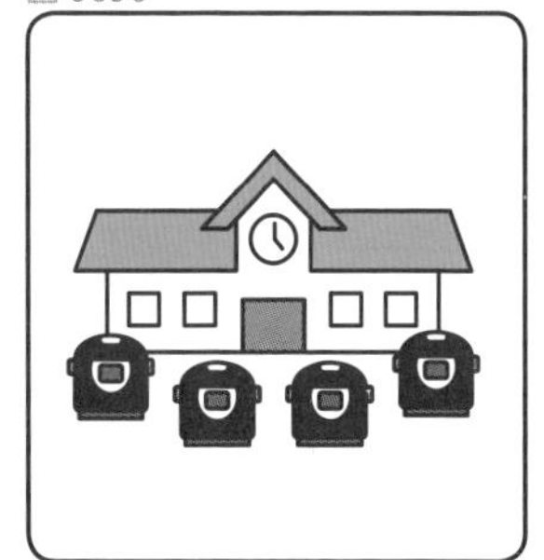

enclosure [inklóuʒər]

울타리, 포위

They used the enclosure to hide from the enemy.

그들은 적을 피해 숨으려고 울타리를 이용했다.

인근 학교에서 클로즈업 사진을 찍었는데, 울타리 모양이 특이했다.

☐ 0697

explosion [iksplóuʒən]

폭발

The explosion was very loud.
폭발음은 매우 컸다.

익힌 스프를 화로에서 데우다가 전부 폭발했다.

☐ 0698

inferior [infíəriər]

열등한, 질이 떨어지는

This product is inferior because it is older.
이 제품은 노후되어 성능이 떨어진다.

잉꼬를 태운 페리(ferry: 연락선)의 항해 속도가 가장 뒤떨어졌다.

☐ 0699

accumulate [əkjú:mjulèit]

~을 모으다, 축적하다

Snow accumulated on the roads.
도로에 눈이 쌓였다.

어린 큐컴버(cucumber: 오이)를 모아두었다.

☐ 0700

expose [ikspouz]

노출하다, 폭로하다

His body was exposed to radiation.
그의 몸은 방사선에 노출되었다.

억지로 엑스 포즈를 시켰다고 폭로했다.

☐ 0701

modify [mάdəfài]

수정하다

The software of this computer has been modified to perform better.
이 컴퓨터의 소프트웨어는 성능 향상을 위해 수정되었다.

모든 파일을 수정했다.

☐ 0702

habit [hǽbit]

습관, 버릇

He has a habit of scratching his head when he doesn't know.
그는 잘 모를 때면 머리를 긁적이는 버릇이 있다.

"헤~" 하고 딱지를 비틀어 떼는 버릇이 있다.

☐ 0703

contend [kənténd]

싸우다, 논쟁하다, 겨루다

He contends against disease.
그는 질병에 맞서 싸웠다.

콩트를 하다 보니 끝(end)이 없는 논쟁이 벌어지기도 한다.

☐ 0704

meditate [médətèit]

명상하다

Some people think meditating relieves stress.
어떤 사람들은 명상이 스트레스를 덜어준다고 생각한다.

미디어 테스트를 앞두고 명상을 했다.

□ 0705

majestic [mədʒéstik]

장엄한, 위엄 있는

The majestic Mt. Fuji is a symbol of Japan.
장엄한 후지산은 일본의 상징이다.

마술사가 제스처를 하면서 스틱을 세우니 장엄한 분위기가 되었다.

□ 0706

pollution [pəlúːʃən]

오염, 공해

Pollution is a problem because it destroys nature.
공해는 자연을 파괴하므로 문제가 된다.

폴리스(police: 경찰)가 솔루션(solution: 해결책)을 찾고자 수질 오염을 측정했다.

□ 0707

gleam [gliːm]

반짝이다, 희미한 빛

The cat's eyes gleamed in the dark.
어둠 속에서 고양이 눈이 반짝였다.

그림 동화를 보는 아이들의 눈이 반짝였다.

□ 0708

discretion [diskréʃən]

분별, 재량

Please use discretion when going abroad.
외국에 갈 때는 신중하게 행동하세요.

한 손님이 이(This) 크림 카레는 신맛이 난다고 분별해냈다.

☐ 0709

worthy [wə́ːrði]

자격 있는, 가치 있는

He is a good leader, and worthy of the title of captain.

그는 훌륭한 지도자일 뿐 아니라 대위로서 합당한 자격을 갖췄다.

워(war: 전쟁)에 참여한 노병 워시 씨는 훈장을 받을 자격이 있다.

☐ 0710

settlement [sétlmənt]

정착, 개척지

There is food and water here, a good place for settlement.

이곳은 음식과 물이 있어서 정착하기 좋은 장소이다.

셔틀 우주 왕복선을 넣어둘 정착지를 시멘트로 지었다.

☐ 0711

honor [ɑ́nər]

명예

It is an honor to have the president here tonight.

오늘밤 이 자리에 대통령을 모시게 되어 영광입니다.

'아너'라는 이름의 소년이 1등의 명예를 얻었다.

☐ 0712

companion [kəmpǽnjən]

동반자, 동행

Who will companion you to the dance tonight?

오늘 밤 댄스 파스에 누구랑 갈 거야?

컴퍼니(company: 회사) 사람들과 회식에 동행했다.

☐ 0713

hasty [héisti]

서두르는, 성급한

He hastily ran up the stairs.
그는 서둘러 계단을 뛰어 올라갔다.

회의 시간에 맞춰 아이스티를 사오려고 서둘러 달려갔다.

☐ 0714

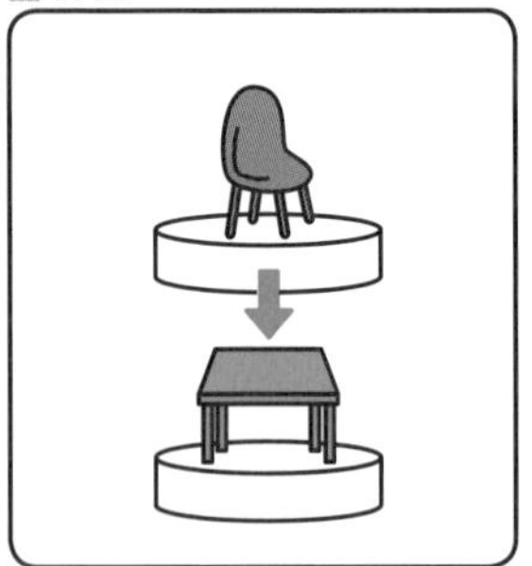

displace [displéis]

~을 대신하다, 바꾸어 놓다

The popularity of TV has displaced the popularity of movies.
TV가 영화의 인기를 대체했다.

디스플레이(display: 전시, 진열)에 변화를 주고자 가구를 바꾸어놓았다.

☐ 0715

agenda [ədʒéndə]

의제 안건

We must finish everything on the agena in this meeting.
이번 회의에서는 모든 것을 다 끝내야 한다.

"어제 다 끝났다던 안건이 이겁니까?" 하고 묻기만 했는데도 난리가 났다.

☐ 0716

timidity [tímidəti]

겁 많음, 수줍음

Timidity is not a good excuse for not trying.
두려움 때문에 시도하지 못했다고 해봤자 적절한 변명이 되지 못한다.

몇 센티미터 베어봤자 티도 안 난다며 겁을 줬다.

□ 0717

subscription [səbskrípʃən]

기부금, 구독

They gained several hundred subscriptions over a few days.
그들은 며칠 만에 구독자를 수백 명 모집했다.

서브 작가가 스크립트(script: 각본)로 상을 받아 상금을 기부하기로 했다.

□ 0718

aim [eim]

노리다, 겨냥하다

He aimed a the lion with his gun.
그는 총으로 사자를 겨누었다.

'에이' 하고 소리치자 호랑이가 노려보았다.

□ 0719

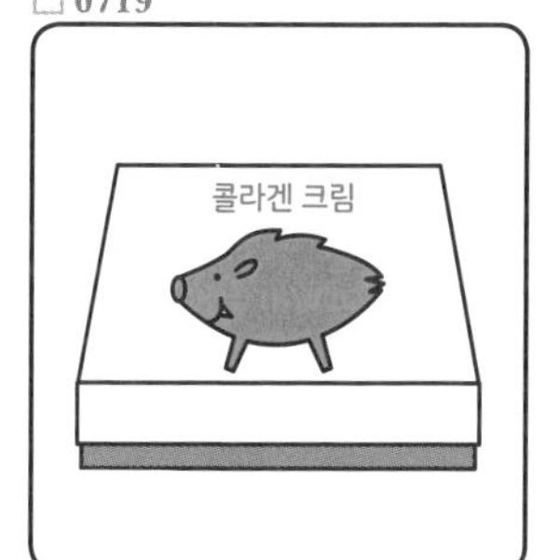

innovative [ínəvèitiv]

혁신적인, 획기적인

This innovative technology will change the world.
이 혁신적인 기술은 세상을 변화시킬 것이다.

이너 뷰티를 추구하는 콜라겐 화장품은 획기적이었다.

□ 0720

prosecute [prɑ́sikjùːt]

기소하다, 수행하다

She will prosecute him for his crime.
그녀는 그 남자를 범죄 혐의로 기소할 것이다.

프로세스(process: 절차)를 무시한 상품이 기소되었다.

☐ 0721

outset [áutsèt]

착수, 시작

The outset of the trip was hard because the airplane was late.
비행기가 연착되는 바람에 여행 출발할 때는 힘들었다.

밖(out)으로 나가야 하니 빨리 머리 세팅(setting)부터 시작!

☐ 0722

excavate [ékskəvèit]

~을 파다, 발굴하다

The land was excavated, and many old things were found.
땅을 파자 많은 유물이 발굴되었다.

X 표시된 곳에서 보물을 캐보려고 시도 중이다.

☐ 0723

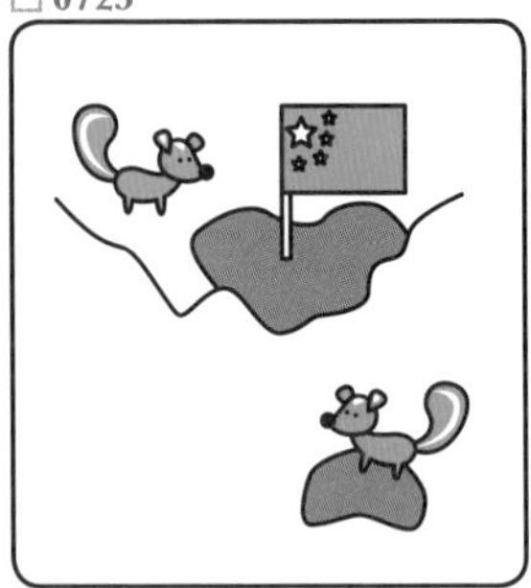

respective [rispéktiv]

각각의, 저마다의

This e-mail will be forwarded to the respective people in charge.
이 메일은 담당자에게 각각 전달됩니다.

저마다 자기 영역에 대한 리스펙트(respect: 존중)해야 한다.

☐ 0724

mediocre [mìːdióukər]

평범한, 구태의연한

His acting was mediocre, and it made the film boring.
남자 배우의 판에 박힌 연기 탓에 영화는 지루하기만 했다.

미디어에 나온 크림수프 레시피는 평범하기 이를 데 없었다.

□ 0725

gloomy [glúːmi]

음울한, 어두운

The weather is gloomy and cold today.
오늘은 날씨가 어둡고 쌀쌀하다.

그 일루미네이트(illumination: 빛)은 어두워 보였다.

□ 0726

loyal [lɔ́iəl]

충실한

She is loyal to her friends.
그녀는 친구들에게 충실하다.

한 줄로 된 옅은 선을 충실히 긋고 있다.

□ 0727

avoid [əvɔ́id]

피하다

She avoided the subject because it was embarrassing.
그녀는 당황스러운 나머지 그 주제를 회피했다.

아보카도는 이제 더 이상 피하려고 한다.

□ 0728

rebel [ríbel]

반란을 일으키다, 반항하다

They rebelled against their leaders.
그들은 지도자들에게 반기를 들었다.

이 정도 레벨로 종을 울려야 반항을 표시할 수 있다.

□ 0729

departure [dipɑ́:rtʃər]

출발

Please arrive 30 minutes before departure.

출발 30분 전에 도착해주시길 바랍니다.

백화점(department store) 앞에서 약속에 맞춰 출발했다.

□ 0730

dignity [dígnəti]

위엄

He would rather die with dignity than live like that.

그 남자는 그렇게 사느니 존엄하게 죽는 편이 낫다.

장군은 위엄이 가장 중요하다며 '디그니티(dignity)'를 여러 번 외쳤다.

□ 0731

monarch [mɑ́nərk]

군주

There are monarchs in Thailand, and England.

태국과 영국에는 군주가 있다.

모나코에는 군주가 있다.

□ 0732

intentionally [inténʃənəli]

일부러

He intentionally let the rabbit go because he is kind.

그 남자는 선량해서 일부러 토끼를 풀어주었다.

인턴(Intern)은 널리 쓰이는 동전을 일부러 주었다.

□ 0733

legible [lédʒəbl]

읽기 쉬운, 판독하기 쉬운

Your writing is not legible, so will you read it to me?
글씨를 알아보기 힘드니 읽어주시겠어요?

우리 개 '레지'는 읽기 쉬운 표지판은 꼭 알아보는 것 같다.

□ 0734

deem [diːm]

~로 여기다

His work was deemed useless by the board of directors.
경영진은 그 남자의 업무를 하찮은 것으로 여겼다.

고개만 살짝 디미는 남자를 경찰은 수상히 여겼다.

□ 0735

paralyze [pǽrəlàiz]

마비시키다

I couldn't run, being so paralyzed with fear.
공포에 사로잡혀 도망은커녕 다리가 얼어붙었다(마비되었다).

패러글라이딩을 타고 하늘에 날아오르는 순간 감각이 마비되어버렸다.

□ 0736

adjourn [ədʒə́ːrn]

(토의 · 회의 · 재판 등을) 연기하다, 일시 중단하다

This meeting will adjourn until three o'clock.
3시까지 휴회합니다.

"앗, 저런!" 회의장에 도착했더니 하필 휴회 중이었다.

□ 0737

fertilizer [fə́:rtəlàizər]

비료

Add fertilizer to dirt to make plants grow.
식물이 잘 자라도록 비료를 추가해주세요.

비료가 발효되어 뚜껑이 펑 튀어 오를 것만 같다.

□ 0738

lively [láivli]

활발하게, 생생하게

The lively boy could not sit and be quiet.
혈기 왕성한 소년은 가만히 있질 못했다.

물고기들이 라이브 리듬에 맞춰 활발히 춤춘다.

□ 0739

conform [kənfɔ́:rm]

(규칙에) 따르다, ~에 일치하다

You must understand the law before you conform to it.
법을 준수하기에 앞서 먼저 이해해야 한다.

큰 유니폼을 입는 게 규칙이다.

□ 0740

resign [rizáin]

사임하다

He resigned from his position after only 3 days on the board.
그는 이사 취임 후 불과 사흘 만에 사임했다.

리사가 사임하겠다는 사인(sign)을 보내왔다.

□ 0741

procedure [prəsíːdʒər]

절차, 순서

It will be fine if you follow the procedure.
절차대로 진행하면 괜찮을 겁니다.

프로 선수인 '시저'는 순서를 철저히 지켰다.

□ 0742

radioactive [reidiouǽktiv]

방사능

Is the ocean around Fukushima radioactive?
후쿠시마 주변의 바다는 방사능에 오염되었나요?

라디오에서 액티브한 목소리로 방사능 오염 문제를 언급했다.

□ 0743

grudge [grʌdʒ]

원한

His sister was mean to him and he holds a grudge against her.
누나가 동생에게 못되게 군 탓에 동생은 누나에게 앙심을 품고 있다.

모든 문제를 '그러지, 뭐' 하며 가볍게 넘기는 남편은 부인의 원한을 샀다.

□ 0744

emerge [imə́ːrdʒ]

(물 · 어둠 속 따위에서) 나오다, 나타나다, 명백해지다

The whale emerged from the ocean.
고래가 바다에서 모습을 드러냈다.

이모가 '이건 뭐지?' 하면서도 그분을 좋아한다는 사실은 명백하다.

□ 0745

demote [dimóut]

지위를 떨어뜨리다, ~을 강등시키다

He was demoted from president to secretary.
그는 사장에서 비서로 강등되었다.

데모를 하면 틀림없이 강등될 것이다.

□ 0746

gratitude [grǽtətjù:d]

감사(하는 마음)

Please accept this gift as a symbol of our gratitude.
이 선물을 감사의 뜻으로 받아주세요.

그라탱이 타서 어설펐지만 마음만큼은 고마웠다.

□ 0747

mobilize [móubəlàiz]

(군대 · 함대를) 동원하다, (사람 · 물자를) 결집시키다

NATO forces are being mobilized in Afghanistan
나토(North Atlantic Treaty Organization: 북대서양 조약기구) 군이 아프가니스탄 전쟁에 동원됐다.

모바일 앱으로 불법 회원을 모집했다.

□ 0748

enlighten [inláitn]

계몽하다, 알려주다

Please enlighten me about your plan.
당신의 계획을 내게 알려 주세요.

인라인을 잘 타던 그는 라이트 형제에게 영감을 받아 계몽운동에 앞장섰다.

☐ 0749

gullible [gʌləbl]

잘 속아 넘어가는, 어리숙한

She was gullible and believed the whole story.
그 여자는 어리숙해서 모든 말을 믿었다.

걸리시한 언니는 어딘가 어리숙한 구석이 있었다.

☐ 0750

fumble [fʌmbl]

(무엇을 하거나 찾느라고 손으로) 더듬다

He fumbled for his keys in the dark.
그는 어둠 속에서 더듬거리며 열쇠를 찾았다.

펑펑 울며 불도그를 찾아 숲속을 더듬었다.

☐ 0751

precarious [prikέəriəs]

불안정한, 위태로운

Be careful, as this road is precarious to drive upon.
이 길은 위험하니 운전할 때 조심하세요.

불안정한 프리랜서는 정부의 케어를 받을 필요가 있다.

☐ 0752

concrete [kάnkriːt]

구체적인

Can you give me a more concrete example?
좀 더 구체적인 예를 들어 주시겠어요?

콘크리트만큼 딱딱한 통조림을 열어달라고 구체적으로 말했다.

□ 0753

extremely [ikstrí:mli]

매우, 극도로

This movie is extremely sad, and I cry when I watch it.

이 영화는 너무 슬퍼서 볼 때마다 울어요.

☺ 새가 X 포즈로 발을 트는 것은 매우 어렵다.

□ 0754

overthrow [ouvərθróu]

전복시키다

Some people want to overthrow the government and start again.

어떤 사람들은 정부를 전복하고 새 출발하기를 바란다.

☺ 오버코트(overcoat: 외투)를 던져 넣으면(throw) 바구니가 뒤집어지고 만다.

□ 0755

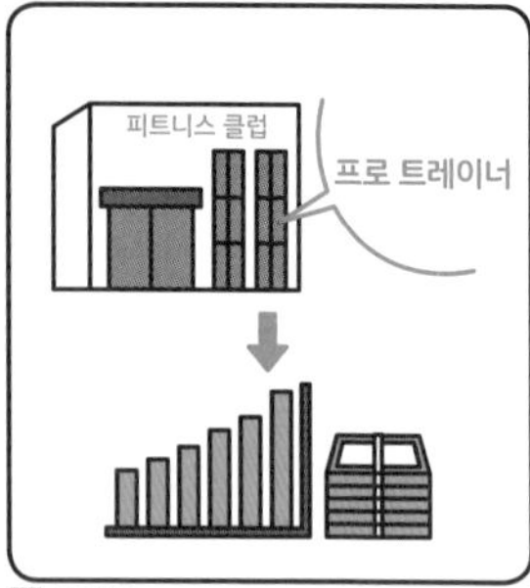

profit [práfit]

이익

The company made a lot of profit and business was good.

그 회사는 큰 이익을 내면서 승승장구했다.

☺ 피트니스 클럽에 프로 트레이너를 고용하니 이익이 향상됐다.

□ 0756

policy [páləsi]

방침

Do you agree with the government's policy?

정부 방침에 동의하십니까?

☺ 폴리스(police: 경찰)가 수색 방침을 발표했다.

□ 0757

aspect [æspekt]

양상, 외관, 상황, 측면

His face has a cold aspect.
그의 얼굴은 냉랭했다.

아, 스펙을 더 쌓아서 가게의 상황을 흑자로 만들어보자.

□ 0758

oversee [ouvərsiː]

감독하다, 두루 살피다

I will oversee this project and make sure it goes according to plan.
전 이 프로젝트가 순조롭게 진행되도록 감독할 것입니다.

아이들이 오버하자 '여기를 보라(see)!'며 교사가 학생들을 감독했다.

□ 0759

deter [ditəːr]

그만두게 하다, 주저하게 하다

He was deterred from studying in the US because of gun violence.
총기 폭력이 염려되어 그는 미국 유학을 주저했다.

뒤쪽 공터에 있는 귀신의 집 입장을 그만두기로 정했다.

□ 0760

opponent [əpóunənt]

적, 상대, 대립하는

Her opponent was smart, but she was smarter, and she won.
상대는 영리했지만 그녀는 더 영리했고 결국 승리했다.

기도 드릴 시간에도 어푸어푸 코를 고니 잠이 적이다.

☐ 0761

epidemic [èpədémik]

전염성 있는, 유행병

There is an epidemic of malaria in Africa.
아프리카에서는 말라리아가 유행이다.

애가 피가 날 정도로 긁어대서 데미지가 커지는 전염병에 걸렸다.

☐ 0762

hilarity [hilǽrəti]

아주 우스움, 흥겹게 떠들기

The hilarity of the dog wearing the hat was too much.
모자 쓴 개가 너무 웃겼다.

"힐링에는 이런 티(차)가 최고야" 하며 흥겹게 떠들었다.

☐ 0763

herd [həːrd]

무리, 군중

The herd of cows ate grass.
소떼가 풀을 먹었다.

허들을 운동장에 무리 지어 세워두었다.

☐ 0764

hygienic [hàidʒiénik]

위생적인, 청결한

This toilet is hygienic because it is cleaned every day.
이 변기는 날마다 청소했기 때문에 위생적입니다.

'하이' 하고 진짜 크게 웃을 수 있게 치아 위생에 신경을 썼다.

☐ 0765

encounter [inkáuntər]

~와 우연히 만나다, 마주치다

We encountered aliens on the moon.
우리는 달에서 외계인을 만났다.

엔카 가수와 카운터에서 우연히 마주쳤다.

☐ 0766

pensive [pénsiv]

수심에 잠긴

They were pensive about the disaster.
그들은 그 재난에 대해 깊이 생각했다.

펜을 시부야의 동상 앞에서 잃어버려서 수심에 잠겨 있다.

☐ 0767

surplus [sə́:rplʌs]

잉여, 과잉

The surplus of products need to be sold quickly.
잉여 제품(재고품)은 빨리 팔아야 한다.

'선생님(Sir), 플러스!'라고 외치니 너무 많은 간식을 주셨다.

☐ 0768

slightly [sláitli]

약간, 조금

It is slightly cool outside, but not cold.
바깥은 약간 쌀쌀하지만, 춥지는 않다.

슬라이드를 하는 습관이 있는 그 새는 일본에서도 조금만 서식한다.

☐ 0769

tempt [tempt]

유혹하다

He was tempted to take her money, but he didn't.
그는 그 여자의 돈을 가로채고 싶었지만 그러지 않았다.

덴푸라(튀김)로 그를 유혹했다.

☐ 0770

frail [freil]

허약한, 연약한

The frail boy couldn't walk.
그 허약한 소년은 걸을 수 없었다.

프레임(fame: 골격)이 사라질 정도로 그 꽃은 약해졌다.

☐ 0771

crucial [krúːʃəl]

중요한, 결정적인

In Japan, it is crucial to be on time to meetings.
일본에서는 회의 시간에 늦지 않는 것이 중요하다.

크루(crew)가 살살 중요한 물건을 가지고 오는 중이다.

☐ 0772

dividend [dívədènd]

(주식 투자에 대한, 계약자가 받는) 배당금

He gets dividends from the company quarterly.
그는 분기별로 회사에서 배당금을 받는다.

모든 물건을 나눈(devide) 끝(end)에 할아버지는 배당금을 받았다.

☐ 0773

pardon [pɑ́:rdn]

용서하다, 너그러이 봐주다

He was pardoned for his crime.
그는 자신의 죄를 사면받았다.

"실수로 파기했거든" 하며 용서를 비는 동생을 용서해주었다.

☐ 0774

utterance [ʌ́tərəns]

발언

The utterance of the politician made him lose the election.
그 정치인은 자신이 한 발언 때문에 선거에서 패배했다.

어떤 분이라도 좋으니 발언하세요.

☐ 0775

outlive [autlív]

~보다 더 오래 살다

The old man outlive his children, as well as his wife.
그 노인은 아내뿐 아니라 자식들보다도 오래 살았다.

야외(out)에서 라이브(live) 공연을 펼친 어르신은 장수의 복을 누리고 있다.

☐ 0776

assume [əsú:m]

추정하다

It is after nine o'clock, so I assume he is at work.
9시가 넘었으니 그 남자는 직장에 있을 것이다.

어스름에 뛰다가 넘어져서 다리를 다친 것으로 추정된다.

□ 0777

adopt [ədάpt]

채택하다, 채용하다

After testing it, we have decided to adopt your method.

테스트를 마친 후, 귀사의 방법을 채택하기로 결정했습니다.

제안을 얻어 특별한 채용에 지원했다.

□ 0778

petition [pətíʃən]

청원(서)

Please sign this petition to stop nuclear energy.

핵에너지 중단을 위한 청원서에 서명해주십시오.

"펫(pet: 반려동물)이랑 같이 살래요!" 아이가 간절히 청원했다.

□ 0779

inquiry [inkwáiəri]

문의, 조회

Please make an inquiry at the front desk.

프런트 데스크에 문의해주세요.

잉크 카트리지(cartridge)가 고장 나서 업체에 문의했다.

□ 0780

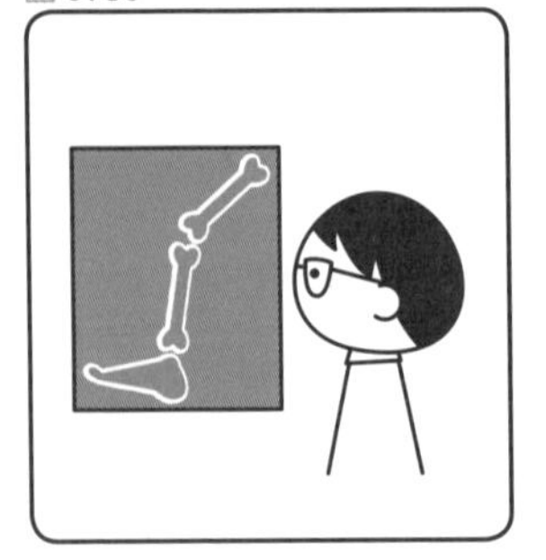

current [kə́:rənt]

현재의, 유행하는, 통용되는

The current time is displayed on your watch.

현재 시각이 당신 시계에 표시됩니다.

카랑카랑한 목소리의 의사가 현재 관절 상태를 확인해줬다.

☐ 0781

frenzy [frénzi]

광분, 격노, 열광

The frenzied woman looked for her baby.

극도로 흥분한 여자가 자신의 아이를 찾았다.

프렌들리(friendly)한 할아버지가 갑자기 화를 냈다.

☐ 0782

accountant [əkáuntənt]

회계사, 경리

An accountant's job is to count money.

회계사의 일은 돈을 정산하는 것이다.

'억' 하고 카운터에 있던 회계사가 소리쳤다.

☐ 0783

absolve [æbzálv]

면제하다, 사면하다

He was absolved of the crime he committed.

그는 자신이 저지른 죄를 면죄 받았다.

없어진 벌이 적용되어 모두 사면되었다.

☐ 0784

lucrative [lú:krətiv]

벌이가 되는, 수지맞는

IT is a lucrative industry in which to work.

IT(Information Technology: 정보통신 기술)는 수익성 높은 업종이다.

'보라(Look)!' 액티브(active)한 사람이 수입이 좋다.

□ 0785

ship [ʃip]

수송하다, 출하하다, 선박

They ship their products by train.
그들은 기차로 상품을 배송한다.

큰 물건을 수송하려면 배(ship)가 필요하다.

□ 0786

dependence [dipéndəns]

의존, 의지

They are dependent on their mother for food.
그들은 끼니때마다 어머니한테 의존한다.

이(This) 펜은 춤추는(dance) 듯 잘 써져서 중요한 시험이 있을 때 의지하게 된다.

□ 0787

invest [invést]

투자하다

Do you invest in stocks or in real estate?
주식이나 부동산에 투자하는지요?

조끼 안에(in a vest) 투자금이 들어 있다.

□ 0788

issue [íʃuː]

쟁점, 문제, 발행하다, 출판물의 제 ~쇄

The next issue will be issued next month.
다음 호는 다음 달에 발행됩니다.

냄새 나는 지폐가 발행되어 이슈가 되었다.

□ 0789

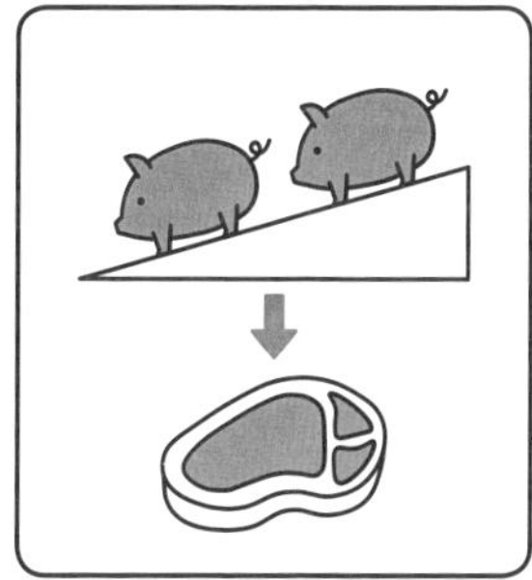

slaughter [slɔ́:tər]

도살하다, 대학살

Humans slaughter animals for food.
인간은 식용을 목적으로 동물을 도살한다.

슬로프(slope: 경사지)에 있는 돼지는 곧 도살된다.

□ 0790

substitute [sʌbstətjù:t]

대체하다, 대용하다

Recently, there are many substitutes for meat, such as tofu.
최근에는 두부와 같은 육류 대체품이 다양하게 나온다.

방석이 낡아 서브로 스트리폼으로 대체했다.

□ 0791

amend [əménd]

개정하다, 수정하다

The law was amended to allow the hunting of deer.
사슴 사냥을 허용하도록 법안이 개정되었다.

'아멘' 소리가 들려와서 창문에 틈이 없도록 다시 고쳤다.

□ 0792

vast [væst]

굉장히 넓은, 광대한

Baikal is a vast lake.
바이칼은 광대한 호수다.

가슴둘레가 넓으니 조끼(vest)도 큰 걸 입어야 한다.

☐ 0793

accept [æksépt]

받아들이다, 인정하다, 수락하다

It this credit card accepted?

이 크레디트카드는 되나요? (=이 크레디트카드는 기계가 받아들이나요?)

엄마가 억세서 나는 모든 걸 받아들이는 편이다.

☐ 0794

draft [dræft]

초고, 초안

The draft of the book was over one thousand pages.

그 책의 초안은 1000쪽이 넘었다.

드로잉(drawing)부터 시작해 초고를 작성 중이다.

☐ 0795

drastic [dræstik]

철저한, 과감한

Drastic measures must be taken to find the lost boy.

행방불명된 소년을 찾으려면 과감한 조치를 취해야 한다.

드라마틱한 음악을 스틱만으로 과감히 연주했다.

☐ 0796

ruffle [rʌfl]

물결을 일게 하다, 사람의 마음을 산란하게 만들다

The wind ruffles the surface of the sea.

바람이 불자 파도가 휘몰아친다.

너풀거리는 물결 위에 음식이 떠다닌다.

□ 0797

attribute [ətríbjuːt]

원인으로 여기다, ~의 탓으로 하다

She attributed her success to luck.
그녀는 자신의 성공을 행운으로 돌렸다.

엇, 트리(tree: 나무)에 먹이가 부족한 탓에 내 간식을 먹는구나.

□ 0798

ritual [rítʃuəl]

의식, 제사

Exchanging business cards is an important Japanese ritual.
일본에서 명함을 주고받는 것은 중요한 의식이다.

이층 건물의 건축이 잘되도록 비는 고사를 지냈다.

□ 0799

increase [inkríːs]

증가하다, 늘리다

There has been an increase in crime this year.
올해 범죄가 증가했다.

잉크를 든 다람쥐가 쉽게(easy) 증가했다.

□ 0800

infect [infékt]

감염시키다, 전염시키다, 옮기다

I hope he isn't infected with the flu.
그 남자가 독감에 전염되지 않았으면 좋겠어.

임팩트 있는 기침 소리에 감기가 옮을까 걱정스러웠다.

□ 0801

solemn [sάləm]

진지한, 장엄한

The orchestra performs a solemn song.

오케스트라는 엄숙한 곡을 연주한다.

소리 없이 일만하는 모습이 진지하다.

□ 0802

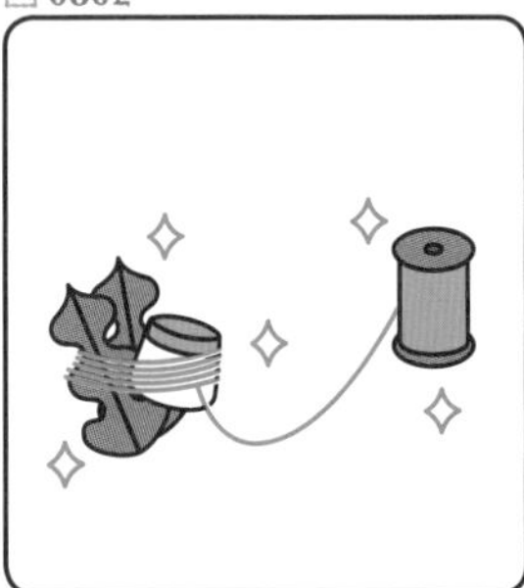

complete [kəmplíːt]

완전한, 완료하다

It was a complete victory.

그것은 완전한 승리였다.

코가 풀렸던 것이 완전히 묶였다.

□ 0803

caption [kǽpʃən]

캡션(사진이나 삽화 등에 붙인 설명)

The caption read "Lost boy found!"

캡션에 "실종 소년 발견!"이라고 적혀 있었다.

'캡틴으로 취임!'이라는 캡션이 붙었다.

□ 0804

acquaintance [əkwéintəns]

지인

He isn't friend, just an acquaintance.

그는 친구가 아니라 단지 아는 사람이다.

어떻게 인턴이 지인이라고 회사에서 쫓아낼 수가?

□ 0805

inadequate [inǽdikwət]

부족한, 부적절한

My test score is inadequate for getting a promotion.
내 시험 성적은 승진을 하기에는 부족하다.

이런 쌀은 애들이 크기에는 영양소가 부족하다.

□ 0806

facility [fəsíləti]

시설, 설비

These facilities are very new and easy to use.
이 시설은 최신식이고 실용적이다.

"퍽퍽한 모래는 싫어." 그는 운동 시설이 맘에 안 들었다.

□ 0807

narrowly [nǽrouli]

가까스로, 간신히

The car narrowly missed pedestrians.
차는 가까스로 보행자를 피했다.

시내로 난 다리로 간신히 트럭이 빠져나왔다.

□ 0808

genetic [dʒənétik]

유전적인

Food with genetic changes is becoming popular.
유전자 변형 식품이 인기를 끌고 있다.

잔금을 넘보는 특기는 아버지에게서 유전된 것 같다.

□ 0809

connotation [kὰnətéiʃən]

의미, 함축

That word has rude connotations and it should not be used.
그 단어에는 무례한 의미가 담겨 있어서 쓰면 안 된다.

코너에 몰린 남자는 데이트하자는 말의 의미를 파악하지 못했다.

□ 0810

describe [diskráib]

묘사하다, 설명하다

Please describe last night's dinner to me.
어제 저녁 식사를 묘사해주세요.

신문사 데스크(편집장)가 라이브(생방송)로 사건을 설명했다.

□ 0811

mayor [méiər]

시장, 군수

The mayor made the city a better place.
시장은 도시를 더 나은 곳으로 만들었다.

매해(year) 시장은 시력검사를 한다.

□ 0812

niche [nitʃ]

틈새

The wind blows through the niche between the door and the floor.
문과 바닥 틈새로 바람이 훑고 지나간다.

틈새를 지나려면 내가 취할 수 있는 움직임이 없다.

☐ 0813

sift [sift]

체로 치다, 정밀하게 조사하다

Sift the sugar onto the cake.
케이크 위에 설탕을 체로 쳐주세요.

배(ship)로 올라가는 리프트를 타려면 정밀 조사가 필요합니다.

☐ 0814

stable [stéibl]

안정된, 튼튼한

The economy is stable and jobs are increasing.
경제는 안정되고 일자리는 증가하는 추세다.

스테이플러로 안정되게 고정했다.

☐ 0815

obnoxious [əbnákʃəs]

불쾌한, 밉살스런, 거슬리는

I can't sleep because the obnoxious cats are fighting outside.
밉살스런 고양이들이 밖에서 싸우는 통에 잠을 잘 수가 없다.

5분 전 들린 녹슨 기차 소리가 거슬린다.

☐ 0816

stuff [stʌf]

물건, 사물

My job is moving stuff from one place to another.
내 직업은 물건을 원하는 장소로 가져다주는 것이다.

스태프를 물건 다루듯 대한다.

□ 0817

extort [ikstɔ́:rt]

강탈하다, 강요하다

He extorted thousands of dollars by threatening to sue.
그는 고소하겠다고 협박하여 수천 달러를 갈취했다.

엑기스를 털어 넣을 거라고 강요했다.

□ 0818

participate [pa:rtísəpèit]

참가하다, 참여하다

I want to participate in the game.
나는 그 게임에 참여하고 싶다.

파티에 파스를 8(eight)장이나 붙이고 참가했다.

□ 0819

personnel [pə̀:rsənél]

인사부, 직원

There are three hundred personnel working at this company.
이 회사에 근무하는 직원은 300명이다.

사람(person)이 널 위해 투입될 거라고 인사부 직원이 말했다.

□ 0820

dispute [dispjú:t]

논쟁, 분쟁

There was a dispute about who was right.
누가 옳은지 논쟁이 붙었다.

이(This) 피곤한 트집을 말려야 분쟁을 막을 수 있다.

□ 0821

significant [signífikənt]

중요한, 중대한

Thank you for your significant contribution to our plan.

계획 수립에 크게 공헌해주셔서 감사드립니다.

시그니처 그림으로 쓰려던 중요한 작품인데….

□ 0822

fluster [flʌstər]

~을 혼란시키다

He becomes flustered when he cannot find his pen.

그는 펜이 보이지 않자 당황했다.

훌라댄스 스타가 춤추기 시작하자 장내는 술렁거렸다.

□ 0823

tense [tens]

긴장한

She was tense about giving a speech in front of everyone.

그녀는 모두 모인 자리에서 연설을 앞두고 긴장했다.

음료 먹기 대회에서 텐(10) 하고 숫자를 다 세니 긴장 되었다.

□ 0824

resume [rizjú:m]

재개하다

Please resume playing the DVD.

DVD를 정지 장면부터 재생해주세요.

탱크 장면을 재생해서 보니 다시(re) 좀이 쑤셨다.

☐ 0825

symptom [símptəm]

증상, 증후군

One symptom of a cold is coughing.
기침은 감기의 증상 가운데 하나다.

신부가 통증을 느낀다고 증상을 설명했다.

☐ 0826

intrude [intrú:d]

방해하다

Please pardon my intrusion into your conversation.
대화에 끼어들어 죄송합니다.

그 영화의 인트로는 새를 지키려는 자와 방해하려는 자의 대결이다.

☐ 0827

matter [mǽtər]

문제

This is a private matter, not to be talked about in public.
이것은 사적인 문제이므로 공식 석상에서 말하면 안 됩니다.

그는 늘 "It doesn't matter(그건 중요치 않아)!"라며 윽박지르는 게 문제다.

☐ 0828

invert [invə́:rt]

거꾸로 하다, 뒤집다

Can you stand inverted, on your head?
물구나무서기 할 수 있나요?

인도 사람이 벌로 비틀어 뒤집기를 하고 있다.

☐ 0829

statue [stǽtjuː]

조각상

This is a statue, built in the Silla Period.

이것은 신라시대에 지어진 동상이다.

스타가 츄~ 하는 포즈를 취한 조각상이 있다.

☐ 0830

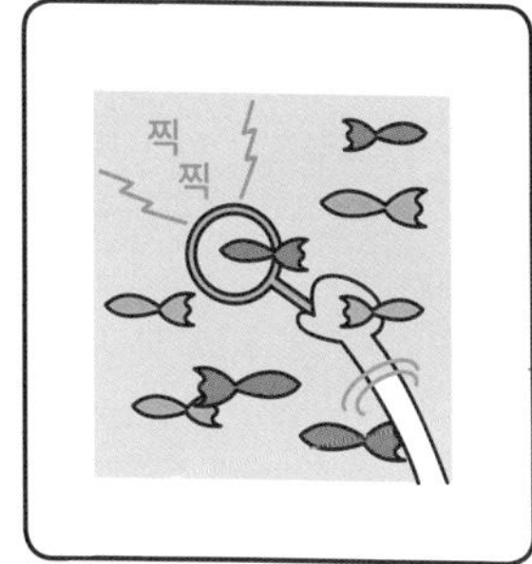

squeak [skwiːk]

찍찍거리다, 삐거덕거리는 소리

Doors make squeaking sounds, and mice squeak too.

문이 삐걱거리자 쥐들도 찍찍거렸다.

스컹크 소리처럼 찍찍거리는 소리가 들린다.

☐ 0831

eternity [itə́ːrnəti]

영원

Eternity is a very very VERY long time.

영원은 아주아주 긴 시간이다.

여자 친구와 나눈 이터니티(영원) 노트를 태웠다.

☐ 0832

fascinate [fǽsənèit]

매혹하다

He was fascinated by her charming smile.

그는 그녀의 상큼한 미소에 반했다.

패셔니스타가 매혹적인 워킹을 선보였다.

□ 0833

thus [ðʌs]

따라서

Their parents approved, and thus they were married.

양쪽 부모가 승낙했다. 그래서 결혼했다.

대침으로 찔렸다. 그래서 피가 났다.

□ 0834

concession [kənséʃən]

양보, 권리

Our enemies will not win any concessions from us.

적들은 우리에게서 어떠한 권리도 얻어내지 못할 것이다.

콘셉트가 서지 않아 슬퍼하는 동료에게 아이디어를 양보했다.

□ 0835

uplift [ʌplíft]

사기를 북돋우다, 정신을 고양하다, 향상

He uplifted the company and made it great.

그는 회사를 훌륭하게 성장시켰다.

업스타일(up style)로 머리를 하고 리프트를 타는 여성을 보니 기분이 들떴다.

□ 0836

exceed [iksíːd]

넘어서다

His success exceeded their expectations.

그들이 기대한 이상으로 그는 성공했다.

"이 시도쯤이야" 하고 장애물을 뛰어넘었다.

☐ 0837

improper [imprάpər]

그릇된, 부당한

It is improper to address him by his first name.

성을 빼고 그의 이름을 부르는 것은 부적절하다.

인감도장을 위조하는 프로들이 있다는데 그릇된 행동이다.

☐ 0838

hunch [hʌntʃ]

예감, 직감

I have a hunch he will win.

그가 이길 것 같은 예감이 든다.

한낮에 채가는 강도가 왔다는 예감이 들었다.

☐ 0839

morbid [mɔ́:rbid]

병적인, 불건전한

The morbid boy cannot walk and does not eat much.

병약한 소년은 걷지 못했고 조금밖에 먹지 않았다.

모처럼 빌린 돈이 불건전 대출이었다.

☐ 0840

retrieve [ritrí:v]

검색하다

They were able to retrieve some information from the library.

그들은 도서관에서 몇 가지 정보를 검색할 수 있었다.

리본과 크리스마스트리를 인터넷으로 검색해서 구매했다.

□ 0841

express [iksprés]

표현하다

Can you express how you feel right now?

지금 기분이 어떤지 표현할 수 있나요?

익스프레스(Express: 급행열차)가 빠르게 달리는 장면을 표현했다.

□ 0842

compromise [kámprəmàiz]

타협

After a long debate, they made a compromise.

오랜 토론 끝에 그들은 타협했다.

큰 풀이 있으면 미끄러질 테니 이 정도로 타협했다.

□ 0843

foundation [faundéiʃən]

재단, 창립, 기반, 토대

The foundation helped many poor children go to college.

그 재단은 수많은 가난한 아이들이 대학을 갈 수 있도록 지원했다.

파운데이션이 날개 돋친 듯 팔려서 재단을 만들었다.

□ 0844

obtain [əbtéin]

얻다, 획득하다

They obtained their wealth in the stock market.

그들은 주식 투자로 부를 얻었다.

"오빠, 등에 태워줘~" 동생은 어리광을 부리면서 공주 대접을 받는다.

□ 0845

surgical [sə́:rdʒikəl]

외과의

The doctor wore a surgical mask and surgical gloves.

의사는 수술용 마스크와 장갑을 착용했다.

외과의사가 서둘러 집도할 칼을 들었다.

□ 0846

commitment [kəmítmənt]

약속

I'm sorry, I already have a commitment this evening.

미안해. 오늘 저녁은 선약이 있어.

코믹한 멘트로는 약속된 프로포즈를 할 수 없다.

□ 0847

bizarre [bizá:r]

기이한

The bizarre movie made everyone confused.

이 기괴한 영화를 본 관객은 다들 혼란스러워했다.

"입국 비자(visa)? 어라? 없어!" 하고 별난 행동을 보였다.

□ 0848

reform [rifɔ́:rm]

개선하다, 개혁하다, 교정하다

Some people want to reform the school system.

일부 사람들은 학교 제도를 개혁하고 싶어 한다.

시설을 리폼(재정비)한 덕에 근무 환경이 개선되었다.

□ 0849

courteous [kə́:rtiəs]

정중한, 예의 바른

The service was courteous and we gave it 5 stars.
정중한 서비스를 받아서 우리는 별 다섯 개를 주었다.

컨디션에 상관없이 왕은 늘 정중하게 행동했다.

□ 0850

absolutely [æbsəlú:tli]

절대적으로, 틀림없이

I can absolutely recommend this hotel!
난 전적으로 이 호텔을 추천해.

애써 화해해도 루머는 틀림없이 생긴다.

□ 0851

sue [su:]

고소하다

He sued them for one million dollars, and he won.
그는 그들을 상대로 100만 달러짜리 소송을 걸어 승리했다.

수술이 잘못되면 의료 소송을 당하기도 한다.

□ 0852

notion [nóuʃən]

의견, 개념

Do you agree with his notion that Japan needs an army?
군대가 필요하다는 일본 측 의견에 동의하십니까?

노신사의 반대 의견에 당황스러웠다.

☐ 0853

incompatible [inkəmpǽtəbl]

양립할 수 없는, 어울리지 않는

They are incompatible people, and will never be friends.
그들은 성미가 맞지 않아서 결코 친구가 될 수 없을 것이다.

내 수입(income)으로는 파티는 별로 어울리지 않는다.

☐ 0854

polite [pəláit]

예의 바른, 공손한

Being polite is important in many cultures.
예의 바른 태도는 여러 문화권에서 중요하다.

폴리스(police: 경찰)를 바라보며 할머니가 공손히 합장했다.

☐ 0855

stifle [stáifl]

억누르다

The demonstration was stifled by the police.
경찰이 시위를 저지했다.

병원 스태프가 풀썩 주저앉은 유족의 행동을 막았다.

☐ 0856

transaction [trænsǽkʃən]

거래

Your transaction has been completed.
거래가 성사되었습니다.

트렁크를 입은 액션 스타와 거래를 맺었다.

☐ 0857

company [kʌmpəni]

친구, 일행, 회사

He keeps good company.
그는 친구들과 좋은 관계를 이어간다.

우리는 같은 회사(company)를 다니는 친구들이다.

☐ 0858

deviate [dí:vièit]

벗어나다, 빗나가다

The result deviates from the norm.
결과가 표준에서 벗어난다.

디자인을 구상하다가 그만 길에서 벗어나고 말았다.

☐ 0859

paycheck [péitʃek]

급여

I'll get my paycheck today, and I'll buy some food.
오늘 월급 받으니까 먹을 것 좀 사올게.

페이(pay: 보수)는 체크무늬로 담장을 칠한 뒤 받기로 했다.

☐ 0860

cursory [kə́:rsəri]

서두르는, 대충하는

Her check was cursory, and she missed the error.
그녀는 서둘러 검토하다가 실수한 대목을 놓치고 말았다.

커브 길에서 서두르면 위험하다.

□ 0861

obsess [əbsés]

(어떤 생각이 사람의 마음을) 사로잡다

She obsessed over her bad grade.
그녀는 나쁜 성적 때문에 끙끙 앓았다.

다이어트 중 먹을 것을 없애서 먹을 것 생각만 한다.

□ 0862

commit [kəmít]

(죄 · 과실 따위를) 범하다, 약속하다, ~에 위탁하다

He committed the crime and was sent to prison.
그는 범행을 저질러서 감옥에 갔다.

코 밑에 칼을 대고 위협하는 범죄를 저질렀다.

□ 0863

defeat [difíːt]

패배

The team exited the Olympics because of the defeat.
그 팀은 졌기 때문에 올림픽 경기장에서 퇴장했다.

디자인실 피팅 모델 심사에서 패배했다.

□ 0864

stimulate [stímjulèit]

자극하다

This leg kicks when that nerve is stimulated.
이 다리는 신경을 자극하면 발차기를 한다.

스팀에 물이 내려오는 것은 보일러에 자극을 주었기 때문이다.

☐ 0865

raw [rɔ:]

날것의

Raw eggs are not safe to eat in many countries.

많은 나라에서 날달걀 시식은 안전하지 않다고 한다.

감방으로 간 이유는 소의 생간을 팔았기 때문이다.

☐ 0866

forgive [fərgív]

용서하다, (빚 · 의무 따위)를 면제하다

His debt was forgiven.

그의 빚은 탕감되었다.

많이 먹기 대회에서 포기 선언을 하면 먹는 것이 면제된다.

☐ 0867

undeniable [əndinaiəbl]

부인할 수 없는

There is an undeniable link between cancer and radiation.

암과 방사선 사이에는 부인할 수 없는 연관성이 있다.

엉큼하게 손을 디밀어 맛본 것은 부인할 수 없는 사실이다.

☐ 0868

dissolve [dizɑ́lv]

녹이다

The chocolate dissolved in his mouth.

초콜릿이 그의 입안에서 녹아내렸다.

디저트로 나온 셔벗이 녹아내린다.

□ 0869

annual [ǽnjuəl]

해마다

The annual festival is held in January.

해마다 1월에 축제가 열린다.

"해피 뉴이어" 해마다 신년 와인이 출시된다.

□ 0870

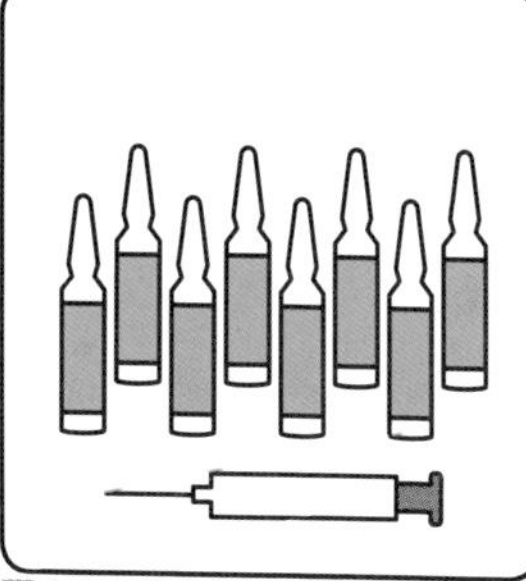

ample [ǽmpl]

충분한, 풍부한

They brought ample supplies on the camping trip.

그들은 캠핑 여행에 충분한 물품을 가져왔다.

주사에 주입할 앰풀은 충분하다.

□ 0871

reassure [riːəʃúər]

안심시키다

He reassured his mother that camping was safe.

그는 캠핑이 안전하다고 말하며 자신의 어머니를 안심시켰다.

다시(re) 장담해서(assure) 안심시킨다.

□ 0872

cosmopolitan [kɑ̀zməpɑ́lətn]

세계인, 국제적인

She is a cosmopolitan, having lived in Paris and Tokyo.

그녀는 파리와 도쿄에 오가며 사는 세계인이다.

코스모스를 폴리에틸렌 용기에 꽂으며 국제적인 감각을 선보였다.

☐ 0873

divide [diváid]

나누다, 분할하다

The class divided into two groups.

그 수업은 두 그룹으로 나뉘었다.

이것(This)을 사고(buy) 대금을 분할해서 주었다.

☐ 0874

cast [kæst]

던지다, 배역을 결정하다, 출연자

The fisherman cast his line into the river.

어부가 강에 낚싯줄을 던졌다.

캐스팅된 출연자가 관객석으로 꽃다발을 던졌다.

☐ 0875

postpone [poustpóun]

연기하다

The event has been postponed because of rain.

비 때문에 행사가 연기되었다.

포스트 박스에 편지를 넣으려다가 실수가 보여 다음으로 연기했다.

☐ 0876

cursive [kə́ːrsiv]

필기체의

Cursive handwriting is difficult to read.

필기체로 쓴 글씨는 읽기 어렵다.

커다란 선을 그으며 필기체를 연습해야 한다.

□ 0877

argument [ɑ́:rgjumənt]

논쟁, 토론

The argument convinced many people.
그 논쟁은 많은 사람을 설득시켰다.

아귀가 맞지 않는 말만하니 논쟁거리만 된다.

□ 0878

trial [tráiəl]

재판, 시도

Will he be found guilty or innocent by the trial?
그 남자는 재판에서 유죄 판결을 받을까, 무죄 판결을 받을까?

재판을 시도(try)하는 것은 어렵다.

□ 0879

cubicle [kjú:bikl]

(사무실 등의 1인용) 칸막이 부스

She sat in a cubicle all day and worked.
그녀는 하루 종일 칸막이 사무실에 앉아 일했다.

큐브(cube: 정육면체) 형태 부스에서 일한다.

□ 0880

previous [prí:viəs]

이전의, 앞선

Her previous boyfriend was a chef.
그녀의 전 남자 친구는 요리사였다.

프리티한(pretty: 귀여운) 피어스(pierce: 뚫다, 액세서리)는 전 남자 친구가 준 선물이다.

☐ 0881

secure [sikjúər]

안전한

This is a secure phone line, so you may speak privately.
이 전화선은 보안 장치가 설치되었으므로 사적인 내용을 말씀하셔도 괜찮습니다.

비싼 가방은 시크릿하게 고치는(cure) 것이 안전합니다.

☐ 0882

brochure [brouʃúər]

(안내 · 광고용) 책자

I followed the instructions written on the brochure.
나는 안내 책자에 적힌 지시를 따랐다.

브로치(broach: 장신구)가 날아와 안내 책자를 뚫어 버렸다.

☐ 0883

empathy [émpəθi]

공감, 감정이입

I feel empathy toward poor people, because I was poor once.
난 예전에 가난했기 때문에 형편이 딱한 사람들을 보면 공감이 간다.

인연이라는 느낌이 퍼뜩 들었다고 둘 다 공감했다.

☐ 0884

pension [pénʃən]

연금

When I retire, I will live off of my pension.
은퇴하면 연금을 받아 살 것이다.

연금 삼아 펜션을 경영한다.

☐ 0885

extent [ikstént]

확장하다

He extended his hands to catch the ball.
그는 공을 잡으려고 손을 뻗었다.

X 방향으로 텐트를 펼쳤다.

☐ 0886

indecent [indíːsnt]

품위 없는, 점잖지 못한

This magazine is too indecent to be read at work.
이 잡지는 직장에서 읽기에는 너무 외설적이다.

인도에서 쎈 척하는 것은 품위없는 행동이다.

☐ 0887

fitfully [fítfəli]

끊어졌다 이어졌다 하는, 불규칙적으로

They slept fitfully, working through the night.
그들은 간간히 쪽잠을 자면서 밤새 일했다.

피트니스 클럽의 훌라댄스 강습을 배우다 말다 했다.

☐ 0888

laboratory [lǽbərətɔ̀ːri]

연구소, 실험실

They do research in the laboratory.
그들은 실험실에서 연구한다.

러브레터를 조사하는 연구소가 있다.

□ 0889

congestion [kəndʒéstʃən]

정체, 밀집

The congestion in the tunnel slowed their speed.
터널이 혼잡해서 속도가 떨어졌다.

콘서트 늦겠다. 젠장 왜 이리 정체가 심한 거야!

□ 0890

context [kάntekst]

문맥, 상황

To understand this sentence, you must understand its context.
이 문장을 이해하려면 문맥을 이해해야 한다.

큰 텍스트로 써 있는 암호를 문맥에 맞게 해석했다.

□ 0891

conclude [kənklúːd]

결론짓다

She concluded that her work would take eight hours.
그녀는 자신의 일이 8시간 걸릴 것이라고 결론지었다.

내일은 콩쿠르가 있으니 그만 마시기로 결론지었다.

□ 0892

booming [búːmiŋ]

인기 상승의, 호황을 누리는

The economy was booming in the 1980s.
1980년대는 경제 호황기였다.

인도 카레 붐이 일어 카레 제조사가 호황을 누린다.

0893

exclusive [iksklúːsiv]

배타적인, 독점적인

They discussed the Exclusive Economic Zone.
그들은 배타적 경제수역에 대해 논의했다.

이구아나가 입수 후 큰 섬으로 가서 배타적인 생활을 하고 있다.

0894

flu [fluː]

감기

Everyone has the flu at the office!
사무실에 있는 모든 사람이 감기에 걸렸어!

푸르르 떨리는 이유는 감기 때문이다.

0895

temper [témpər]

(걸핏하면 화를 내는) 성질, 울화통, 기분

His temper is bad when it is hot outside.
그는 바깥 날씨가 더울 때면 성질을 부렸다.

템포가 빠른 음악을 들으니 기분이 좋아진다.

0896

basis [béisis]

기초, 토대, 근거

He broke up with her on the basis that she is lazy.
그는 그녀가 게으르다는 이유로 헤어졌다.

합주할 때 베이시스트는 박자를 잡아주는 토대 역할을 한다.

☐ 0897

interpret [intə́:rprit]

통역하다, 해석하다

I don't understand Japanese, so please interpret what he is saying.
저는 일본어를 모르니까 남자분이 하는 말을 통역해주세요.

☺ 인터체인지에서 푸딩을 먹고 있는 사람이 통역사다.

☐ 0898

distinct [distíŋkt]

뚜렷한, 특유의

We heard his distinct voice, and we knew he was coming.
그 남자 특유의 목소리가 들려서 우리는 그가 도착했다는 사실을 알았다.

☺ 디스(this) 탱크톱(tank top: 민소매 상의)은 뚜렷한 특징이 있다.

☐ 0899

subsidiary [səbsídièri]

자회사

Parent companies have subsidiary companies.
모기업은 자회사를 거느린다.

☺ 서부 지역의 자회사가 눈사태로 고립되었다고 적힌 다이어리(diary: 일기)가 발견되었다.

☐ 0900

obstruct [əbstrʌ́kt]

방해하다, 가로막다

The truck was obstructed by the tree in the road.
도로에 쌓인 나무 때문에 트럭이 가로막혔다.

☺ 옥상에 트럭 장난감이 통행을 가로막고 있다.

□ 0901

peel [piːl]

(과일 · 채소 등의) 껍질, 껍질을 벗기다

Peel the peel off an orange, please.
오렌지 껍질을 벗겨주세요.

피부가 타서 껍질이 벗겨진다.

□ 0902

clemency [klémənsi]

(죄인이나 처벌 등에) 관대한 처분, 자비, 온유

The judge granted clemency to the criminal.
판사는 범죄자에게 사면을 베풀었다.

연말에 큰 라면을 시식하는 온정을 베풀었다.

□ 0903

legacy [légəsi]

유산

His legacy will last forever.
그의 유산은 영원할 것이다.

레고로 만든 집에 유산을 숨겨두었다.

□ 0904

compassion [kəmpǽʃən]

연민, 동정심

Compassion is understanding how others feel.
연민이란 타인이 어떻게 느끼는지 이해하는 것이다.

실연당한 친구에게 연민을 느껴 콤팩트(작은)한 성의를 보였다.

□ 0905

contract [kántrækt]

계약서

They both signed the contract.
둘 다 계약서에 서명했다.

"콩트 활동(act)은 즐거워"라며 계약서에 사인했다.

□ 0906

litter [lítər]

(쓰레기 등을) 버리다, (공공장소에 버려진) 쓰레기

It is a crime to litter in a park.
공원에 쓰레기를 버리는 것은 범죄다.

1리터짜리 페트병을 내버렸다.

□ 0907

infringe [infríndʒ]

(법규를) 위반하다, (권리를) 침해하다

Don't look through the window and infringe upon her privacy.
창문으로 그녀의 사생활을 훔쳐봐서는 안 된다.

인도에서 푸른 불이 아닐 때 지나가면 교통법규 위반이다.

□ 0908

sparsely [spá:rsli]

드문드문, 성기게, 빈약하게

It is difficult to live where food grows sparsely.
식료품을 구하기 어려운 곳에서는 살기 힘들다.

스파에 온 사람이 3(three)명뿐일 정도로 손님이 드물다.

□ 0909

narrative [nǽrətiv]

이야기, 화자

The Tale of Genji is Japan's most famous narrative.
겐지 이야기는 일본에서 가장 유명한 이야기다.

나라마다 전해오는 터부시되는 이야기가 있다.

□ 0910

descent [disént]

하강

Our descent of Mt. Seorak started in the afternoon.
우리는 오후에 설악산을 하산했다.

뒤에 쎈 트럭이 들이받아 기차가 하강했다.

□ 0911

benefit [bénəfit]

이익, 혜택

Eating broccoli benefits your health.
브로콜리를 먹는 것은 건강에 이롭다.

배가 나와 피트니스 클럽에 갔더니 가격 혜택을 받았다.

□ 0912

curator [kjuəréitər]

(박물관 · 도서관 등의) 학예사, 큐레이터

The curator of the museum led the tour.
박물관의 큐레이터가 관광객들을 이끌었다.

달의 크레이터(분화구)에 대해서 큐레이터가 설명해 주었다.

☐ 0913

amicable [ǽmikəbl]

우호적인, 원만한

She is amicable and has many friends.

그녀는 성격이 원만해서 친구가 많다.

에미상 수상자는 케냐 부족 출신으로 모두에게 우호적인 배우다.

☐ 0914

notorious [noutɔ́:riəs]

악명 높은

He was notorious for killing his enemies.

그는 적을 죽이는 것으로 악명 높았다.

악명 높은 녀석에게 노트를 돌려받을 수는 없었다.

☐ 0915

confound [kanfáund]

혼동하다, 당황케 하다

She was confounded by their questions and she panicked.

그녀는 그들이 던지는 질문에 당황해서 어쩔 줄 몰라 했다.

콘서트에 온 팬끼리 싸움이 붙어서 당황스럽다.

☐ 0916

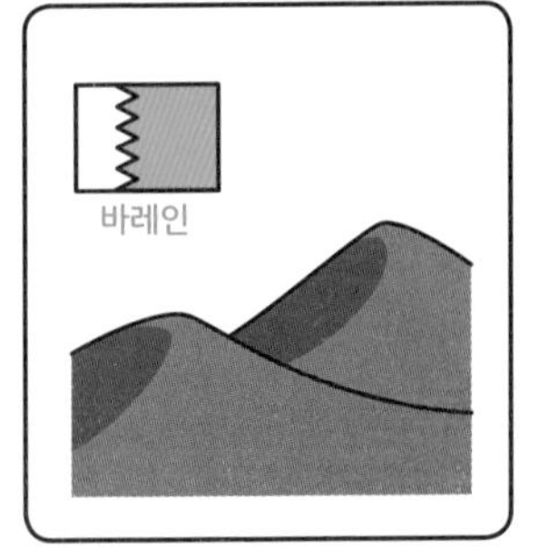

barren [bǽrən]

불모인, 비생산적인

The desert was barren and nothing grew there.

사막은 불모지라서 어떤 식물도 자라지 않는다.

바레인의 토지는 불모지다.

□ 0917

proficient [prəfíʃənt]

능숙한, 숙련된

He was proficient enough at swimming to enter the Olympics.
그는 올림픽에 나갈 만큼 수영을 아주 잘한다.

상대의 프로필을 선택해주는 숙련된 직원이 있다.

□ 0918

decrepit [dikrépit]

노쇠한, 황폐한

The decrepit old man sat in his chair all day.
노쇠한 노인은 하루 종일 의자에 앉아 있었다.

대형 크레파스로 낡은 그림을 슥삭슥삭 수정했다.

□ 0919

devout [diváut]

신앙심이 두터운, 독실한

Devout Christians and Muslims pray many times a day.
독실한 기독교인이나 이슬람교도는 하루에 여러 번 기도한다.

DVD에 저장된 아버지 사진을 보면서 기도 드릴 만큼 신앙심이 두텁다.

□ 0920

compliment [kámpləmənt | kɔ́m]

찬사

He said a compliment to her and she smiled.
그가 그녀를 칭찬하자 그녀는 미소 지었다.

콘플레이크를 면에 얹은 제품이 출시되자 찬사가 쏟아졌다.

☐ 0921

courier [kə́:riər]

택배

The letter was couriered to him by a boat.

그 편지는 보트로 그에게 배달되었다.

커리어(career: 경력)를 숨기고 얼음 배달을 하고 있다.

☐ 0922

enormous [inɔ́:rməs]

거대한, 막대한

An elephant is an enormous animal.

코끼리는 거대한 동물이다.

이가 노란 마우스(쥐)를 거대하게 그렸다.

☐ 0923

wealth [welθ]

부, 재산

The man worked hard and had wealth, but he was not happy.

그 남자는 열심히 일해서 부자가 되었지만 행복하지 않았다.

부자들은 대체로 웰빙을 추구한다.

☐ 0924

revise [riváiz]

수정하다

Please read your essay again and revise it.

에세이를 다시 읽고 수정해 주세요.

리바이스 진을 수선했다.

□ 0925

decade [dékeid, dikéid]

10년간

What were you doing a decade ago?
10년 전에 뭐했어요?

10년간 기른 금붕어는 되게 크다.

□ 0926

expertise [èkspərtí:z]

전문 지식

Her expertise is design because she went to design school.
그녀는 디자인 학교를 나와서 전문 분야가 디자인이다.

엑스 제과점 파티시에는 디저트 관련 전문 지식이 있다.

□ 0927

recess [risés]

(의회 등의) 휴회, (법정의) 휴정

We will take a short recess, and meet again in 10 minutes.
잠시 쉬었다가 10분 후 다시 봅시다.

리셋(reset: 재정비)할 겸 사과를 먹으면서 잠시 쉬었다.

□ 0928

induce [indjú:s]

야기하다, 유발하다

If you drink too much alcohol, it may induce vomiting.
술을 너무 많이 마시면 토할 수도 있다.

인도 여행할 때 마신 주스가 상했는지 설사를 일으켰다.

☐ 0929

loyalty [lɔ́iəlti]

충성(심)

We are loyal to our company, and we will not quit.

우리는 회사에 충성을 다한 만큼 퇴사하지 않을 것이다.

로열패밀리(royal family: 왕족)라서 그런지 감옥에서도 충성스런 하인이 티(tea: 차)시중을 들었다.

☐ 0930

distribution [dìstrəbjúːʃən]

판매, 유통

The product has been distributed to consumers in Korea.

그 제품은 한국의 소비자들에게 유통되었다.

이(This) DVD를 판매해서 번 돈을 돼지 저금통에 넣었다.

☐ 0931

passion [pǽʃən]

열정

He has a passion for photography, and he loves taking pictures.

그는 사진에 열정이 있어서 사진 찍기를 좋아한다.

패션쇼 뒤풀이 파티에서 만난 모델에게 열정적으로 다가갔다.

☐ 0932

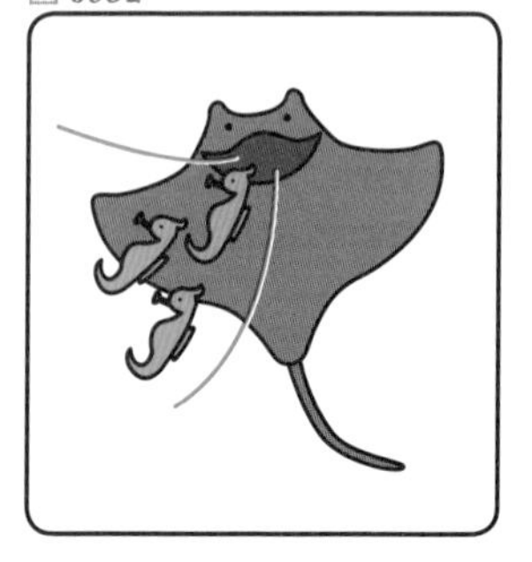

prey [prei]

먹이, 희생

A mouse is a cat's prey.

쥐는 고양이의 먹이다.

플랑크톤은 가오리의 먹이다.

☐ 0933

simultaneously [sàiməltéiniəsli]

동시에

They laughed simultaneously when they heard the funny story.

그들은 재미있는 이야기를 듣는 동시에 웃었다.

😊 사인에다 몰래 태양을 그리느라 손에서 동시에 땀이 났다.

☐ 0934

religious [rilídʒəs]

독실한, 종교에 관한

Religious people pray many times a day.

독실한 신자라서 하루에 여러 번 기도한다.

😊 릴리(lily: 백합)와 자스민 차가 독실한 신자들 사이에서 인기다.

☐ 0935

plunge [plʌndʒ]

밀어 넣다, 빠져들다

She plunged into the river to save the boy.

그녀는 소년을 구하기 위해 강으로 뛰어들었다.

😊 플랜을 죽 보더니 강물로 뛰어들었다.

☐ 0936

indignant [indígnənt]

분개한

She was indignant when her friend was mean to her.

그녀는 친구들이 못되게 굴자 몹시 화를 냈다.

😊 인도군은 도둑이 난(Naan)을 훔쳐가자 분개했다.

☐ 0937

colleague [kάli:g]

동료

After work, I went drinking with my colleagues.

퇴근 후 동료들과 술 마시러 갔다.

동료는 카레라이스와 규동을 단숨에 먹어치웠다.

☐ 0938

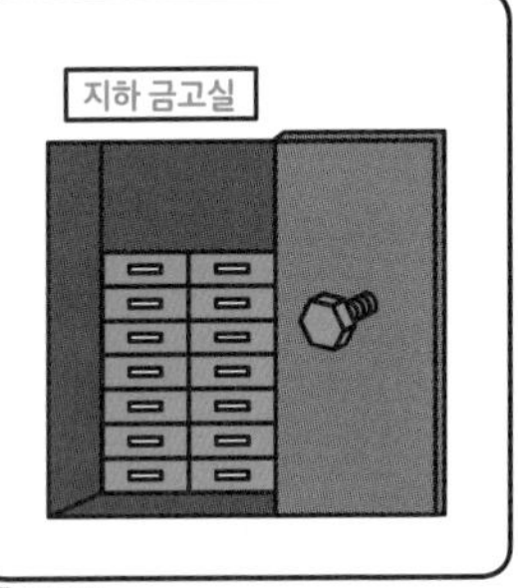

vault [vɔ:lt]

지하 금고, 귀중품 보관실

The vault is full of money.

금고에 돈이 가득하다.

볼트가 지하 금고실 문에 박혀 있었다.

☐ 0939

petty [péti]

속 좁은, 사소한

He complains about petty things and nobody listens.

그가 별것도 아닌 일에 불평을 해대자 다들 못 들은 척했다.

페트병을 길에 함부로 버리는 그는 속 좁은 사람이다.

☐ 0940

condolence [kəndóuləns]

애도, 문상

Please send my condolences to her about the death of her mother.

어머니의 죽음을 애도한다고 그녀에게 전해주세요.

콘도에서 연수 중 불의의 사고로 돌아가신 분을 애도했다.

□ 0941

con [kan]

반대, 사기 치다

There are pros and cons.
장단점이 있다.

콘테스트 중이라 부모님이 혼인 신고를 반대했다.

□ 0942

impersonate [impə́:rsənèit]

~로 분장하다, 가장하다

He impersonated a monster and scared the children.
그는 괴물로 분장하여 아이들을 겁주었다.

임팩트 있는 소녀 역할로 분장하여 열연을 펼쳤다.

□ 0943

description [diskrípʃən]

묘사, 서술

Please write a description of this painting.
이 그림에 대해서 서술해주세요.

데스크에 클립이 서 있는 장면을 묘사하다.

□ 0944

disguise [disgáiz]

변장시키다

This guide is wearing a disguise.
이 안내자는 변장을 하고 있다.

디스(This) 가이(guy)를 변장시켰다.

☐ 0945

corrosion [kəróuʒən]

부식, 침식

The chemical prevents the corrosion of steel.

그 화학 물질은 강철의 부식을 방지한다.

고급 로션의 용기가 부식됐는지 피부에 녹물이 묻었다.

☐ 0946

huddle [hʌdl]

떼 지어 모이다, (춥거나 무서워서) 몸을 움츠리다

The team huddled and talked about their next play.

그 팀은 모여서 다음 경기에 대해서 이야기했다.

허들 경기를 보려고 관중이 모여들었다.

☐ 0947

clarify [klǽrəfài]

명백히 하다

Please clarify this sentence for me.

이 문장이 정확히 무슨 뜻인지 제게 설명해주세요.

불을 끌려고 하니 환해지며 주변이 확실히 보였다.

☐ 0948

negate [nigéit]

~을 무효로 하다

This medicine will negate the poison.

이 약은 독성을 해독한다.

내가 가진 트럭 면허증은 무효가 되었다.

□ 0949

constitution [kὰnstətjúːʃən]

헌법, 구조

The constitution is being changed.
헌법이 바뀌고 있다.

결혼 후 관습에 따라 두개의 성을 사용해도 헌법상 문제되지 않는다.

□ 0950

sarcastic [saːrkǽstik]

비꼬는, 냉소적인

His sarcastic joke was not understood and nobody laughed.
그가 비꼬는 농담을 알아듣기는커녕 웃는 사람조차 없었다.

산을 걷는 데 스틱을 이용하자 사람들이 비꼬았다.

□ 0951

temporary [témpərèri]

일시적인, 한때, 임시

The pain is temporary, and it will stop soon.
통증은 일시적이고 곧 멈출 것입니다.

덴푸라를 한때 잔뜩 먹었다.

□ 0952

perish [périʃ]

(사고, 재해 등으로) 죽다, 비명횡사하다

All of the crew perished when the boat sank.
배가 침몰해서 모든 선원이 목숨을 잃었다.

페리호(ferry boat: 연락선)의 탑승자가 사망했다.

☐ 0953

moderate [mɑ́dərət]

보통의, 적당한

Here is a moderate portion of rice.
밥이 적당량 있습니다.

모델을 보면 보통 남자들은 쑥스러워한다.

☐ 0954

pursue [pərsúː]

추구하다, 추적하다

The police pursued the criminal all night.
경찰은 밤새도록 범인을 추적했다.

패트롤 카(patrol car: 경찰차)가 슝하고 달리며 범인을 추적했다.

☐ 0955

condemn [kəndém]

비난하다, 규탄하다, 선고를 내리다

He condemned his wife for being lazy.
그는 아내가 게으르다고 비난했다.

"껌이 대체 무슨 맛인지 모르겠어" 하고 비난했다.

☐ 0956

cope [koup]

대처하다

We will cope with the losses and do better next year.
손실에 잘 대처하여 내년에는 개선되도록 하겠습니다.

컵이 깨져서 적절히 대처했다.

□ 0957

boring [bɔ́:riŋ]

지루한

The class was boring and I fell asleep.
수업이 지루해서 잠들어버렸다.

볼링 대회는 지루했다.

□ 0958

nominally [nάmənəli]

명목상, 표면상

The president is only nominally in charge.
대통령은 명목상의 책임밖에 없다.

남이 놀리는 내 상처는 명목상 피부병이다.

□ 0959

predecessor [prédəsèsər]

전임자

The new president's policies are the same as his predecessor's.
새 대통령의 정책은 전임자의 정책과 같다.

플레이어 뒤에 서서 잔소리하는 사람은 전임자다.

□ 0960

attitude [ǽtitjù:d]

태도

He had a bad attitude about losing.
그는 질 때마다 부적절한 태도를 보였다.

에티켓도 없이 퉁명스러운 태도를 보였다.

□ 0961

remark [rimάːrk]

발언, 견해

She always has something to say, remarking about everything.

그녀는 늘 할 말이 있다며 사사건건 한마디씩 했다.

리먼 쇼크 관련해서 의견을 밝히다.

□ 0962

fatal [féitl]

치명적인

The injury was fatal, and he died.

그 남자는 치명적인 부상을 입어서 사망했다.

페이(pay: 급여) 지급에 탈이 있는 회사는 재정이 치명적이다.

□ 0963

pastime [pǽstàim]

여가 활동, 취미

My favorite pastime is golf.

내가 가장 좋아하는 취미는 골프다.

여가 시간에는 "패스!", "타임!" 하며 공을 가지고 논다.

□ 0964

vow [vau]

맹세하다

They said their wedding vows in the church.

그들은 교회에서 결혼 서약을 했다.

보트에 오른 커플이 사랑을 맹세했다.

□ 0965

insolvency [insálvənsi]

변제 불능, 파산

The company closed because of insolvency.
그 회사는 파산해서 문을 닫았다.

이너 솔(inner sole: 안창)을 변상해달라는데 파산해서 변제할 수가 없다.

□ 0966

halt [hɔːlt]

세우다, 중단시키다

The train slowly halted at the station.
기차가 역에서 천천히 멈췄다.

홀을 파서 차를 세우도록 했다.

□ 0967

usher [ʌʃər]

안내하다

I will usher you to your seat in the theater.
극장 내 고객님 자리로 안내해드리겠습니다.

"어서 가자"라는 말과 함께 손으로 길을 가리켰다.

□ 0968

aptitude [ǽptətjùːd]

재능, 적성

She has an aptitude for language, and she speaks French and English.
그녀는 언어에 소질이 있어서 불어와 영어를 구사한다.

업스타일 머리를 한 선수는 태도가 좋고 재능이 뛰어나다.

☐ 0969

indicate [índikèit]

나타내다, 표시하다

Please indicate which answer is correct by circling it.

동그라미를 쳐서 정답을 표시해주세요.

인도인이 잡은(catch) 털실을 손으로 가리켰다.

☐ 0970

alien [éiljən, -liən]

외국의, 이질적인, 색다른

The illegal alien is held at the immigration detention center.

불법 체류자가 출입국 관리소에 수감되었다.

외국인은 얼른 색다른 쇼를 선보였다.

☐ 0971

fabric [fæbrik]

천, 직물

This fabric is very soft and comfortable to wear.

이 옷감은 매우 부드럽고 착용감이 편안하다.

파브르는 곤충을 한 마리씩 천으로 감쌌다.

☐ 0972

proof [pru:f]

증명, ~에 견디는, 안전한

You need proof of your identity.

당신의 정체를 증명할 신분증명서가 필요하다.

워터프루프(waterproof: 방수) 기능을 증명해보였다.

□ 0973

virtual [və́:rtʃuəl]

가상의, 실질적인

Virtual reality has quickly developed.
가상현실이 빠르게 발전했다.

벌칙으로 가상현실에서 나이 든 아내와 연애하는 체험을 했다.

□ 0974

wholesome [hóulsəm]

건강에 좋은

A wholesome breakfast is important.
건강에 좋은 아침식사는 중요하다.

홀(hall: 회관)이 점점 쌀쌀해졌지만 건강에는 오히려 좋다.

□ 0975

poise [pɔiz]

몸가짐, 균형, 안정

He poised himself on the log.
그는 통나무 위에서 균형을 잡았다.

안정감 있는 포즈로 캔을 내던졌다.

□ 0976

mythology [miθɑ́lədʒi]

신화(학)

Mythology has old stories to explain events.
신화에는 사건을 설명하는 옛이야기가 담겨 있다.

미소(일본식 된장)를 지장보살에게 바치는 신화가 있다.

□ 0977

amenity [əménəti, əmí:nəti]

편의 시설, 호텔에서 제공하는 서비스 용품

Hotel amenities include air conditioning and towels.
호텔 편의 시설로 에어컨과 타월이 구비되어 있습니다.

호텔에서 고객 편의를 위해 아침부터 매너 있게 티(tea)를 제공했다.

□ 0978

acquaint [əkwéint]

숙지하다, 안면이 있다

They are well acquaint with one another.
그들은 서로 잘 안다.

이 국을 끓일 때는 꼭 거품을 걷어내야 한다는 점을 숙지하세요.

□ 0979

competent [kámpətənt]

능력 있는

He is competent in English, and speaks well.
그는 영어가 유창할 뿐 아니라 언변이 뛰어나다.

콤펙트한 공간에 공을 넣을 만큼 능력이 뛰어나다.

□ 0980

rundown [rəndaun]

요약, 개요

Let me give you the rundown of the situation.
상황을 요약해서 말씀드리겠습니다.

러닝 코스로 다운타운(downtown)을 달리니 마을의 윤곽이 파악된다.

☐ 0981

prominent [prάmənənt]

두드러진, 주목을 끄는

Her prominent knowledge is valuable.

그녀의 탁월한 식견은 (공유할) 가치가 있다.

프로 축구 선수는 공을 밀고 넣는 재능이 두드러진다.

☐ 0982

cause [kɔːz]

초래하다, 원인이 되다

The cause of the fire was a cigarette.

화재 원인은 담배였다.

호우 범위가 커져 홍수의 원인이 되었다.

☐ 0983

precious [préʃəs]

소중한

My grandfather's watch is precious to me.

할아버지의 시계는 내게 소중하다.

프레젠트(present: 선물)로 받은 식초는 귀중하다.

☐ 0984

controversial [kὰntrəvə́ːrʃəl]

논쟁의 여지가 있는, 갈등을 빚는

The change to the law is controversial.

법 개정은 논란의 여지가 있다.

콘트라베이스 연주가 멈춰 논란이 되었다.

☐ 0985

chronological [kranəladʒikəl]

연대순으로 배열한

The books were arranged in chronological order.
책은 연대순으로 배열되어 있다.

고령의 노인이 태어난 연대순으로 서 있다.

☐ 0986

lawsuit [lɔsut]

소송

He is facing a lawsuit about his teaching methods.
그는 교수법에 대한 소송에 직면해 있다.

그 선수의 의욕 없는 낮은 슛(low shoot)은 소송으로 번졌다.

☐ 0987

refund [rifʌnd]

환불하다, 반품하다

This watch is broken, so can I get a refund?
이 시계가 고장 났는데 환불받을 수 있나요?

증권사로부터 다시(re) 펀드 금액을 환불받았다.

☐ 0988

quotation [kwoutéiʃən]

견적, 인용

We will give you a quotation by the end of the month.
이달 말까지 견적을 보내드리겠습니다.

퀘스천 마크(question mark)를 본뜬 조각품의 견적을 의뢰했다.

□ 0989

nuisance [njúːsns]

골칫거리, 귀찮은 사람

It is a nuisance to wake up early and take out the trash.
일찍 일어나서 쓰레기를 버리는 것은 귀찮은 일이다.

새로운(new) 센스가 없는 사람은 골칫거리다.

□ 0990

nudge [nʌdʒ]

팔꿈치로 살짝 밀기

The wine spilled when I nudged it.
팔꿈치로 툭 치는 바람에 와인이 쏟아졌다.

넉살 좋게 팔꿈치를 툭툭 쳤다.

□ 0991

revolt [rivóult]

반기를 들다

The people are in revolt against the king.
국민들은 왕에게 반기를 들었다.

리브 스테이크(rib steak)를 불에 태우자는 셰프에게 반기를 들었다.

□ 0992

besides [bisáidz]

게다가, ~외에

Besides being rich, he is also handsome!
그 남자는 부자인 데다 잘생겼어!

정면 외에 비교적 사이드(측면)도 잘 보이는 거울이다.

☐ 0993

congregate [káŋgrigèit | kɔ́ŋgrigèit]

모이다

People are congregating at the church.

사람들이 교회에 모여 있다.

콩글리쉬를 하는 사람들이 게이트(gate: 문) 앞에 모여 있다.

☐ 0994

authorize [ɔ́:θəràiz]

승인하다, 위임하다

You are not authorized to use this account.

이 계정을 사용할 수 있는 권한이 없습니다.

"오케이, 소라색으로 하자." 상사가 승인했다.

☐ 0995

twitch [twitʃ]

잡아끌다, 씰룩거리다, 경련하다

He twitched the boy by the shirt.

그는 소년의 셔츠를 잡아당겼다.

트위터 친구가 만나자마자 사과하라며 팔을 잡아끌었다.

☐ 0996

sentiment [séntəmənt]

감정, 정서

While I understand your sentiment, I must refuse.

네 심정은 이해하지만 거절할 수밖에 없다.

센티멘털한 기분에 사로잡힌 군인.

☐ 0997

affluent [ǽfluənt]

부유한, 풍요한

He is an affluent person.
그는 부유한 사람이다.

애플 주식이 올라 부자가 되었다.

☐ 0998

flicker [flíkər]

(빛이) 아른아른, (나뭇잎 따위가) 하늘하늘

You can see the flickering stars in the night sky.
밤하늘의 반짝이는 별들이 보인다.

플레어스커트를 입고 하늘하늘 춤춘다.

☐ 0999

extension [iksténʃən]

내선번호, 확장, 연장

May I have an extension on my homework?
숙제 기한을 연기할 수 있을까요?

에스테틱(aesthetic: 피부 관리실)에서 속눈썹 연장 상담을 받았다.

☐ 1000

recollection [rèkəlékʃən]

기억, 회상

I have no recollection of what happened last night.
어젯밤에 무슨 일이 있었는지 기억이 안 난다

레코드 컬렉션(collection: 수집)을 할 만큼 음악 마니아라서 상세 정보까지 기억한다.

□ 1001

plight [plait]

곤경, 역경, 궁지

Alcohol relieves the plight of man.
알코올은 인간의 고통을 덜어준다.

*프라모델에 털실이 걸려서 이러지도 저러지도 못하고 곤경에 처했다.
*Pla model. plastic model의 일본식 준말

□ 1002

brilliant [bríljənt]

훌륭한, 뛰어난, 반짝이는

The play was brilliant and it became popular.
그 연극은 완성도가 뛰어나서 인기를 끌었다.

부리나케 잉어를 턱 낚아챈 솜씨가 훌륭하다.

□ 1003

intimidate [intímədèit]

~을 협박하다

He intimidated their enemies by wearing masks.
그는 가면을 쓰고 적들을 협박했다.

인기 있는 마술팀을 데이트하던 남자가 협박했다.

□ 1004

poverty [pάvərti]

빈곤

She works hard, but she still lives in poverty.
그녀는 뼈 빠지게 일해도 여전히 가난하다.

가난한 집에는 파리, 벌레, 티끌이 발견된다.

□ 1005

deprive [dipráiv]

박탈하다

He was deprived of his freedom of speech.
그는 언론의 자유를 박탈당했다.

대형 프라모델을 크리스마스이브에 빼앗아갔다.

□ 1006

stationary [stéiʃənèri]

움직이지 않는, 정지된

The train remained stationary at the station.
열차가 역에 정차한 상태다.

스테이션(station: 역)에서 안내 방송이 나온 뒤부터 열차가 움직이지 않는다.

□ 1007

shipment [ʃípmənt]

선적, (화물의) 발송, 출하

The shipment will arrive in 2 days.
발송물은 이틀 뒤 도착할 예정입니다.

배(ship)로 멘치카츠(일본식 커틀릿)를 발송했다.

□ 1008

equivocal [ikwívəkəl]

수상쩍은, 애매한

Her equivocal speech was thought about in many different ways.
그녀의 연설은 모호해서 다양하게 해석되었다.

익히 듣던 보컬 대회에 참가한 그는 실력이 애매하다.

□ 1009

discord [dískɔ:rd]

불화, 부조화, 불일치

There is discord between Saudi Aravia and Iran.
사우디아라비아와 이란 사이에 불화가 있다.

"디스코 어때?"라고 메시지를 잘못 보냈다.

□ 1010

participation [pa:rtìsəpéiʃən]

참가, 참여

You will be graded based on your participation in class.
수업 참여도에 따라 등급이 매겨진다.

파티에 참가해서 신나게 놀았다.

□ 1011

pathetic [pəθétik]

측은한, 한심한

He is pathetic because he cannot do his job at all.
그는 일을 전혀 못하기 때문에 불쌍하다.

퍽 하고 세게 배를 치는데도 당하고만 있으니 불쌍하다.

□ 1012

correct [kərékt]

올바른

Your answer is correct!
정답입니다!

고로케를 고르셨군요. 정답입니다!

□ 1013

impatiently [impéiʃəntli]

초조하게, 성급하게

She impatiently waited for her boyfriend to arrive.
그녀는 남자 친구가 도착하기를 초조하게 기다렸다.

"은폐하지 못하면 틀림없이 큰일 나!" 사장은 초조했다.

□ 1014

courage [kə́:ridʒ]

용기

Living abroad takes courage.
해외에서 사는 것은 용기가 필요하다.

커리어를 지속하라고 남편이 말해주니 용기가 샘솟는다.

□ 1015

substantial [səbstǽnʃəl]

상당한, 충분한

There are a substantial amount of errors in that book.
그 책에는 상당한 오류가 있다.

지하철역(subway station)에 서 있는 사람들이 상당히 많다.

□ 1016

category [kǽtəgɔ̀:ri]

범주, 구분, 카테고리

Please choose a topic from this categories.
이 범주에서 항목을 선택하십시오.

카트 안의 고릴라는 따로 구분해 사육한다.

□ 1017

scribble [skríbl]

휘갈겨 쓰다, 마구 끼적거리다

She scribbled a note on the paper and ran away.

그녀는 종이에 메모를 휘갈겨 쓴 뒤 달아났다.

스크럽 세안제로 불도그 몸에 휘갈겨 글씨를 썼다.

□ 1018

imply [implái]

암시하다, 은연중에 풍기다

Her tone implied that she didn't believe him.

그녀의 말투에 그를 믿지 않는다는 사실이 은연중에 드러났다.

그 역술가는 임산부가 풀숲의 라이언에게 위협당할 것이라고 암시했다.

□ 1019

unanimous [ju:nǽnəməs]

만장일치의, 이구동성의

The bill was enacted through a unanimous vote.

그 법안은 만장일치로 통과되었다.

유난히 무섭게 눈이 내려 구조대를 기다리기로 만장일치를 보았다.

□ 1020

hamper [hǽmpər]

방해하다

The rain hampered their progress.

비가 오는 바람에 진행에 차질이 생겼다.

한파에 쓰러진 통나무가 진로를 방해했다.

□ 1021

circumstance [sə́:rkəmstæns]

상황, 환경

His circumstances should be considered.

그의 상황을 고려해야 한다.

성큼 다가온 자세(stance)를 보니 물기 일보 직전인 상황이다.

□ 1022

humble [hʌ́mbl]

겸손한, 초라한, 소박한

He was humble about how much he earned per month.

그는 월수입과 관련해서 겸손한 태도를 보였다.

허물이 벗겨진 불도그는 초라한 모습이 되었다.

□ 1023

docile [dɑ́səl]

온순한

The docile tiger wouldn't hurt a child.

온순한 호랑이는 아이를 해치지 않을 것이다.

독실한 신자인 남편은 온순한 사람이다.

□ 1024

individuality [indəvìdʒuǽləti]

개성

Individuality is highly valued in the United States.

개성은 미국에서 높이 평가된다.

인디언 비주얼을 선보여 개성이 넘친다는 평을 받았다.

□ 1025

proponent [prəpóunənt]

지지자

The Dalai Lama is a proponent of world peace.
달라이 라마는 세계 평화를 지지하는 사람이다.

프로포즈를 해준 너는 나의 평생 지지자다.

□ 1026

representative [rèprizéntətiv]

대표자

May we register you as the representative of the account?
당신을 은행 계좌의 대표자로 등록해도 괜찮을까요?

리플이 제일 탑에 오른 사람에게 대표로 상을 주었다.

□ 1027

falsify [fɔ́:lsəfài]

위조하다

They falsified records about how many people were killed.
그들은 얼마나 많은 사람이 죽임을 당했는지 기록한 자료를 위조했다.

"홀 지배인이다!" 하고 외친 사람은 신분을 위조했다.

□ 1028

geographical [dʒì:əgrǽfikəl]

지리적으로 말하자면, 지리학상의

Japan is geographically separated from other countries.
일본은 지리적으로 다른 나라와 떨어져 있다.

지도에 그래픽을 더하니 지리학적으로 더 뛰어나다.

☐ 1029

remuneration [rimjù:nəréiʃən]

보수

He will receive remuneration for his work.

그는 일한 대가로 보수를 받을 것이다.

레모네이드를 보수 대신 지급했다.

☐ 1030

evict [ivíkt]

쫓아내다

They were evicted from their apartment.

그들은 아파트에서 쫓겨났다.

이를 비트는 소리를 내는 사람을 쫓아냈다.

☐ 1031

perpetual [pərpétʃuəl]

영구적인

His position of power may be perpetual.

그의 권력은 영원할 것이다.

영원히 퍼펙트한 사랑을 맹세하며 츄~ 하고 뽀뽀했다.

☐ 1032

insult [insʌlt]

모욕

Please do not use insulting words in at work.

일터에서 모욕적인 발언은 삼가주시길 바랍니다.

인술하다 트집을 잡혀 모욕을 느꼈다.

□ 1033

attendee [ətèndíː]

출석자

The first attendees of the meeting arrived early.

회의의 첫 참석자는 일찍 도착했다.

어떤 데서도 그는 이름을 부르며 출석자를 확인한다.

□ 1034

dormant [dɔ́ːrmənt]

휴지 상태에 있는

The computer is dormant and cannot be used.

컴퓨터가 휴면 상태라서 사용할 수 없습니다.

도어맨이 문틈에 끼는 사고를 당한 바람에 휴직 중입니다.

□ 1035

currency [kə́ːrənsi]

화폐, 통화

Yen is the currency of Japan.

엔(円)은 일본의 화폐 단위다.

카레를 씹는데 뜻밖에 화폐가 나왔다.

□ 1036

renounce [rináuns]

포기하다, 단념하다

She will renounce her position as prime minister.

그녀는 총리직을 사퇴할 것이다.

비리를 저지른 아나운서가 방송을 중단하고 도망갔다.

□ 1037

proceed [prəsíːd]

진행하다, 계속하다

Please proceed to the next page.
다음 페이지로 넘어가자.

프로 선수가 시드권(출전권)을 얻을 때까지 계속 경기했다.

□ 1038

depress [diprés]

우울하게 하다

I was depressed by the test results.
나는 시험 결과에 낙담했다.

디스크를 밟는(press) 바람에 우울해졌다.

□ 1039

wreck [rek]

난파(선)

The ship was wrecked and many passengers died.
배가 난파되어 많은 승객이 죽었다.

내일 큰 파도가 온다면 난파 위험이 있다.

□ 1040

irritate [írətèit]

짜증나게 하다, 약 올리다

Their talking is irritating and I can't work.
그 사람들이 하는 말에 짜증이 나서 일을 할 수가 없다.

일어나기 싫어 투정하며 짜증을 부렸다.

□ 1041

strand [strænd]

떼, 군중

Some passengers were stranded on an island.
일부 승객이 섬에 발이 묶였다.

파업(strike: 스트라이크)의 랜드마크(landmark)인 강당에 군중이 모였다.

□ 1042

unearth [ənər:θ]

~을 파내다

An old statue was unearth.
오래된 조각상이 발굴되었다.

자신이 있는 곳을 기준으로 지구 아래쪽(under earth) 지반을 파내다.

□ 1043

obstinate [ɑ́bstənət]

완고한, 집요한

The obstinate old man can never be taught.
그 고집 센 영감은 절대 가르칠 수 없다.

"업어줘!" 하고 티나게 졸라대는 그녀의 부탁은 집요했다.

□ 1044

fold [fould]

접다

Please fold the futon and put it in the closet.
이불을 개서 옷장에 넣어 주세요.

포워드(forward) 선수처럼 접은 우산을 던졌다.

□ 1045

portray [pɔːrtréi]

묘사하다

This picture portrays the coldness of winter.

이 그림은 겨울의 차가움을 묘사하고 있다.

포기하지 않고 트레이(tray: 쟁반) 묘사를 계속했다.

□ 1046

suffocate [sʌfəkèit]

질식사하다

The victim was suffocated with a rope.

피해자는 끈으로 목이 졸려 사망했다.

서핑하다 포켓 안의 실이 걸려 질식사할 뻔하다.

□ 1047

supposition [sʌpəzíʃən]

추측, 가정

The supposition that all Americans eat bread is not true.

모든 미국인이 빵을 먹을 것이라는 추측은 잘못됐다.

사커(축구) 포지션을 상상했다.

□ 1048

deranged [diréindʒd]

정신 착란을 일으킨, 혼란스런

Years of suffering have deranged her mind.

수년간 고통을 겪은 탓에 그녀는 정신이 이상해졌다.

드러누운 자리에서 정신 착란이 왔다.

□ 1049

bleak [bli:k]

황량한, 으스스한

The bleak cafe did not have many customers.
그 으스스한 카페에는 손님이 별로 없었다.

브리프(brief: 남성 팬티)를 콱 물고 있는 개는 처량해 보였다.

□ 1050

intensive [inténsiv]

집중적인

Members of the gym will receive intensive training.
체육관 회원들은 집중 훈련을 받게 될 것이다.

닌텐도 DS를 별로 좋아하지 않지만 웬일로 집중해서 게임을 하고 있다.

□ 1051

instead [instéd]

~대신에

May I have water instead of tea?
차 대신 물을 주시겠어요?

인슐린 주사는 의료인을 대신해서 환자가 스스로 놓을 수 있다.

□ 1052

odd [ad]

묘한, 색다른

He has an odd habit of biting his lip.
그는 입술을 깨무는 특이한 버릇이 있다.

오드아이를 가진 피에로의 연기는 색다른 느낌을 주었다.

□ 1053

fanatically [fənǽtikəli]

열광적으로

The fans fanatically chased the idols down the street.

팬들은 열광하며 그 아이돌을 쫓아갔다.

화난 티를 거두고 열광적으로 응원했다.

□ 1054

complacent [kəmpléisnt]

(자기의 우월성 등에) 만족해하는, 자기만족의

He was complacent about his employees' low salaries.

그는 낮은 봉급을 받고 일하는 직원들을 보고 흡족해했다.

"컴온(어서)! 플레이해야지(뛰어야지)!" 하고 감독이 혼내도 선수는 이 정도면 됐다고 만족해했다.

□ 1055

proclaim [proukléim]

선언하다

The politician proclaimed he would change the government.

그 정치인은 정부를 변화시킬 것이라고 선언했다.

프로불편러(매사 꼬치꼬치 따지는 사람)가 되어 매사 클레임하겠다고 선언했다.

□ 1056

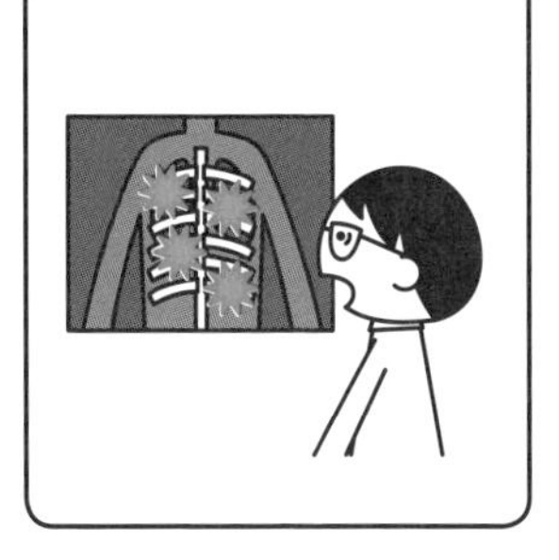

organ [ɔ́:rgən]

장기

The liver is an organ in the body.

간은 신체 장기다.

"전부(all) 간암이야! 모든 장기에 다 퍼졌어!"

□ 1057

shortcoming [ʃɔ́ːrtkʌmiŋ]

결점

He must improve upon his shortcomings if he wants this job.
그는 이 일을 하고 싶다면 결점을 개선해야 한다.

부족(short)한 상태로 온(coming) 것은 결점이다.

□ 1058

to go [túːgou]

포장, 테이크아웃

Will that be for here or to go?
여기서 드시나요, 아니면 포장해드릴까요?

독자 투고 원고는 택배 포장을 해서 보낸다.

□ 1059

presumably [prizjúːməbli]

아마

Presumably speaking, he will win the election.
아마 그 남자가 선거에서 이길 것이다.

프레스(press)된 마블 초코렛은 아마 풍미가 떨어질 것이다.

□ 1060

persuade [pərswéid]

설득하다

Please persuade him to stop gambling.
그에게 도박을 그만두라고 설득해주세요.

퍼펙트한 스웨이드 슈트를 입은 사람이 설득하고 있다.

☐ 1061

suffer [sʌfər]

고통받다, 괴로워하다

She didn't have any friends in high school, and she suffered.

그녀는 고등학교 때 친구가 없어서 괴로워했다.

생각보다 서핑은 훨씬 어려워 괴롭다.

☐ 1062

tedious [tíːdiəs]

지루한

The flight was tedious, but the trip is fun.

비행은 지루했지만 여행은 재미있었다.

자전거를 타다가 어쩌다 걸으니 지루하다.

☐ 1063

welfare [wélfɛər]

복지

He receives welfare to help him pay his bills.

그는 공과금을 지원해주는 혜택을 받는다.

웰빙을 페어(fair: 공정)하게 누리는 게 복지다.

☐ 1064

exaggerate [igzǽdʒərèit]

과장하다

He exaggerated and said he caught a 100 kilogram fish.

그는 좀 과장해서 100킬로그램짜리 물고기를 잡았다고 말했다.

엊그제 먹은 젤라토가 맛있다며 과장했다.

□ 1065

exploit [iksplɔ́it]

부당하게 이용하다

They exploited the ocean and now there are no more fish.

그들은 바다에서 함부로 식량을 채취한 결과 지금은 물고기가 사라져버렸다.

입수 전 풀(pool)에 위장약을 넣는 것은 부적절하다.

□ 1066

shoplift [ʃáplift]

가게 물건을 훔치다

Shoplifting is secretly stealing from a shop.

쇼핑 도둑질이란 물건을 사는 척하면서 훔치는 행위를 뜻한다.

숍(shop: 가게)마다 포크리프트(forklift: 지게차)를 동원해서 물건을 훔쳤다.

□ 1067

clinch [klintʃ]

성공을 이뤄내다

The team clinched the win in the last 5 minutes of the game.

그 팀은 마지막 5분간 승리를 일궈냈다.

꿀밤으로 린치(lynch: 폭력)를 가하는 데 성공했다.

□ 1068

fright [frait]

놀람, 두려움

You gave me a fright when you suddenly appeared.

네가 갑자기 나타나서 깜짝 놀랐다.

플라이트(flight: 비행)는 공포 그 자체다.

☐ 1069

erosion [iróuʒən]

침식

Erosion is destroying the side of this hill.

침식으로 이 언덕의 측면이 내려앉고 있다

이로운 것 전부가 침식되고 있다.

☐ 1070

horizontal [hɔ̀:rəzántl, hàrəzántl]

수평의

The strong wind made the rain fall in a horizontal pattern.

바람에 세차게 불어서 비가 수평으로 떨어졌다.

호러 영화의 좀비가 수평 자세로 누워 있다.

☐ 1071

fatigue [fətí:g]

피로

Hard work and the summer heat are making him fatigued.

그는 고된 일과 여름 더위 때문에 지쳐버렸다.

살찐(fat) 이구아나가 피곤해했다.

☐ 1072

disperse [dispə́:rs]

흩어지다, 해산하다

The police dispersed the gathering people.

경찰은 집회 참석자를 해산시켰다.

디스(this) 지갑(purse) 줄 테니 멀리 흩어져!"

☐ 1073

abstract [ǽbstrækt]

추상적인

We need easily understood sentences, not abstract poems.
우리는 추상적인 시가 아니라 쉽게 이해할 수 있는 문장이 필요하다.

애써 트랙터(tractor: 견인차)로 벌집을 옮겼지만 지시가 추상적이라 제대로 했는지 의문이다.

☐ 1074

avail [əvéil]

도움이 되다

His effort to swim was to no avail, and he died.
그는 헤엄치려고 발버둥 쳤지만 헛수고였고 숨이 멎고 말았다.

친구에게 얻은 베일은 큰 도움이 되었다.

☐ 1075

typically [típikəli]

일반적으로, 전형적으로

In Korea, it is typical to eat rice with every meal.
한국에서는 보통 삼시 세끼 밥을 먹는다.

일반적으로 타이 사람이 픽(pick) 하는 것은 카레다.

☐ 1076

physician [fizíʃən]

내과의

He studied a long time to become a physician.
그는 내과 의사가 되려고 오랜 시간을 공부했다.

후지산에서 샴푸하는 사람은 내과 의사다.

□ 1077

menace [ménis]

위협, 골칫거리

Some people think guns are a menace to society.

어떤 사람들은 (민간인의) 총기 (소지)가 사회를 위협한다고 생각한다.

매일 나오는 눈의 습기가 골칫거리다.

□ 1078

inept [inépt]

부적당한, 빗나간

Her choice of clothing for the evening was inept.

그날 밤 그녀가 입은 옷은 잘못된 선택이었다.

인과 납이 든 벼를 개에게 먹이는 것은 부적절하다.

□ 1079

reach [riːtʃ]

도달하다, 연락하다

I was unable to reach him when I called him.

그 남자에게 전화했지만 통화하지 못했다.

남편에게 오는 길에 리치를 사오라고 연락했다.

□ 1080

ignore [ignɔ́ːr]

무시하다, 못 본 척 하다

Please ignore his rude behavior.

그 남자의 무례한 행동은 못 본 척 해주세요.

이구아나가 "No!" 하고 무시했다.

□ 1081

refreshments [rifréʃmənt]

다과, 간식

Please help yourself to refreshments in the back.
뒤쪽에 있는 다과를 자유롭게 드시길 바랍니다.

리프레시(refresh: 기분 전환)를 위해 만주를 먹었다.

□ 1082

sluggish [slʌgiʃ]

느린, 부진한

Economic growth has been sluggish.
경제성장이 부진하다.

느린 구간은 슬래시(slash)로 기록해 쉬어가기로 했다.

□ 1083

refugee [rèfjudʒíː]

난민

Refugees from Syria are being accepted in many countries.
시리아 난민들을 여러 나라에서 수용하고 있다.

전쟁 중 난민들은 내내 휴지를 줍고 있다.

□ 1084

gadget [gædʒit]

최첨단 소형기기, 정교한 소도구

The selfie-stick is now a popular gadget.
셀카봉은 요즘 인기 있는 소형 기기다.

최첨단 기기를 작동해보니 가제트 형사가 된 기분이다.

□ 1085

implosion [mplóuʒən]

폭발, 안쪽으로의 파열

That black hole was created from the implosion of a star.
그 블랙홀은 별이 폭발하면서 생겨났다.

이쁜 용기의 로션을 발랐는데 부작용으로 피부 장벽이 안쪽부터 무너져 내렸다.

□ 1086

stem [stem]

(초목의) 줄기, 대

The stem of this plant is used to make medicine.
이 식물의 줄기는 약을 만드는 데 사용된다.

식물 줄기에 걸려 넘어져 화가 나 스팀이 나왔다.

□ 1087

expense [ikspéns]

비용, 경비

Expenses for the project are too expensive.
그 프로젝트 비용은 너무 비싸다.

엑스트라(extra: 특별한) 펜을 사려면 그만큼 돈이 든다.

□ 1088

indulge [indʌldʒ]

(쾌락 · 취미 따위에) 빠지다, 탐닉하다

He indulged in drink too often and lost his health.
그는 술을 너무 자주 마셔서 건강을 잃었다.

인도인이 준 술에 탐닉하고 있다.

□ 1089

patience [péiʃəns]

인내, 참을성

Fishing requires a lot of patience.
낚시하려면 강한 인내심이 필요하다.

파친코(일본의 도박 게임)를 하고 싶은 유혹을 이겨내려면 참을성이 필요하다.

□ 1090

subcontract [sʌbkántrækt | -kɔ́n-]

하청 주다

The company subcontracted out the work.
그 회사는 하청을 주었다.

서브잡(sub job)으로 하청을 받아 트랙터를 운전한다.

□ 1091

sympathy [símpəθi]

연민, 동정

Sometimes I sympathize with the bad guys.
때로는 나쁜 녀석들을 동정하기도 한다.

신파 영화의 한 신(scene)을 보니 연민이 든다.

□ 1092

disorder [disɔ́:rdər]

혼란

It was a scene of disorder, with people running and screaming.
그 장면은 사람들이 소리 지르며 날뛰는 등 무질서한 모습이었다.

디스코텍(discotheque)에서 오더(order)가 밀려 혼잡스럽다.

□ 1093

industrious [indʌstriəs]

근면한

He was industrious and was quickly promoted.

그는 근면해서 빨리 승진했다.

인도에 쓰레기를 트럭으로 옮기는 근면한 개가 있다.

□ 1094

delegate [déligət, -gèit]

대표, 대표단

The delegates from each party will debate tonight.

각 당의 대표들은 오늘밤 토론할 것이다.

딜리버리(delivery: 배달) 피자를 출입문(gate)까지 가지러 온 사람은 올림픽 대표 선수였다.

□ 1095

marginal [máːrdʒinl]

미미한, 경계의

Don't worry, there are only marginal errors in your writing.

걱정 마세요, 당신의 글에는 사소한 오류가 있을 뿐입니다.

미미한 경계를 두고 마치 날 때릴 듯이 화를 냈다.

□ 1096

statistics [stətístiks]

통계

Statistics show that many people are not marrying.

통계에 따르면 많은 사람이 결혼하지 않고 있다.

스타(star) 분장을 한 사람 가운데 스틱(stic)을 든 사람의 통계를 내고 있다.

□ 1097

appraise [əpréiz]

(토지·재산 따위를) 평가하다, (사람·능력 따위를) 감정하다

She appraised him before talking to him.

그녀는 그에게 말을 걸기 전에 그를 평가했다.

아플리케(서양 자수)로 레이스를 만드는 그는 장인으로 평가받는다.

□ 1098

friction [fríkʃən]

마찰

Friction between Japan and China continues.

일본과 중국 간에 마찰이 계속되고 있다.

프릴이 달린 방석에 오래 앉아 있었더니 옷에 마찰열이 생겼다.

□ 1099

illegal [ilíːgəl]

불법의, 비합법적인

Drugs are illegal.

마약은 불법이다.

이리로 가는 건 불법이다.

□ 1100

imperative [impérətiv]

피할 수 없는, 필수적인

He is imperative to our company, so we will raise his salary.

그는 회사에 꼭 필요한 사람이므로 우리는 그의 봉급을 올려줄 것이다.

임파선 치료를 위해 티셔츠를 벗는 것은 불가피하다.

☐ 1101

assimilate [əsíməlèit]

동화하다, 흡수하다

The immigrants assimilate into the culture.
이민자들은 타국의 문화에 동화된다.

어서 밀크를 닦지 않으면 흡수되어버린다.

☐ 1102

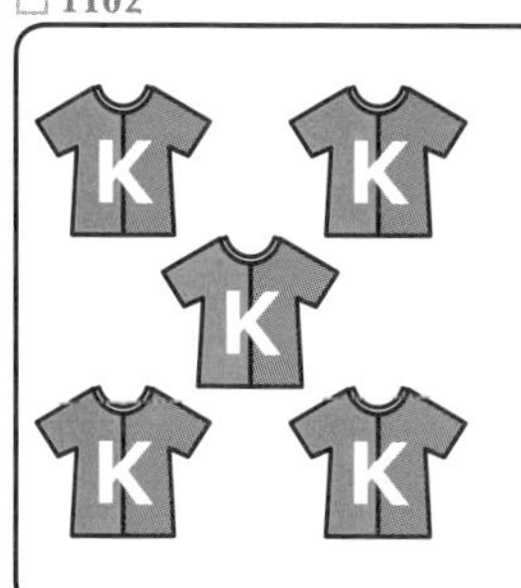

unification [jù:nəfikéiʃən]

통일

Unification requires cooperation.
통일하려면 협력해야 한다.

유니폼은 K를 선택해 넣어 통일시켰다.

☐ 1103

defer [difə́:r]

연기하다, (남의 의견 · 판단에) 따르다

They deferred the decision until January.
그들은 1월까지 결정을 연기했다.

디스크로 퍼진 허리 때문에 등산을 연기했다.

☐ 1104

determine [ditə́:rmin]

결정하다

We should determine how to proceed.
우리는 어떻게 진행할지 결정해야 한다.

디자인을 통일할지 말지 결정해야 한다.

□ 1105

extremity [ikstréməti]

궁지, 말단, 맨 끝

The northern extremity of Japan is Hokkaido.
일본의 북쪽 끝은 홋카이도이다.

엑스트라(extra)를 미처 못 구해서 PD는 궁지에 몰렸다.

□ 1106

trust [trʌst]

신뢰

He does not trust his friend to be on time.
그는 친구가 제시간에 올 것이라고 믿지 않는다.

트루(true) 스타일(style)을 가진 사람은 신뢰를 준다.

□ 1107

permission [pərmíʃən]

승인, 허가

You must have permission to open this file.
이 파일을 열려면 승인을 받아야만 합니다.

파마를 한 친구가 미션(mission: 임무)을 완수할 때까지 재봉을 써도 된다고 허락해주었다.

□ 1108

persistent [pərsístənt]

고집하다, 집요한

He persistently asked many times for money.
그 남자는 몇 번이나 끈질기게 돈을 요구했다.

평소와는 달리 어시스턴트가 쓸데없는 일에 집요하게 매달렸다.

□ 1109

endorse [indɔ́:rs]

추천하다, (어음 따위에) 서명하다, 이서하다

This team endorses that company's sports drink.
이 팀은 그 회사의 스포츠 음료를 추천했다.

완두콩 스타일의 병조림을 건강식으로 추천했다.

□ 1110

trait [treit]

특징, 특색

Could you please tell us his traits?
그 남자의 특징을 말씀해 주시겠습니까?

별 모양 트레이드 마크가 이 옷의 특색이다.

□ 1111

crisis [kráisis]

위기

There is a political crisis in Turkey.
터키는 정치가 위태로운 상황에 놓였다.

클라이맥스에 서서히 가까워지면서 위기가 고조되었다.

□ 1112

warehouse [wɛərhaus]

창고

This warehouse is where rice was stored.
이 창고는 쌀을 보관한 곳이다.

옷(wear)을 보관하려고 집(house)을 창고로 쓰고 있다.

□ 1113

tidy [táidi]

정리하다, 깨끗한

She tidied up the house and left.
그녀는 집을 정리하고 떠났다.

테디 베어를 정리해두었다.

□ 1114

erect [irékt]

똑바로 세우다, 건립하다

This building was erected in the Silla Period.
이 건물은 신라 시대에 지어졌다.

엘렉톤(electone: 전자 피아노)을 똑바로 세우다.

□ 1115

miserly [máizərli]

인색한

He was a miserly old man, and did not spend any money.
그 노인은 구두쇠여서 돈을 좀처럼 쓰지 않았다

미처 리브 스테이크를 인색한 그에게서 받아내지 못했다.

□ 1116

impartially [impá:rʃəli]

공평하게, 편견 없이

Receiving impartial advise is valuable.
편견 없는 조언은 귀담아들을 가치가 있다.

공평하게 잉크를 팍 쏟았다.

□ 1117

efficient [ifíʃənt]

효율적인

The machine is efficient, making 30 units in 1 minute.

이 기계는 1분에 30대를 만들 수 있어 효율적입니다.

이 펜은 새 잉크와 사두는 편이 효율적이다.

□ 1118

populous [pάpjuləs]

인구가 많은

China is the most populous country in the world.

중국은 세계에서 인구가 가장 많은 나라입니다.

포퓰러(popular: 대중적)한 술을 파는 이유는 인구가 많아서다.

□ 1119

procurement [proukjúərmənt, prə-]

조달, 확보

Support was procured over the internet.

지원 활동은 인터넷을 통해 확보했다.

프로펠러 대신 규모가 큰 새들을 확보했다.

□ 1120

approve [əprúːv]

승인하다, 찬성하다

The government approved the use of force.

정부는 무력 사용을 승인했다.

앞으로 부수적인 문제는 내가 승인할 것이다.

☐ 1121

favor [féivər]

친절, 호의

He favors his students.
그는 학생들에게 친절하다.

회유하니 바로 피리를 불어주는 친절을 베풀었다.

☐ 1122

investigation [invèstəgéiʃən]

(철저한) 조사

The investigation is about the murder.
그 조사는 살인과 관련된 것이다.

안에 입은 베스트(vest: 조끼)와 티셔츠를 게이트(gate: 문) 앞에서 철저히 조사했다.

왜 TOEIC을 공부하는지 생각해보세요

직장인은 영어 공부에 투자할 시간이 아무래도 부족하지요. 현명하게 전략을 짜서 한정된 시간에 성과를 올릴 방법을 찾아야 합니다. 특히 TOEIC 점수를 올리기 위해 시간과 비용을 과도하게 쏟는 분들을 볼 때면 '정말 안타깝다'는 생각이 듭니다.

왜냐하면 TOEIC은 자동차 운전면허증과 같아서 면허를 따는 그 자체가 '목적'은 아니기 때문입니다. 진정한 목적은 통근용 차량을 몰거나 친구들과 드라이브하거나 업무상 필요한 운전 기술을 터득하는 것이지요. 운전면허는 어디까지나 목적을 이루기 위한 '수단'에 불과하므로 단순히 면허를 취득했다고 해서 갖은 고생을 했다거나 온갖 노력을 다했다고 칭찬받지는 않습니다.

그러니 이 책을 읽는 독자 여러분은 '목적'과 '수단'을 혼동하지 마시길 바랍니다.

이를테면 일정 수준의 점수를 따야만 영어를 쓰는 부서로 배치되고 해외 출장을 가거나 꿈에 그리던 해외 주재원으로 발령받습니다. 이처럼 점수에 따라 승급과 승진이 결정되므로 자칫 점수 자체를 목적으로 착각하기 쉽지만, 점수는 어디까지나 '영어 실력'을 판단하기 위한 수단에 불과합니다.

많은 기업이 영어 실력을 가늠하는 잣대로 점수를 살펴봅니다. 보통 대기업은 신입사원에게 750점 이상을 요구합니다. 국가 공인 시험은 아니지만, 수험생이 해마다 늘어나는 추세지요. 이러한 현상을 긍정적으로 보든 부정적으로 보든, 분명한 사실은 대기업일수록 TOEIC 점수 취득을 필수로 여기는 경향이 강하다는 점입니다. "TOEIC 점수가 높다고 해서 실제로 영어를 잘하는 건 아니잖아?" 하고 불평할 필요는 없습니다.

자신이 다니는 회사가 '일정 TOEIC 점수 획득 시 해외 출장 가능'이라고 공지했다면, 재빨리 점수를 따고 현지에서 실무 영어를 익히면 그만입니다.

사실 저도 영어를 잘하는 편은 아니었습니다. 유학을 간 적도, 장기간 외국에서 지낸 경험도 없다 보니 직장을 다닐 때 해외에서 전화가 걸려올 때면 안절부절못했습니다. 그러나 TOEIC 점수가 오른 것을 계기로 영어를 사용하는 부서로 이동하면서 발돋움할 기회를 얻기 시작했습니다. 몇 년 뒤에는 할리우드의 유명 감독 및 프로듀서와 함께 일하는 행운까지 거머쥐게 되었습니다.

다름 아닌 제가 이러한 과정을 거쳤기에 자신 있게 말할 수 있습니다. "TOEIC 점수는 면허증에 불과하지만, 여전히 쓸모가 있다!"라고 말입니다.

이 책은 목적을 이루기 위한 '수단'으로서 TOEIC 점수를 따려는 분, 다시 말해 인생에서 도약의 발판을 마련하고자 TOEIC 점수를 올리려는 분들을 위해 만든 책입니다. TOEIC 공부에 요령 따위는 없고 끝없이 노력해야만 한다고 믿는다면 굳이 이 책을 추천하고 싶지 않습니다.

독자 여러분이 '면허증과 같은 TOEIC 점수'를 최단기간에 올릴 수 있도록 '기억법'의 달인 요시노 선생과 '시험 대비 초효율 학습법'의 전문가인 제가 든든히 뒷바라지하겠습니다.

이 책은 '이미지 기억법'을 활용한 영단어 학습에 중점을 두었습니다. 학창 시절부터 '단어를 외우려면 수없이 반복해서 써야 한다'고 들어왔던 분이라면 그림을 보기만 해도 이렇게 쉽게 단어가 외워진다는 사실에 깜짝 놀랄 겁니다.

이미지 기억법으로 단어를 암기하는 틈틈이 '커피 브레이크'라는 지면을 통해 영어를 효율적으로 공부하는 방법과 TOEIC 시험 대비 테크닉을 알려드리겠습니다. 테크닉이라고 하니 일회성 처방에 불과한 방법 아닐까 하고 의심의 눈초리를 보내는 분이 계실지도 모르겠네요. 그러나 컴퓨터 단축키를 알아두면 한결 쉽고 빠르게 문서를 작성할 수 있듯이 TOEIC 공부도 시간을 절약하는 방법이 있습니다. 독자 여러분이 그 요령을 익혀 자신의 꿈에 한발 다가설 수 있다면 저로서는 기쁠 따름입니다.

나가이 다카유키

TOEIC 공부를 해야 하는 이유를 먼저 확실히 생각해보시길 바랍니다. 그다음에는 토익을 공부하는 목적을 시각화하는 것이 중요합니다. 아래와 같은 내용으로 자신만의 계획표를 만들어서 간직해두면 꾸준한 학습에 도움이 됩니다.

1. 최종 목적지 확인

TOEIC 목표 점수를 딴 이후 언제, 어디서, 무엇을 어떻게 하여 꿈을 이루어갈지 생각해보시길 바랍니다.

2. 최종 목적지의 풍경

마침내 목적지에 도달했을 때 당신 자신과 주변 사람들이 얼마나 기뻐할지 구체적으로 상상해봅시다.

3. 최종 목적지 도달 기한 및 성취도

최종 목적지에 도달하는 기한과 성취도를 스스로 정해봅시다. 언제까지(기한) 어떤 수준(구체적인 상태)이면 만족할 수 있을까요?

4. 최종 목적지 도달 시 겸비할 능력 명료화

최종 목적지에 도달했을 때 영어 실력 외에 겸비해야 할 능력이 무엇인지 적어봅시다.

5. 자신의 모습 있는 그대로 마주하기

1번 항목에서 쓴 최종 목적지에 도달하려면 현재 자신에게 부족한 점은 무엇일까요?

6. 현실의 장벽 마주하기

자신의 꿈을 가로막는 장애물과 갈등을 불러일으키는 현실의 문제를 사실대로 열거해봅시다.

7. 점수 달성 기한 명시

더 나은 인생을 살 수 있는 한 가지 수단인 TOEIC 목표 점수를 정하고, 달성 기한도 적어봅시다(3개월에서 최장 6개월 이내).

8. 당분간 삼가야 할 일 명시

TOEIC 목표 점수를 딸 때까지 당분간 삼가야 할 일들을 적어봅시다.

Part B

고득점을 위한 필수 단어 758

☐ 1123

calculate
[kǽlkjulèit]

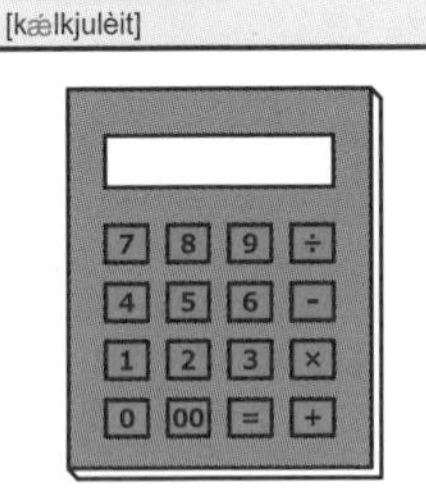

계산하다

전자계산기: calculator

☐ 1124

drag
[dræg]

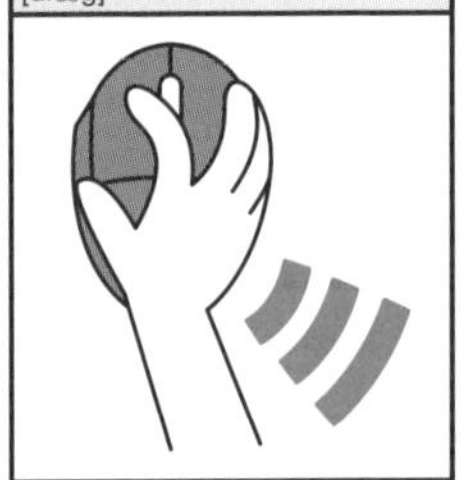

끌어내다, 지연시키다

마우스 조작법의 하나로 버튼을 누르면서 이동하는 것

☐ 1125

roughly
[rʌfli]

대략, 거칠게

러프한 스케치(대략적인 스케치), 러프한 플레이(저돌적인 경기력)

☐ 1126

audible
[ɔ́:dəbl]

들리는, 목소리를 들을 수 있는

audio: 오디오

☐ 1127

proportion
[prəpɔ́:rʃən]

비율, 비례

신체 비율

☐ 1128

renew
[rinjú:]

갱신하다, 새롭게 하다

가게 리뉴얼(renewal)

☐ 1129

overseas
[ou'vərsi'z]

해외로, 외국으로

over(건너) + sea(바다)
→ 바다를 건너가다 = 해외

☐ 1130

income
[ínkʌm]

소득, 수입

in(안으로) + come(오다) → 들어오다
= 수입

☐ 1131

method
[méθəd]

방법, 방식, 순서

(일정한 계획에 따른) 방법

□ 1132

intellectual
[ìntəléktʃuəl]

지적인

그 사람은 인텔리다
(intellect: 지성, 지성인)

□ 1133

committee
[kəmíti]

위원회

IOC: International Olympic Committee

□ 1134

fiscal year
[fískəl jiər]

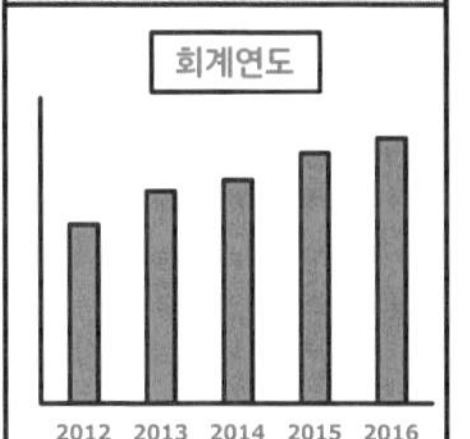

회계연도, 과세연도

fiscal: 회계의

□ 1135

equivalent
[ikwívələnt]

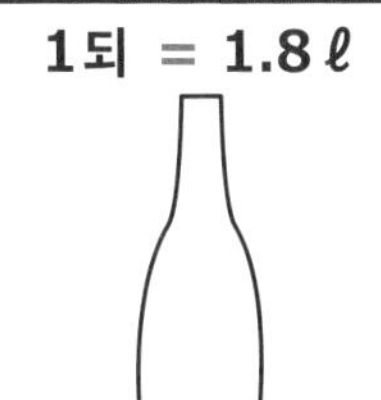

동등한, 등가의

한 되 = 1.8리터
equal(같은) + val(가치: value)

□ 1136

produce section
[prədjú:s sékʃən]

농산물 매장

옛날에는 생산품이라고 하면 농작물뿐이었다. 한편 공업 제품은 product라고 한다

□ 1137

reflect
[riflékt]

반사하다, 숙고하다

리플렉터(reflector): 자전거나 의복 따위의 뒷부분에 부착하는 위험 방지용 반사판

□ 1138

fitting room
[fítiŋ ru:m]

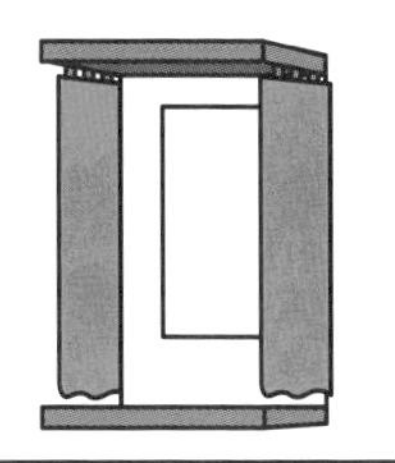

탈의실

피팅룸

□ 1139

degradation
[dègrədéiʃən]

하락, 악화

de = down을 뜻하는 접두사. 질이 떨어지는 쪽으로(de) 점점 변화하다(gradation) → 악화하다

□ 1140

institution
[ìnstətjú:ʃən]

조직, 기관

이공계 명문 대학 MIT: 매사추세츠 공과대학

□ 1141

reschedule
[rì:skédʒu:l]

일정을 변경하다

회의 일정을 재조정하다

□ 1142

appetite
[ǽpətàit]

식욕, 시장기, 욕망

전채: appetizer → 식욕이 돋아나도록 식사 전 나오는 간단한 요리

□ 1143

nutrition
[nju:tríʃən]

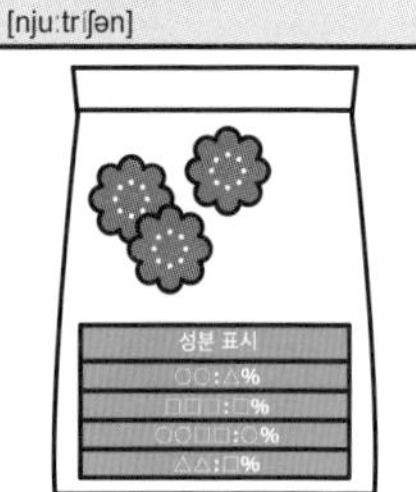

영양

수입 식품의 성분 표시란에 적혀 있다

□ 1144

properly
[prápərli]

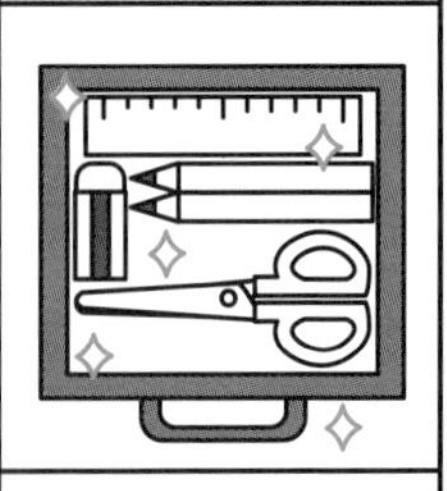

제대로, 알맞게

모든 것이 제자리에 알맞게 있다

□ 1145

sensation
[senséiʃən]

큰 화제, 감각

센세이션을 일으킨 뉴스

□ 1146

complex
[kəmpléks, kɑmpléks]

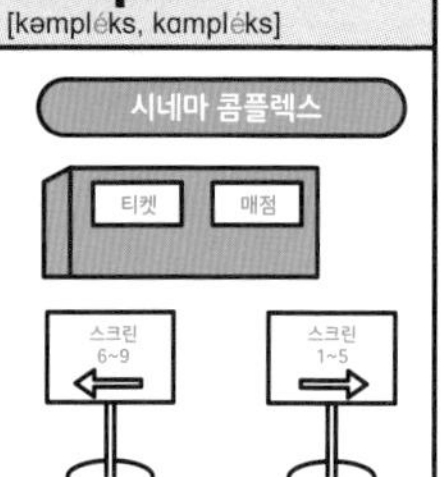

복합의, 복잡한

콤플렉스는 콩글리시이며, 바른 표현은 inferiority complex(열등감)이다

□ 1147

valuable
[vǽljuəbl]

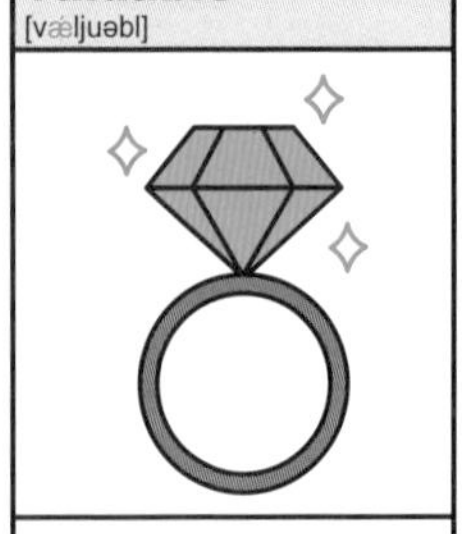

가치 있는, 귀중한

value(가치) + able(있는)

□ 1148

clash
[klæʃ]

충돌, 대립하다

교통사고(자동차 충돌사고), 으깬 얼음

□ 1149

fix
[fíks]

고정하다

일정을 정하다

□ 1150

evolution
[èvəlú:ʃən]

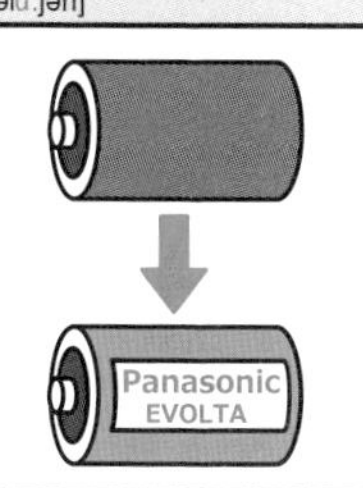

진화, 발전

일본 파나소닉의 건전지 에볼타는 Evolution과 전압을 뜻하는 Voltage를 합성한 표현이다

□ 1151

rare
[rɛər]

드문, 희귀한

레어 케이스(rare case: 드문 사례)
레어 메탈(rare metal: 희소 금속)

□ 1152

donate
[dóuneit]

기부하다, 기증하다

장기 기증자

□ 1153

aid
[eid]

원조, 지원 도구, 보조

Band-aids(반창고): 상처를 보호하거나 붕대 등을 고정시키는 의료용 헝겊 또는 테이프

□ 1154

neutral
[njú:trəl]

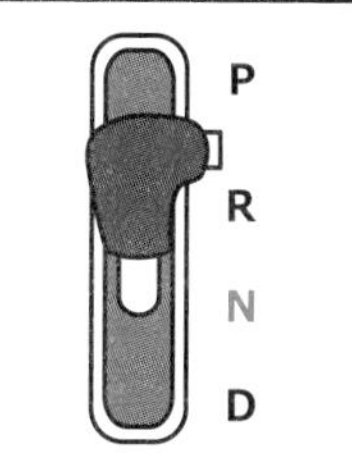

중립, 중간, 중성의

뉴트럴: 자동차 기어 변속기의 중립 상태를 뜻함

□ 1155

publicity
[pʌblísəti]

선전, 지명도

public(대중적으로 알려진) + ity(~화하다)

□ 1156

guideline
[gáidlàin]

방침, 지침

가이드라인

□ 1157

raise
[reiz]

올리다, 높이다

로우 라이즈 팬츠(low rise pants: 밑위길이가 짧은 팬츠)

□ 1158

role
[roul]

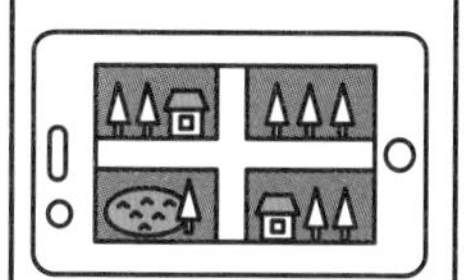

역할

롤플레잉 게임(role-playing game): 가상공간에서 맡은 역할을 수행하는 게임

☐ 1159

consumer
[kənsú:mər]

소비자

그린 컨슈머(green consumer): 환경과 건강을 가장 중요한 판단 기준으로 삼는 소비자

☐ 1160

dairy product
[dέəri prάdʌkt]

유제품

일상을 뜻하는 daily와 혼동하지 않도록 유의!

☐ 1161

tip
[tip]

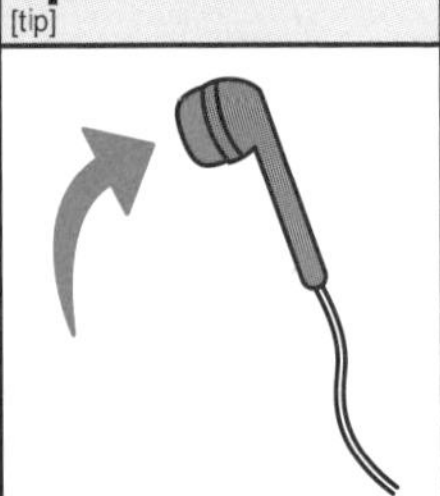

(뾰족한) 끝, 선단

끝에 붙이거나 다는 물건
이어폰 팁: 귀에 닿는 고무 부분

☐ 1162

civilization
[sìvəli-zéiʃən]

문명

civil(시민의)에 접미사 ize가 붙으면 civilize(문명화하다)가 되고, 명사형 어미 ization이 붙으면 civilization(문명)이 된다

☐ 1163

scramble
[skrǽmbl]

급히 ~하다

항공기 출격

☐ 1164

task
[tæsk]

일, 노동, 임무

특별 대책 본부, 프로젝트 팀, 태스크포스 팀(task force team)

☐ 1165

breakup
[bréiikʌp]

파국, 분열

break(깨지다) + up(완전히)

☐ 1166

potential
[pəténʃəl]

잠재적인

겉으로 드러나지 않고 속에 숨어 있는 힘이 있다

☐ 1167

focus
[fóukəs]

초점을 맞추다

카메라 포커스: 초점을 맞추다

□ 1168

rent
[rent]

임대(료)

자전거를 대여하다

□ 1169

browse
[brauz]

훑어보다, 검색하다

인터넷 브라우저(internet browser): 정보 검색하는 데 사용하는 응용 프로그램

□ 1170

parking lot
[pɑ́:rkiŋ lat]

주차장

parking(주차) + lot(구획, 부지, 뭉치)

□ 1171

decision by a majority
[disíʒən bai ə mədʒɔ́rəti]

다수결

decide: 결정하다
major: 다수의
majority role이라고도 함

□ 1172

decline
[dikláin]

리클라이닝 시트(reclining seat)
re = 뒤쪽(rear) + cline(기울어지다)

감소, 쇠퇴, 하락

de(아래로) + cline(기울어지다)

□ 1173

sector
[séktər]

부문, 분야, 업종

제3섹터: 공공 부문인 1섹터와 민간 부문인 2섹터의 장점을 서로 혼합한 새로운 형태의 개발 주체

□ 1174

parallel
[pǽrəlèl]

평행의, 병행하는

페럴렐 턴(parallel turn: 양발의 스키가 평행을 이룬 상태에서 도는 것)
페럴렐 월드(parallel world: 평행 우주)

□ 1175

underline
[ʌndərlàin]

강조하다

강조하려고 언더라인을 긋다

□ 1176

entrepreneur
[ɑ̀:ntrəprənə́:r]

(특히 모험적인) 기업가

회사를 경영하는 사람

□ 1177

informative
[infɔ́:rmətiv]

(정보가) 유익한

information(정보) + tive(그러한 성질이 있음) → 전달할 가치가 있는 정보

□ 1178

landmark
[lǽndmɑ̀:rk]

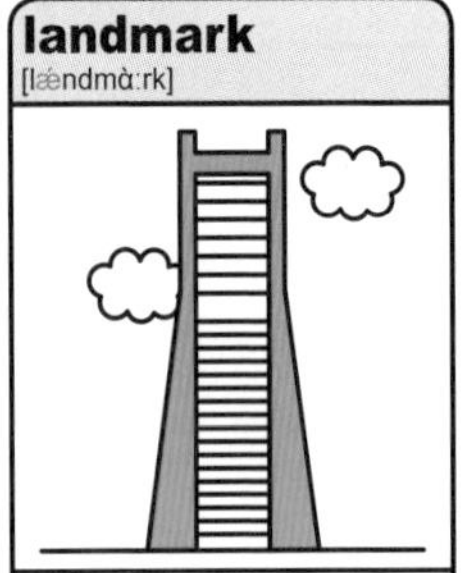

주요 지형지물, 획기적 사건

랜드마크 타워

□ 1179

squeeze
[skwi:z]

(액체를) 짜내다

스퀴즈 보틀(squeeze bottle: 착즙 물통)
야구 스퀴즈 플레이(squeeze play: 주자가 3루에 있을 때 시도하는 기습 번트)

□ 1180

shut down
[ʃʌt daun]

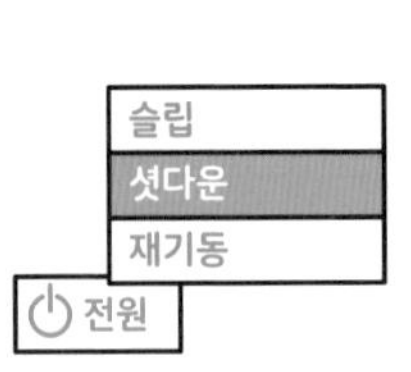

(조작) 정지

컴퓨터의 종료 조작

□ 1181

affect
[əfékt]

작용하다, 영향을 미치다, 감동을 주다

effect: 효과

□ 1182

engage
[ingéidʒ]

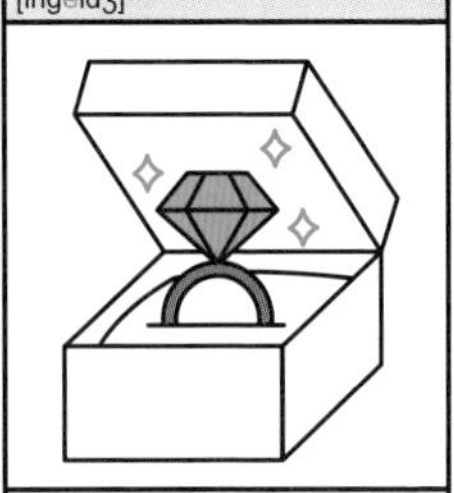

종사하다, 약혼하다

인게이지 링(engage ring): 약혼반지

□ 1183

mechanical
[məkǽnikəl]

기계로 작동되는, 기계와 관련된

메커니컬(기계의)

□ 1184

remote
[rimóut]

원격, 멀리 떨어진

리모컨(remote control): 원격 조정기

□ 1185

slender
[sléndər]

호리호리한

슬랜더 스타일

□ 1186

hire
[haiər]

고용하다, 빌리다

대절(hire) 택시: 손님을 찾아서 돌아다니지 않고 일정 기간 계약제로 손님을 태우는 것 = 세내다

□ 1187

generation
[dʒènəréiʃən]

세대

generation gap: 세대 차이

□ 1188

last
[læst]

지속되다

last에는 '견디다', '오래가다'는 의미도 있다

□ 1189

density
[dénsəti]

밀도, 농도

condensed milk(연유): 우유를 진공상태에서 1/2~1/3 정도로 농축시킨 것

□ 1190

sensitive
[sénsətiv]

민감한, 섬세한

센시티브한 문제(민감한 문제)

□ 1191

hardly
[há:rdli]

거의 ~아니다(없다)

hard: 하기 어려운

□ 1192

brainstorming session
[breinstɔ́:rmiŋ seʃən]

브레인스토밍(아이디어 회의)

두뇌(brain)에 폭풍(storming)이 몰아치듯 생각나는 대로 아이디어를 쏟아내는 회의

□ 1193

reference
[réfərəns]

참고

책의 끝부분에 실린 참고 문헌 목록

□ 1194

dimension
[diménʃən]

차원, 모양, 상태

3D: 3차원(3D 영화)

□ 1195

penalty
[pénəlti]

처벌

페널티 킥(penalty kick)

□ 1196

contact
[동 kɑ́ntækt, 명 kantækt]

연락하다

손님과 연락하다(contact)

□ 1197

infrastructure
[ínfrəstrʌktʃə(r)]

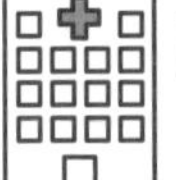

인프라, 사회 기반 시설

교통, 수도, 전기 등 사회 기반 시설

□ 1198

conduct
[동 kɑ́ndʌkt 명 kandʌkt]

실시하다, 지휘하다

지휘자(conductor)가 연주를 통솔한다

□ 1199

range
[reindʒ]

범위

투자 시세의 범위

□ 1200

consume
[kənsú:m]

소비하다

소비세: consumption tax

□ 1201

creep
[kri:p]

서행하다, 기어가다

오토매틱 자동차가 액셀을 밟지 않아도 터덜터덜 앞으로 나아갔다

□ 1202

celebrity
[səlébrəti]

유명인, 명성

셀럽

□ 1203

evaporate
[ivǽpərèit]

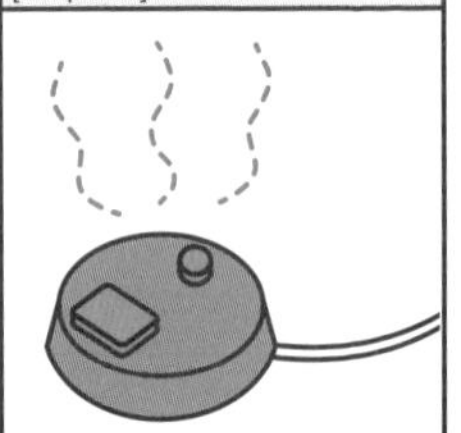

증발하다

모기 매트 훈증기는 전기 열로 매트의 살충 성분을 훈증하는 것이다

☐ 1204

manuscript
[mǽnjuskrìpt]

원고

manu(손을 뜻하는 접두사)
manu(손) + script(원고) = 필사본

☐ 1205

shift
[ʃift]

교대 근무

교대 근무 시간표

☐ 1206

fragile
[frǽdʒəl]

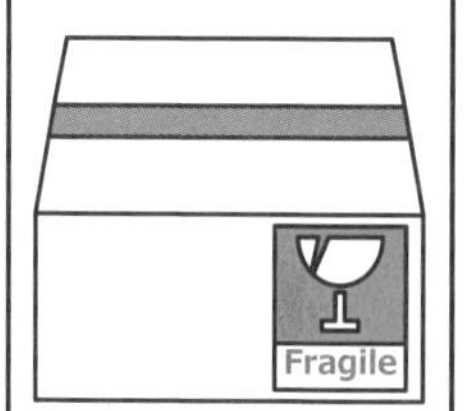

취약한, 깨지기 쉬운

택배 시 취급 주의

☐ 1207

output

[áutpùt]

생산량, 산출량

인풋(input): 입력
아웃풋(output): 출력

☐ 1208

pharmacy
[fɑ́ːrməsi]

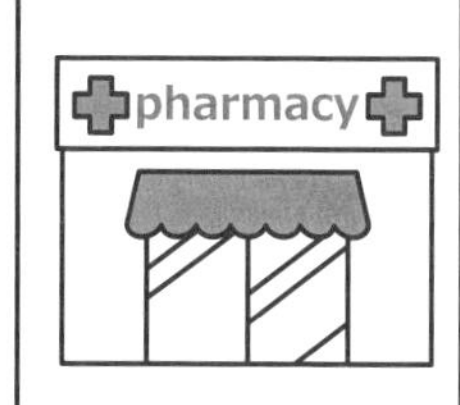

약국

약국의 간판 등에 적혀 있기도 하다

☐ 1209

IPO
[aipiːou]

신규 상장기업 공개

기업이 최초로 주식시장에 상장하는 것
initial(처음의) + public(대중·공개) + offering(제공)

☐ 1210

certificate
[sərtífikeɪt]

증명서, 인가증

진료소 등의 벽이나 입구에 걸린 인증서

☐ 1211

department
[dipɑ́ːrtmənt]

부문

명함의 영어 표기. 약어는 Dept.

☐ 1212

board of directors
[bɔːrd əv diréktərs]

이사회

board(위원회) + director(이사)

☐ 1213

gap
[gæp]

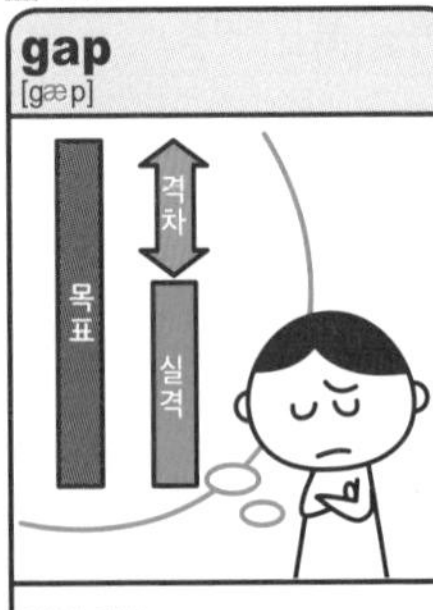

간격, 차이

목표치와 실적 간의 격차를 채우다

☐ 1214

element
[éləmənt]

요소, 원소, 원리, 초보

symbol of element: 원소 표기

☐ 1215

combine
[kəmbáin]

결합하다, 연합체

콤바인: 곡식을 베는 일과 탈곡하는 일을 한꺼번에 하는 농업 기계

☐ 1216

alternative
[ɔːltə́ːrnətiv, æltə́ːrnətiv]

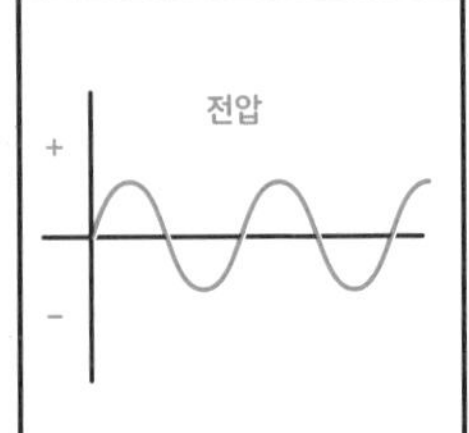

대체 가능한, 대안

AC(alternating current: 교류) 전원: 플러스와 마이너스 두 지점 간 전류가 흐르는 방향이 주기적으로 바뀌는 전류

☐ 1217

escort
[동 eskɔ́ːrt, 명 éskɔːrt]

호위하다, 호위

(여성을) 에스코트하다

☐ 1218

scraper
[skréipər]

긁어서 떼어내는 도구, 스크레이퍼

바닥의 껌 등을 긁어서 떼어내는 주걱

☐ 1219

quantity
[kwɑ́ntəti]

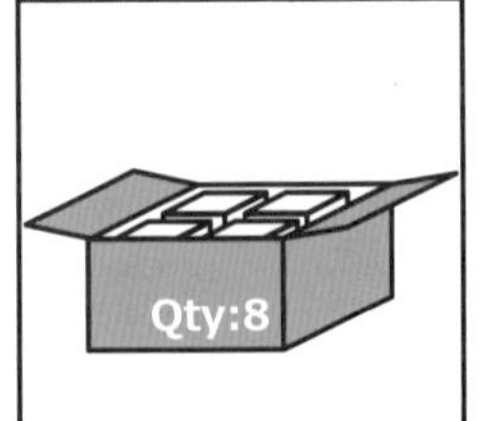

수량, 양

수입품의 수량 칸. 약어는 Qty.

☐ 1220

damage
[dǽmidʒ]

피해

손상 모발

☐ 1221

industrialization
[indʌstriəlizéiʃən]

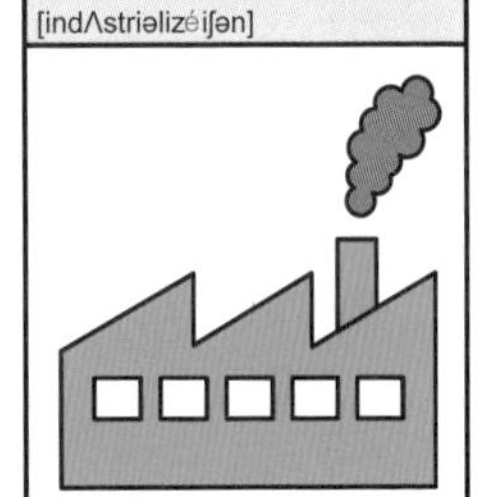

공업화

industry: 공업

☐ 1222
pedestrian
[pədéstriən]

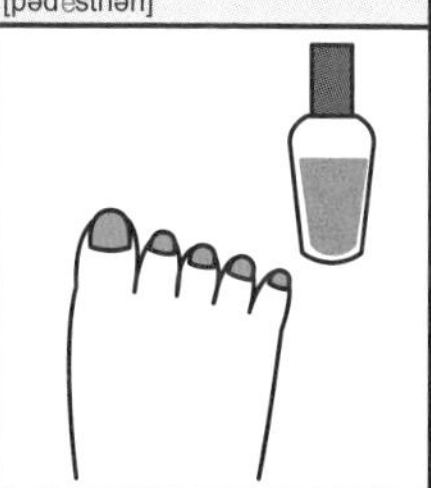

보행자, 보행자의

페디큐어(pedicure): 발톱에 바르는 매니큐어 → pedi: 발을 뜻하는 접두사. 발의. 도보의

☐ 1223
primary
[práiməri]

최초의, 초급의, 제1의

primary school: (영국의) 초등학교. 가장 먼저 취학하는 학교

☐ 1224
upcoming
[ʌ́pkʌmiŋ]

다가오는, 앞으로 나타날

up(출현) + come(오다) → 다가오다

☐ 1225
compatible
[kəmpǽtəbl]

양립할 수 있는, 호환되는

compatible machine: 호환 가능한 기계(컴퓨터)

☐ 1226
revelation
[rèvəléiʃən]

폭로

re(제거하다) + veil(베일) = 드러내다, 폭로하다

☐ 1227
slash
[slæʃ]

칼 등으로 베다, 삭감하다

"/"(슬래시): 비스듬하게 그은 줄

☐ 1228
outcast
[áutkæst]

따돌림당한 사람, 추방자, 부랑자

out(밖) + cast(배역) → 버림받은

☐ 1229
access
[ǽkses]

통로, 접근

교통광장 엑세스, 공항 엑세스 특급 열차

☐ 1230
stressful
[strésfəl]

스트레스가 많은

스트레스 + ful

□ 1231

gallery
[gǽləri]

미술관
개인전이 예정된 미술관: 갤러리○○

□ 1232

outstanding
[aútstǽndiŋ]

뛰어난, 두드러진
out(밖에) + stand(서 있다)

□ 1233

monitor
[mάnətər]

모니터
모니터 화면

□ 1234

performance
[pərfɔ́ːrməns]

실적, 업적
그 남자의 근무 실적은 우수하다

□ 1235

labor
[léibər]

노동
고용노동부: Ministry of Employment and Labor

□ 1236

transplant
[trænsplǽnt]

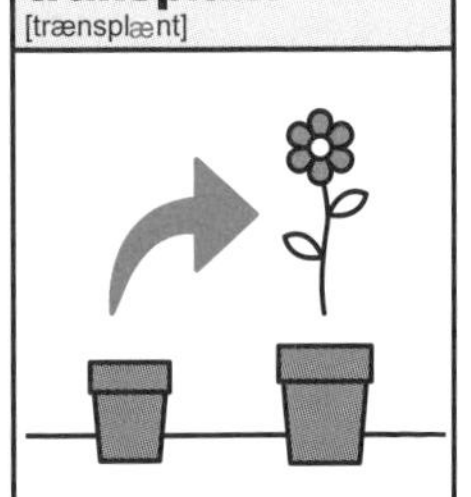

이식하다
trans(이동하다) + plant(심다)

□ 1237

exhibition
[èksəbíʃən]

전시회, 공개
피겨스케이팅과 같은 공개 연기

□ 1238

speeding
[spíːdiŋ]

속도위반
스피드(speed): 속도

□ 1239

ad
[æd]

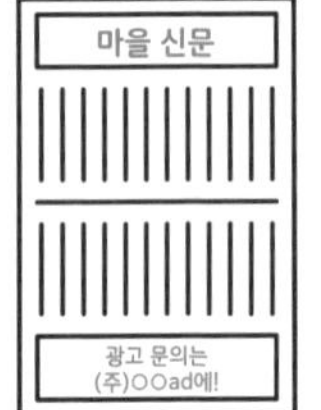

광고
ad: advertisement. 광고 회사를 뜻하는 표현

☐ 1240

instruction
[instrʌkʃən]

지시, 교육

인스트럭터(instructor): 강사

☐ 1241

chairperson
[ʧέrpərsən]

의장

chair: 의장 → 경영 회의를 주재하는 의장은 회장님이다

☐ 1242

squat
[skwat]

웅크리다

하체 운동 스쿼트

☐ 1243

spectacular
[spektǽkjulər]

장대한, 볼 만한

스펙터클한 영화

☐ 1244

cooperation
[kouàpəréiʃən]

협력

비행기의 마지막 아나운스 멘트: Thank you for your cooperation

☐ 1245

delete
[dilíːt]

삭제하다

컴퓨터의 'del'키

☐ 1246

infant
[ínfənt]

유아

파우더 룸 겸 다목적실의 이용 방법 안내

☐ 1247

rotate
[róuteit]

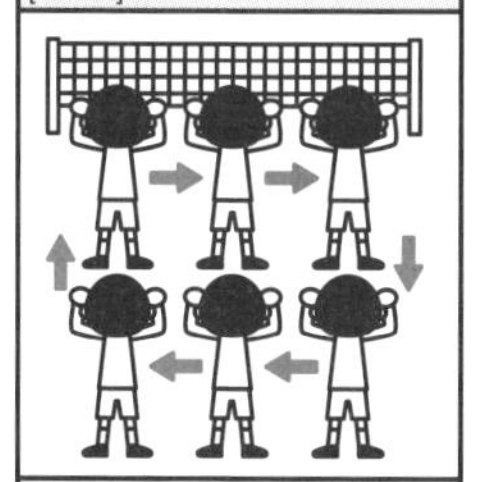

회전하다

로테이션(rotation): 배구에서 서브권을 가진 팀의 선수가 시계 방향으로 자리를 옮기는 일

☐ 1248

masses
[mæs]

대중

mass: 대량 → 매스컴(mass communication: 대중매체를 통하여 대중에게 정보를 전달하는 일)

□ 1249

blink
[bliŋk]

깜빡이다

전구가 점멸하는 모양

□ 1250

challenge
[ʧǽlindʒ]

도전

챌린지

□ 1251

contradict
[kὰntrədíkt]

반박하다, 부정하다

contra(반대의: counter) +
dict(말: dictionary)

□ 1252

novelty
[nάvəlti]

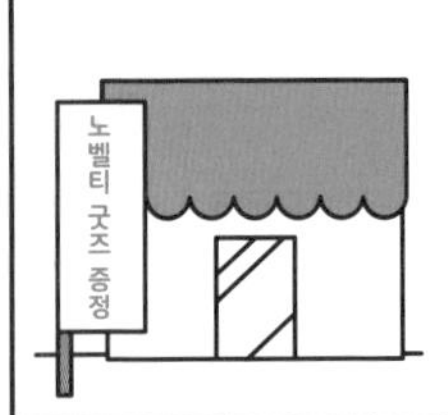

참신함, 색다른 경험

노벨티 굿즈: 홍보를 위해 고객에게 제공하는 실용적인 소품

□ 1253

expect
[ikspékt]

기대하다, 예상하다

ex('밖'을 뜻하는 접두사) + spect('보다'를 뜻하는 접미사) → 눈에 보이는 것 외에 밖을 내다보다

□ 1254

contrast
[kəntrǽst | trά:st]

대조, 대비

사진의 콘트라스트 → 명암 대비

□ 1255

venture
[vénʧər]

모험, 모험적 사업

벤처기업: 전문 지식과 신기술을 가지고 창조적 · 모험적 경영을 전개하는 중소기업

□ 1256

recline
[rikláin]

기대다

리클라이닝 시트(reclining seat)

□ 1257

impact
[ímpækt]

충격, 영향

임팩트 있는 제목. 임팩트 있는 골프 타격법

☐ 1258
trigger
[trígər]

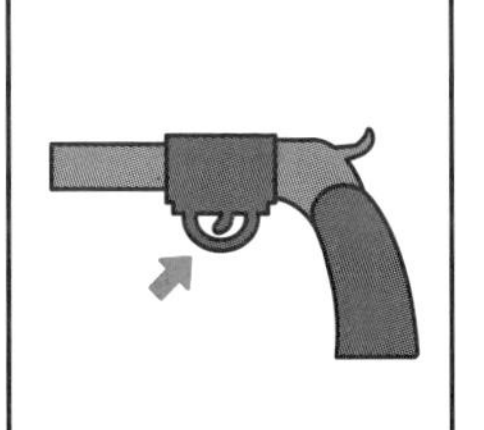

방아쇠, 계기
trigger: 총의 방아쇠

☐ 1259
remove
[rimúːv]

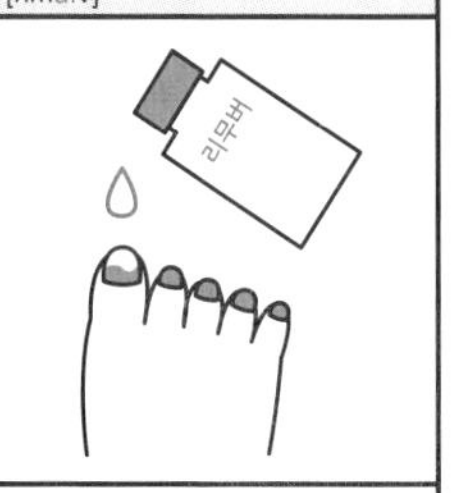

없애다, 제거하다
매니큐어 등을 지우는 리무버, 제거제

☐ 1260
flat
[flæt]

평평한
flat tire: 펑크 난 타이어

☐ 1261
edge
[edʒ]

강점, 우위, (날붙이의) 날
엣지 있다

☐ 1262
capture
[kǽptʃər]

capture: 화면 담기

담아내다, 포획하다
캡처는 이미지 등을 따로 떼어내어 저장한다는 점에서 공을 잡아내는 캐처(catcher)와 비슷하다

☐ 1263
equality
[ikwáləti]

평등
equal: 이퀄(등호 ' = ')

☐ 1264
misleading
[mislíːdiŋ]

잘못 인도하는
mis('잘못된'을 뜻하는 접두사) + lead ('인도', '지도')

☐ 1265
statement
[stéitmənt]

명세서
state: 진술하다, 명시하다 → 명확히 밝히다

☐ 1266
disappearance
[disəpíːərəns]

소멸, 실종
dis(반대 또는 부정을 뜻하는 접두사) + appear(나타나다)

☐ 1267

chemical
[kémikəl]

화학 약품, 화학 물질

케미컬 워싱 진즈(chemical washing jeans: 염소계 세제액 등으로 탈색한 청바지

☐ 1268

mode
[moud]

모드, 상태

휴일 모드

☐ 1269

restructure
[ri:strʌktʃər]

구조조정, 개편하다, 개혁하다

기업의 구조조정: re('다시'를 뜻하는 접두사) + structure(구조)

☐ 1270

shortage
[ʃɔ́:rtidʒ]

부족

shortage of money: 자금난

☐ 1271

minor
[máinər]

소수의, 사소한

야구 메이저리그/마이너리그

☐ 1272

patient
[péiʃənt]

환자

환자. 의학 드라마에 나오는 배역

☐ 1273

bonus
[bóunəs]

상여금, 특별 수당

보너스

☐ 1274

resist
[rizíst]

저항하다

워터 레지스트(water resist): 방수형 제품

☐ 1275

factor
[fǽktər]

요인

화장품 브랜드: 맥스팩터(Max Factor: 美 유명기업 P&G의 화장품 브랜드)

□ 1276

explore
[iksplɔ́:r]

탐험하다

인터넷 익스플로러(Internet Explorer: 마이크로소프트사에서 개발한 인터넷 웹 브라우저)

□ 1277

cosmological
[kɑ̀zməlɑ́dʒikəl]

우주론의

코스모 석유(일본의 정유 회사)
cosmo(우주) + logical(논리)

□ 1278

escalate
[éskəlèit]

단계적으로 확대하다, 점점 상승하다

에스컬레이터(escalator)

□ 1279

doorway
[dɔ́:rwèi]

출입구

door(문) + way(길)

□ 1280

assess
[əsés]

평가하다, 가늠하다

환경 평가(environment assessment: 환경에 미치는 영향을 체계적인 방법으로 사전에 평가하고 예측하는 것)

□ 1281

core
[kɔ:r]

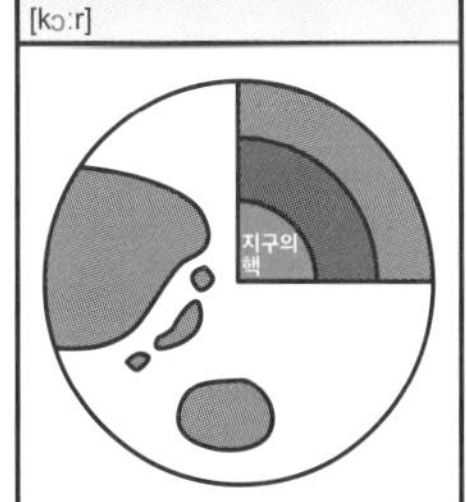

핵심, 근원

핵심 부분

□ 1282

insert
[insə́:rt]

삽입하다

ATM 기기에서 영문 지원 서비스를 실행해봤다
'카드를 넣어주세요'

□ 1283

display
[displéi]

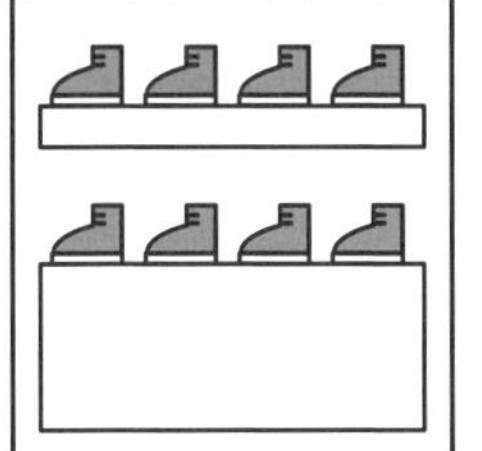

전시하다

상품 전시: 디스플레이

□ 1284

immigration
[ìməgréiʃən]

출입국 관리(심사)

공항의 출입국 관리
immigrant: 이민

□ 1285

aside

[əsáid]

이외에도, 제쳐두고

side의 부사

□ 1286

flare

[flɛər]

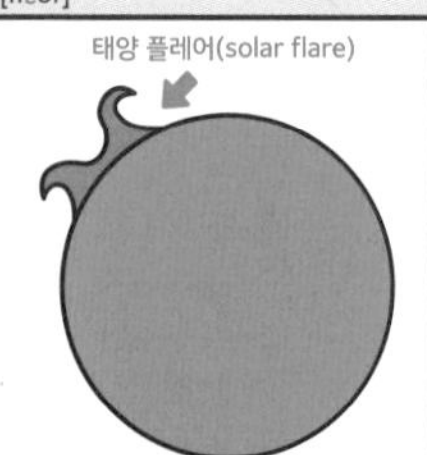

확 타오르다, 나팔꽃 모양으로 벌어지다

태양 표면에서 일어나는 폭발 현상
패션용어 플레어스커트 역시 나팔꽃 모양으로 주름이 잡히기 때문에 붙은 이름

□ 1287

attachment

[ətǽʧmənt]

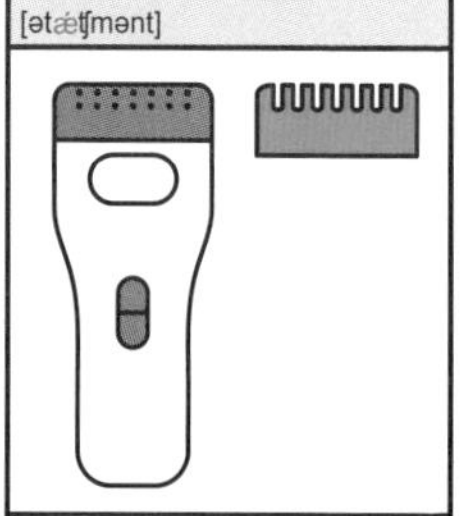

부가 장치, 부착물

attach(붙이다) + ment(결과, 동작, 상태, 수단을 나타내는 명사형 어미)

□ 1288

publish

[pʌbliʃ]

출판하다

책을 펴내는 일

□ 1289

checkup

[ʧékəp]

건강 진단

check + up(다 ~하다) = 다 체크하다

□ 1290

beverage

[bévəridʒ]

음료

마실 것

□ 1291

convert

[kənvə́:rt]

변경하다

야구에서 수비 위치를 변경하는 일
해외에서 사용하는 전압 변환기

□ 1292

firsthand

[fərsthǽnd]

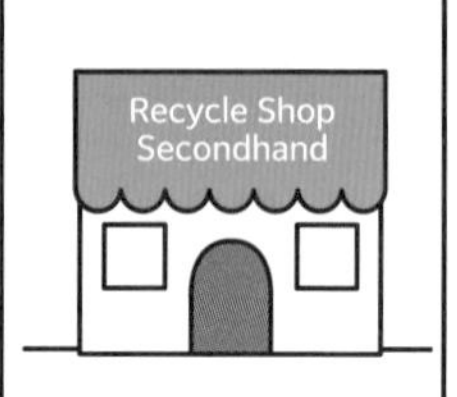

직접의, 바로

중고품 = 세컨드 핸드 제품 = second-hand에 대비되는 표현은 firsthand

□ 1293

telescope

[téləskòup]

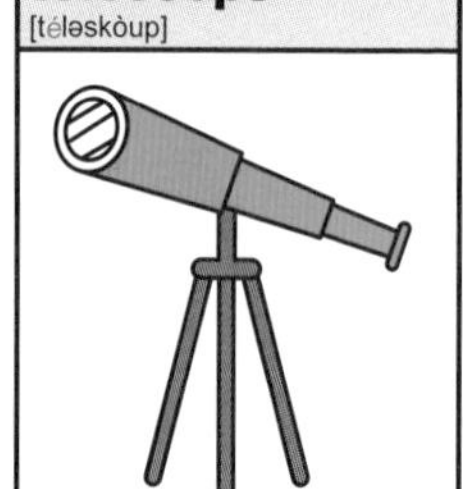

망원경

멀리 있는 물체를 자세히 볼 수 있는 도구

□ 1294

saving account
[séiviŋ əkáunt]

저축 계좌

ATM 기기에서 언어를 영어로 설정하면 표시된다

□ 1295

crowded
[kráudid]

붐비는

crowd: 군중, 떼 지어 모이다

□ 1296

convenience
[kənvíːnjəns]

편의, 편리, 안성맞춤

편의점: convenience store

□ 1297

voluntarily
[vὰləntérəli] [vɔ́ləntər-]

자발적으로, 무료로

volunteer: 어떤 일을 대가 없이 자발적으로 참여하여 도움. 또는 그런 활동

□ 1298

letterhead
[létərhèd]

레터 헤드

편지지 상단이나 봉투에 인쇄된 회사명이나 주소

□ 1299

passenger
[pǽsəndʒər]

승객

passenger service: 열차 내 이동 판매

□ 1300

finalize
[fáinəlàiz]

마무리하다

final(최후) + ize(~화하다, 로 되게 만들다)

□ 1301

audience
[ɔ́ːdiəns]

관객, 청중

공연을 보거나 강연을 들으러 온 사람

□ 1302

amateur
[ǽmətʃùər, -tər]

아마추어, 비전문가, 애호가

프로(전문가 또는 직업 선수)에 대비되는 표현으로 아마추어를 쓴다

Part B 고득점을 위한 필수 단어

□ 1303

rear
[riər]

뒤의

자동차의 레어 시트(뒷좌석)

□ 1304

notable
[nóutəbl]

유명한, 주목할 만한

note(기록하다) + able(가치가 있는)

□ 1305

fantastic
[fæntǽstik]

공상적인, 환상적인

판타지 영화, 판타스틱

□ 1306

literacy
[lítərəsi]

글을 읽고 쓸 줄 아는 능력, 문해력

디지털 리터러시: 디지털 정보를 읽고 이해하는 능력. 원래 리터러시는 글을 읽고 이해하는 능력을 뜻한다

□ 1307

tenant
[ténənt]

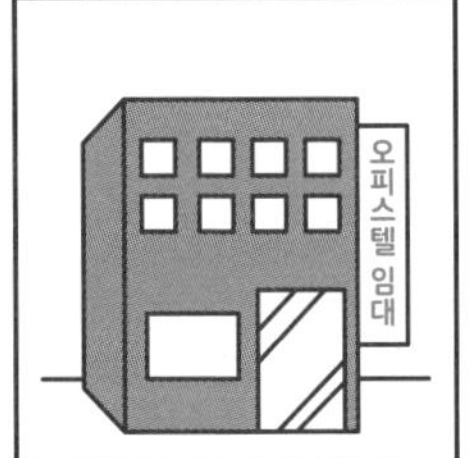

세입자

tenant building: 임대 오피스텔

□ 1308

partial
[pɑ́:rʃəl]

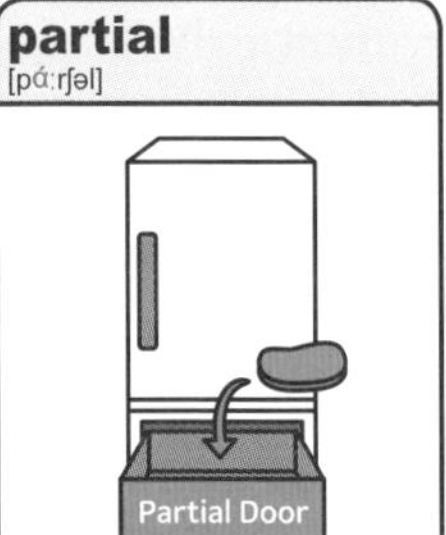

부분적인, 불완전한

part: 부분. 냉장고 신선실의 파셜 기능 (partial: 반동결 또는 미동결 기능)

□ 1309

wish
[wiʃ]

We wish you a Merry Christmas

소원, 소망

크리스마스 송
We wish you a merry christmas ♪

□ 1310

overlook
[òuvərlúk]

간과하다, 못 보고 넘어가다

위쪽(over)을 보느라 앞쪽의 상황을 간과했다

□ 1311

virus
[váirəs]

바이러스

바이러스

전염성 병원체 또는 컴퓨터 시스템이나 파일을 파괴하는 프로그램

☐ 1312

contemporary
[kəntémpərəri]

동시대의, 현대의

컨템포러리 뮤직, 컨템포러리 아트

☐ 1313

location
[loukéiʃən]

장소, 입지

촬영 로케이션(야외 촬영지)

☐ 1314

concise
[kənsáis]

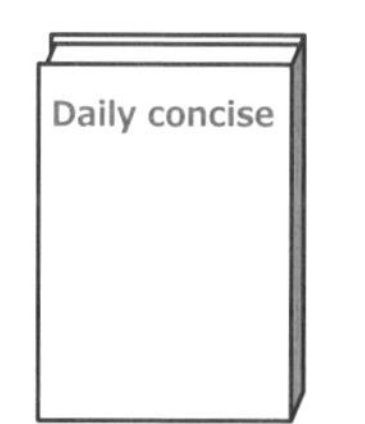

간결한

휴대용 영어 사전은 Daily concise

☐ 1315

global
[glóubəl]

전 세계적인

기업의 글로벌화

☐ 1316

competitor
[kəmpétətər]

경쟁 상대, 경쟁사

competition(경쟁) + tor(-하는 사람)

☐ 1317

legal
[lí:gəl]

법률의

LEC는 Legal Education Center(법률전문학교)의 줄임말이다

☐ 1318

term
[tə:rm]

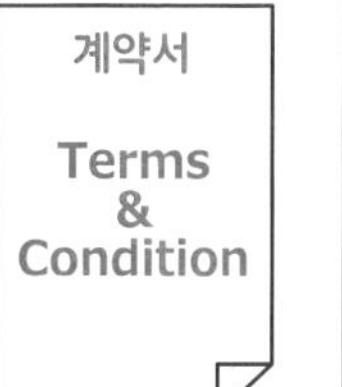

용어, 조건, 기간

technical term: 전문 용어
terms and condition: 이용 약관

☐ 1319

demonstration
[dèmənstréiʃən]

시범을 통한 설명, 제품 시연

판매 촉진을 위해 제품의 사용법이나 작동 과정을 시연하는 것

☐ 1320

utility
[ju:tíləti]

유용, 유익

다용도실. PC의 유틸리티 소프트(컴퓨터 작업을 편리하게 도와주는 유용한 프로그램)

□ 1321

cultivate
[kʌltəvèit]

경작하다, 일구다

agriculture(농업)는 agri(토양)를 갈아서 농사를 짓는다는 의미

□ 1322

domestic
[dəméstik]

(Domestic Violence: 가정폭력)

가정의, 국내의

GDP: Gross Domestic Product(국내총생산)

□ 1323

recruit
[rikrúːt]

(신입사원, 회원, 신병 등)모집하다, 뽑다

리크루트: 구인광고, 취업 알선, 인재 파견 서비스를 제공하는 웹사이트

□ 1324

result
[rizʌlt]

결과

스포츠 뉴스 등에서 결과를 전하는 기사 제목에 result를 쓴다

□ 1325

union
[júːnjən]

(노동)조합, 협회

유니언잭: Union Jack(영국 국기. 웨일스, 잉글랜드, 스코틀랜드가 연합하여 오리지널 유니온기가 만들어졌다)

□ 1326

sexual
[sékʃuəl]

성적인

성희롱: sexual harassment(직장 등에서 성과 관련된 언동으로 상대에게 굴욕감을 주거나 불이익을 주는 행위)

□ 1327

handful
[hǽndfùl]

줌, 움큼

hand(손) + ful(~을 가득 채울 정도의 양)

□ 1328

log
[lɔ(ː)g]

접속하다, 일지에 기록하다

로그인: 사용자가 호스트 컴퓨터나 네트워크에 ID와 암호를 입력 후 접속하는 작업

□ 1329

prospect
[prɑ́ːspekt]

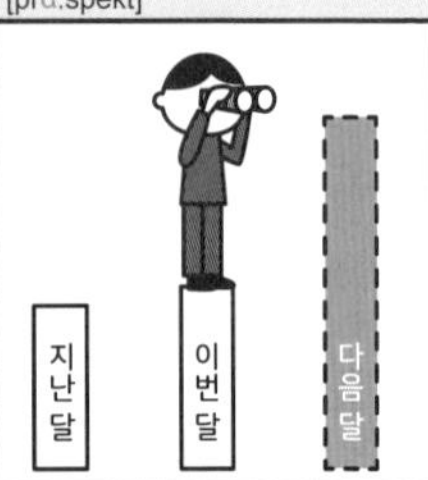

가망, 전망

pro(미리) + spec(보다)

□ 1330

lofty
[lɔ́:fti]

우뚝 솟은, 숭고한

loft: 건물 위층, 높은 곳을 의미

□ 1331

driveway
[dráivwèi]

사유(私有) 차도, 진입로

도로에서 건물·차고로 통하는 길

□ 1332

restrain
[ristréin]

압박하다, 저지하다

re(뒤쪽으로) + strain(압력을 가하다)

□ 1333

questionnaire
[kwèstʃənέər]

앙케트

Q1

Q2

Q3

Q4

Q5

앙케트, 질문지

question: 질문

□ 1334

depth
[depθ]

깊이

deep(위 표면에서 아래쪽 바닥까지의 깊이, 전면에서 안쪽까지의 길이)의 명사형

□ 1335

severe
[sivíər]

심각한, 가혹한

심각한 상황

□ 1336

bargain
[bɑ́:rgən]

염가 판매

싸게 사는 물건

□ 1337

component
[kəmpóunənt]

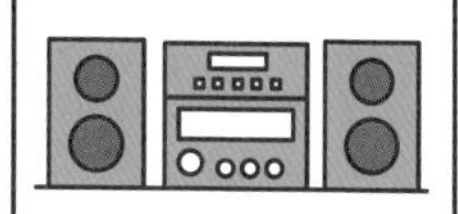

부품

미니 컴포넌트란 실내 감상용으로 쓰이는 실속형 오디오를 말한다

□ 1338

polish
[pɑ́liʃ]

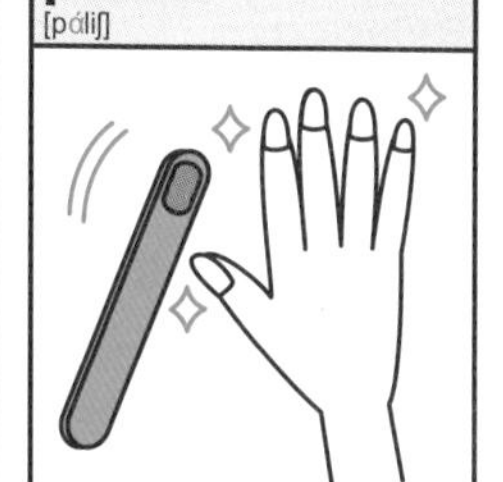

닦다, 윤내다

구두약(shoe polish), 매니큐어(콩글리쉬, 영어로는 nail polish라고 한다)

☐ 1339

conversion
[kənvə́ːrʒən]

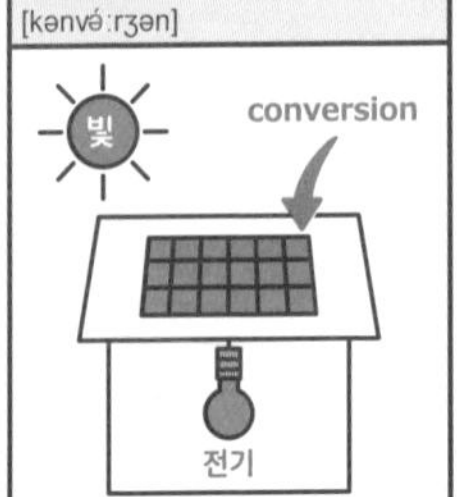

전환, 변환

컨버터: 전기 제품을 해외에서도 사용할 수 있도록 고안된 변압기

☐ 1340

invalid
[ínvəlid]

효력 없는(무효한)

valid: 카드 유효 기간
in(not. 부정을 뜻함) + valid(유효) = 무효

☐ 1341

essentially
[isénʃəli]

근본적으로

에센셜 오일. 에센셜 샴푸

☐ 1342

disclose
[disklóuz]

밝히다, 폭로하다

dis(반대) + close(닫다) → 공개하다

☐ 1343

real estate
[ríːəlestèit]

부동산

부동산 업종을 가리킴. ○○공인중개사무소

☐ 1344

outline
[áutlain]

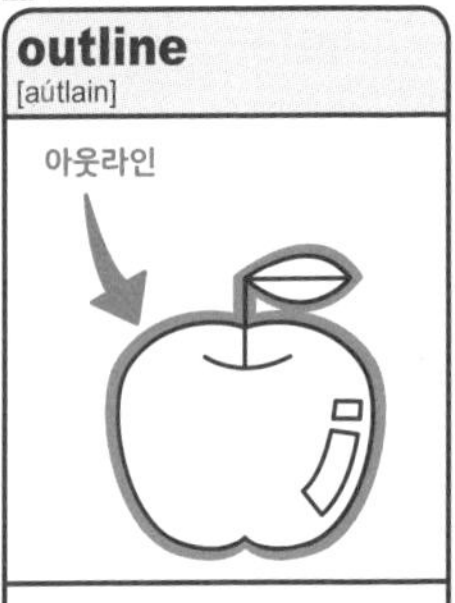

개요, 윤곽, 초안

파워포인트의 아웃라인 기능

☐ 1345

shrink
[ʃriŋk]

줄다, 오그라들다

페트병에 열을 가해 상표를 부착하는 과정을 쉬링크 랩핑(shrink lapping: 수축 포장)이라고 한다

☐ 1346

commerce
[kɑ́məːrs]

상업, 무역

e-commerce: 전자상거래

☐ 1347

finance
[finǽns, fáinæns]

금융, 재정, 재무(학)

파이낸스 부문

□ 1348

advertise
[ǽdvərtàiz]

광고하다, 선전하다
애드: 광고대리점을 뜻하는 회사명

□ 1349

imitation
[imətéiʃən]

위조품
명품 이미테이션

□ 1350

outgoing
[áutgouiŋ]

사교적인, 외향적인
out(밖으로) + going(가다) → 사교적, 외향적인 사람

□ 1351

edition
[idíʃən]

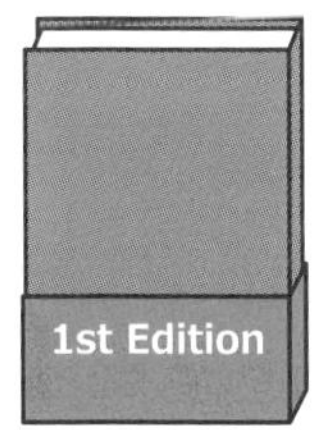

(서적 등의) 제○판
First edition: 초판본
collector's edition: 정품에 추가 항목을 더한 버전

□ 1352

aggressive
[əgrésiv]

공격적인
스포츠 해설할 때 자주 나오는 표현이다

□ 1353

imprint
[동 imprínt, 명 ímprint]

각인시키다, 강한 인상을 주다
im(속에) + print(새기다)

□ 1354

entertain
[èntərtéin]

즐겁게 하다
엔터테이너(entertainer): 연예인

□ 1355

congratulation
[kəngrætʃuléiʃən]

축하
결혼식 웰컴 보드, 우승 축하 메시지

□ 1356

sink
[siŋk]

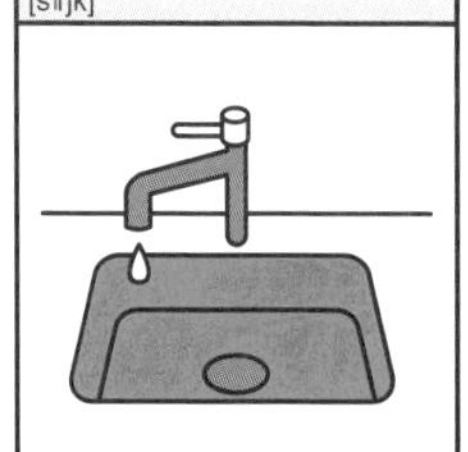

싱크대, 물속으로 가라앉다
부엌 싱크대: 개수대

☐ 1357

administration
[ədmìnistréiʃən]

관리(업무)

administrator: 관리자(PC 시스템을 관리하는 계정)

☐ 1358

rebound
[ribáund]

다시 튀어나오다, 되돌아오다

(다이어트) 요요 현상

☐ 1359

weather report
[wéðər ripɔ́:t]

일기예보

일기예보에 해당되는 표현

☐ 1360

ambulance
[ǽmbjuləns]

구급차

보통 구급차 차체에 쓰여 있다

☐ 1361

originate
[ərídʒənèit]

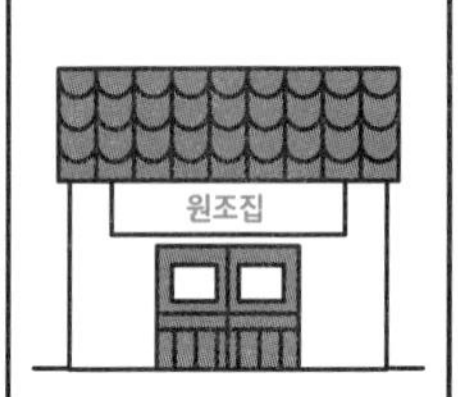

유래하다, 발생하다

오리지널: 원조

☐ 1362

circuit
[sə́:rkit]

서킷브레이커
(circuit breaker: 누전 시 전기 회로를 자동으로 차단시키는 스위치)

전기 회로, 순회 노선

서킷 트레이닝(circuit training: 쉬는 시간 없이 한 운동에서 다른 운동으로 운동 방식을 바꿔가는 신체 단련법)

☐ 1363

intercept
[ìntərsépt]

가로막다

스포츠에서 상대팀의 패스를 중간에서 가로채는 것

☐ 1364

culinary
[kjú:lənèri]

요리의

레스토랑의 주방 인력 모집 공고에 쓰이는 표현

☐ 1365

executive
[igzékjutiv]

임원, 간부

CEO: chief exacutive officer

☐ 1366

prehistoric
[prihistɔ́ːrik]

선사시대의

pre(전) + history(역사) → 역사를 기록하기 이전의 시대

☐ 1367

collaborate
[kəlǽbərèit]

협력하다, 공동으로 하다, 합작하다

콜라보하다

☐ 1368

brand
[brænd]

브랜드, 상표, 낙인을 찍다

브랜드 제품

☐ 1369

quarter
[kwɔ́ːrtər]

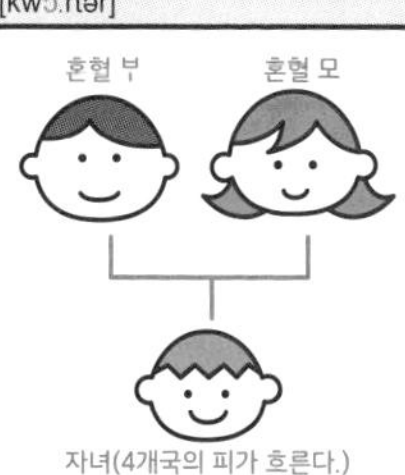

4분기, 4분의 1

아버지도 혼혈 외국인이고 어머니도 혼혈 외국인이면 자녀는 4개국의 피가 흐른다

☐ 1370

paid holidays
[peid hɔ́lədèi]

月	火	水	木	金	土	日
1	2	3	4	5	6	7
8	9	10	11	12	13	14
15	16	17	18	19	20	21
22	23	24	25	26	27	28
29	30	31		유급 휴가		

유급 휴가

pay(급료) + holiday(휴일)

☐ 1371

vision
[víʒən]

시력, 통찰력, 선견지명

기업의 비전, 비전을 공유하다

☐ 1372

progress
[prɑ́gres | próu-]

진전

in progress: 진행 중인

☐ 1373

contain
[kəntéin]

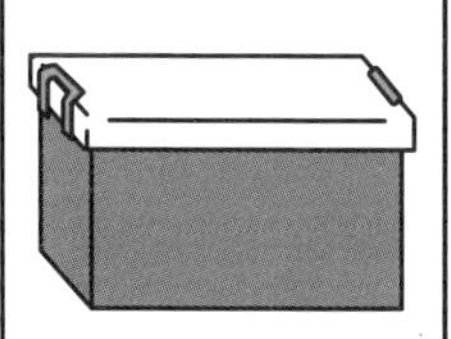

담다, 함유하다

컨테이너(container): 화물 수송에 주로 쓰이는 철제 상자.

☐ 1374

motivate
[móutəvèit]

동기를 부여하다

motivation: 동기 부여

□ 1375

R&D
[ríːsəːrtʃ n divéləpmənt]

연구 개발

Research&Development
제조업체 등의 R&D 센터

□ 1376

external
[ikstə́ːrnl]

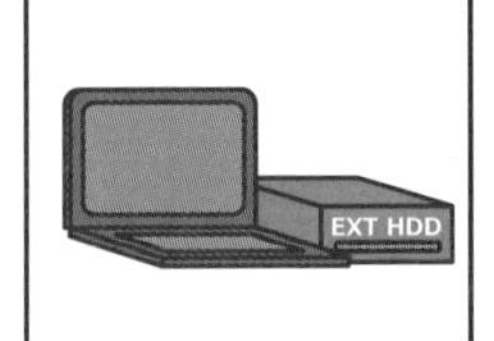

외부의

PC의 외장형 하드 디스크에 적혀 있는 표현

□ 1377

household
[háushòuld]

가족, 가정

한집(house)에 수용된(hold) 사람들 = 가족

□ 1378

interest
[íntərəst]

이자, 금리, 관심

적금을 들 때는 이자에 가장 큰 관심을 보인다

□ 1379

formal
[fɔ́ːrməl]

공식적인, 정식의

formal wear(포멀 웨어): 정장, 예복

□ 1380

material
[mətíəriəl]

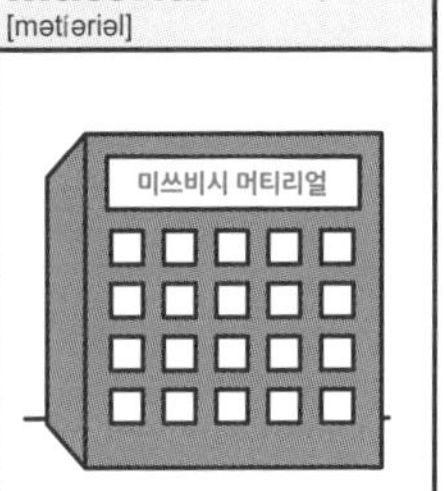

재료

raw material: 원료

□ 1381

normalize
[nɔ́ːrməlàiz]

정상화하다, 표준화하다

normal(정상의·표준의) + lize(~화)

□ 1382

vaccine
[væksíːn]

백신

예방접종 백신

□ 1383

fee
[fiː]

요금

요금을 지불하다
entrance fee: 입장료

□ 1384

deadline
[dédlain]

마감일, 최종 기한

데드라인을 정하다

□ 1385

in the black / red
[in ðə blæk/red]

흑자/적자

수입이 지출보다 많으면 검은 글씨로, 수입이 지출보다 적으면 붉은 글씨로 쓴 데서 흑자, 적자라는 표현이 유래함

□ 1386

legend
[lédʒənd]

전설

레전드: 빛나는 업적을 이룬 스포츠 선수를 기리는 의미로 붙이는 지칭

□ 1387

treat
[triːt]

다루다, 치료하다, 처치하다

헤어트리트먼트: 샴푸 후 모발에 영양분을 공급하는 미용 제품

□ 1388

relay
[ríːlei]

릴레이, 중계, 전달하다

torch relay tradition: 성화 릴레이 전통

□ 1389

outsource
[àutsɔ́ːrs]

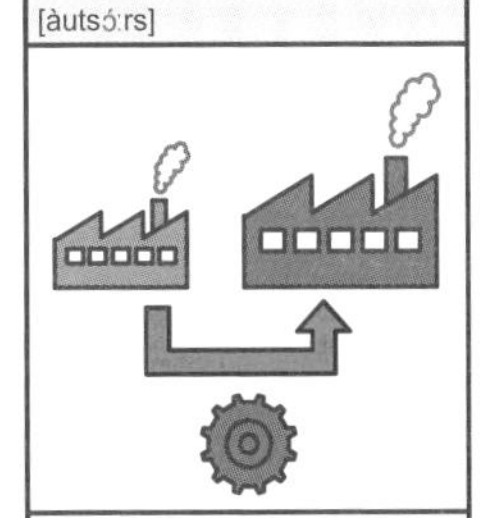

외주를 주다

일부 업무를 아웃소싱하다

□ 1390

simulate
[símjulèit]

모의실험·모의훈련을 하다

시뮬레이션(모의실험)
지진 시뮬레이터(지진 가상 체험)

□ 1391

identify
[aidéntəfài]

확인하다

ID카드: 신분증명서

□ 1392

vanity
[vǽnəti]

자만, 허영심, 겉치레

배니티 케이스(vanity case): 화장품 수납용으로 제작된 칸막이 손가방

☐ 1393

ambitious
[æmbíʃəs]

야심 있는, 의욕적인

Boys, be ambitious!(소년이여, 야망을 품어라!) by 클라크 박사

☐ 1394

move
[muːv]

안건을 제출하다, 의견을 제기하다

move = 움직이다 → 회의할 때 move를 쓰면 '안건을 제출한다'는 의미가 된다

☐ 1395

press conference
[press kɔnfərəns]

기자회견

press(보도) + conference(회의)

☐ 1396

document
[dákjumənt]

문서, 서류, 기록

문서 작성 프로그램 word processor의 확장자 doc는 document를 줄인 표현이다

☐ 1397

hierarchy
[háiərὰːrki]

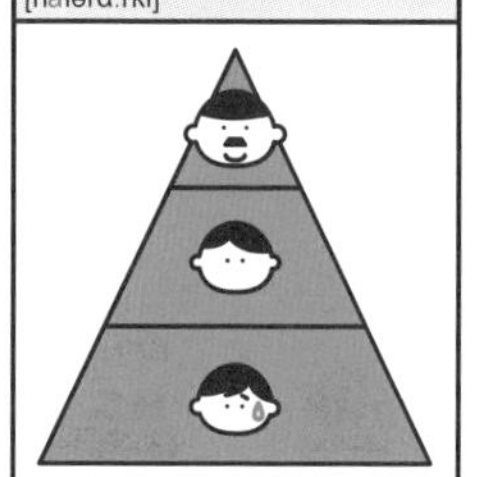

계급, 계층

비즈니스 용어. 위계질서를 중시하는 조직 사회

☐ 1398

injury
[índʒəri]

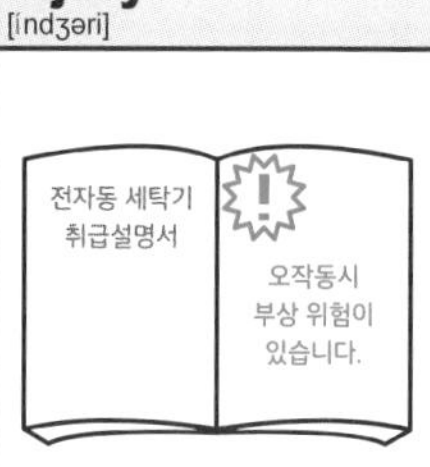

손상, 부상, 상처

취급설명서의 경고문에 '부상 위험이 있다'고 적혀 있었다

☐ 1399

variable
[vέəriəbl]

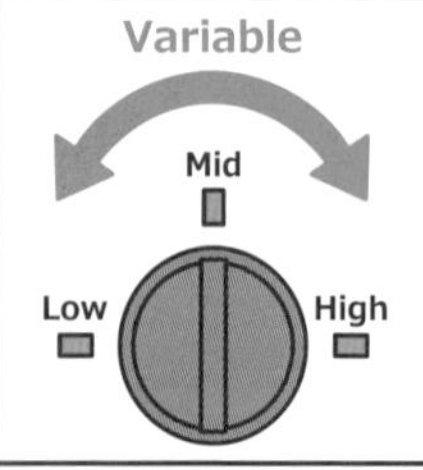

변동이 심한, 가변적인

variation(변화) + able(가능)

☐ 1400

belongings
[bilɔ́ːŋiŋz]

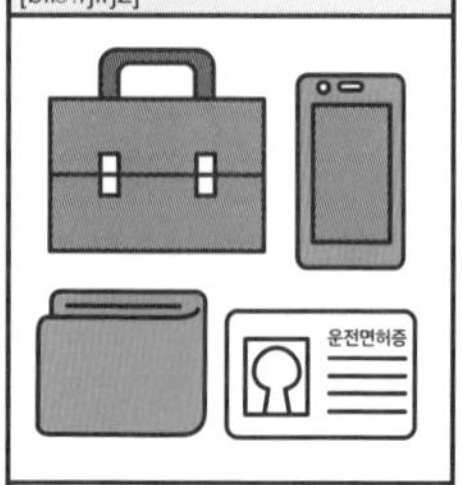

소유물, 소지품

belong: ~에 속하다, 개인 소지품

☐ 1401

audition
[ɔːdíʃən]

오디션, 심사

audire: 라틴어로 '듣다'의 의미

□ 1402

fundamental
[fʌndəméntl]

기본적인, 근본적인

foundation: 밑 화장

□ 1403

cue
[kju:]

신호

무대나 방송 등에서 시작을 알리는 신호

□ 1404

eject
[idʒékt]

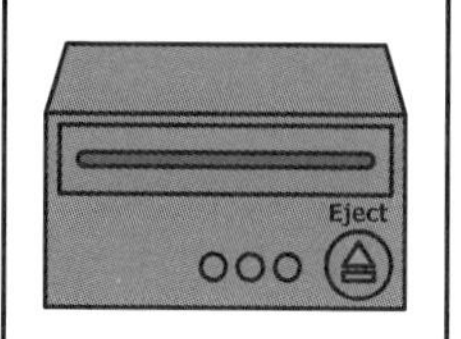

내쫓다, 튀오나오게 하다

DVD 등을 꺼낼 때 누르는 버튼

□ 1405

pacify
[pǽsəfài]

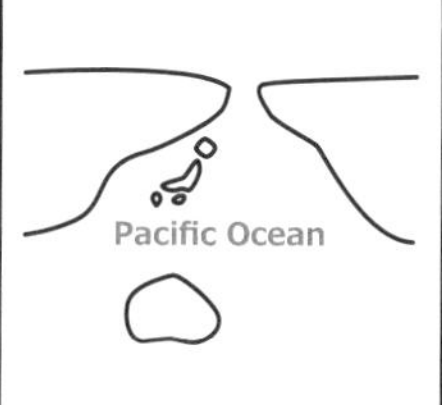

평화로운 상태로 회복시키다, 달래다

pacific ocean: 태평양(太平洋)의 '평(平)'은 '평화롭다(平和--)'의 '평(平)'과 같은 한자다

□ 1406

overtake
[ouvərtéik]

앞지르다

take(붙잡다) + over(초과하다) = 앞지르다

□ 1407

leaflet
[lí:flit]

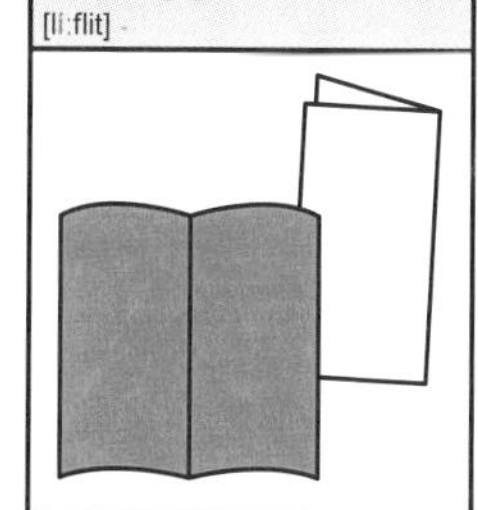

전단지, 팸플릿

안내 소책자

□ 1408

proposal
[prəpóuzəl]

제안, 제의, 청혼

프러포즈하다: 청혼하다

□ 1409

PIN
[pin]

개인 식별 번호

Personal Identification Number

□ 1410

colony
[kɔ́ləni]

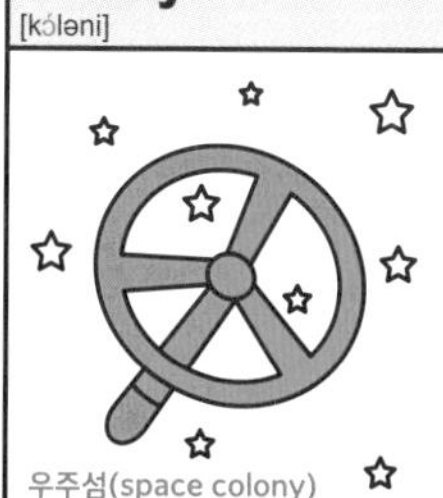

식민지

우주섬(space colony): 인류를 이주시키기 위한 대형 인공위성

☐ 1411

sick leave
[sik liːv]

병가
질병이나 부상에 따른 휴가

☐ 1412

memorandum
[mèmərǽndəm]

메모
공지사항, 메모

☐ 1413

elevation
[èləvéiʃən]

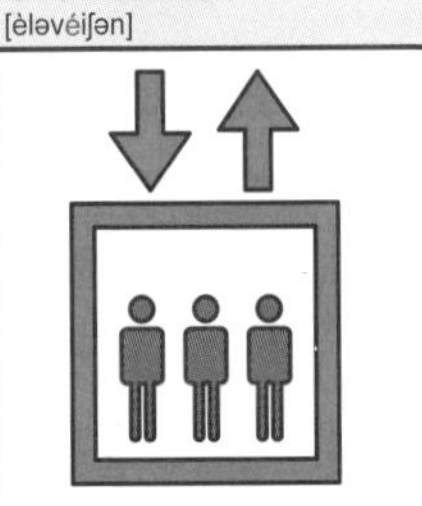

상승, 고도
엘리베이터: 동력을 사용하여 사람이나 짐을 아래위로 실어 나르는 장치

☐ 1414

awareness
[əwɛ́ərnis]

의식, 인식, 지각
be aware!: 조심! 주의 표지판

☐ 1415

vivid
[vívid]

선명한, 생생한
vivid color: 경쾌한 색깔

☐ 1416

combat
[kəmbǽt]

전투, 전투를 벌이다
바퀴벌레 살충제 컴배트

☐ 1417

contrary
[kɔ́ntrəri]

~와는 반대되는
color contrast: 색상 대비

☐ 1418

item
[áitəm]

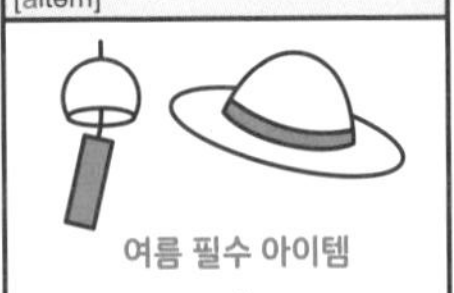

품목
필수 아이템, 게임 아이템

☐ 1419

monotonously
[mənɑ́tənəsli]

단조롭게, 변화 없이
모노톤(monotone): 단조로운 어조, 단색의, 단일음

☐ 1420

attention
[əténʃən]

주의, 주목

승무원이 안내 전에 하는 말

☐ 1421

receptive
[riséptiv]

받아들이는, 수용하는, 감수성이 풍부한

접수 데스크에 reception이라고 적혀 있다

☐ 1422

region
[rí:dʒən]

지역

region center: 구민회관

☐ 1423

vendor
[véndər]

납품업자, 판매자

vending machine: 자동판매기

☐ 1424

conference
[kánfərəns]

회의

의료 컨퍼런스. 의학 드라마에서 종종 나오는 장면이기도 함

☐ 1425

breakthrough
[bréikθru]

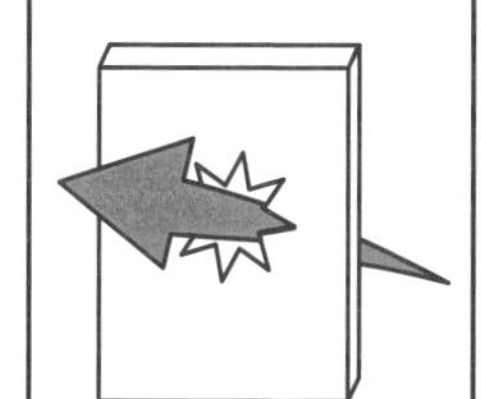

돌파구, 획기적인 발전

돌파구를 찾은 경험이 자신감으로 이어진다

☐ 1426

round-trip
[raund trip]

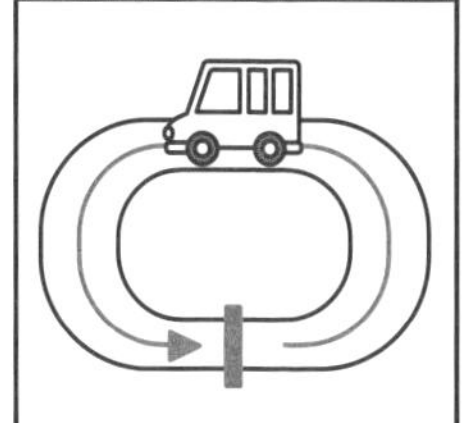

왕복 여행

round(한 바퀴 돌다) → 출발점으로 돌아오다

☐ 1427

portfolio
[pɔ:rtfóuliòu]

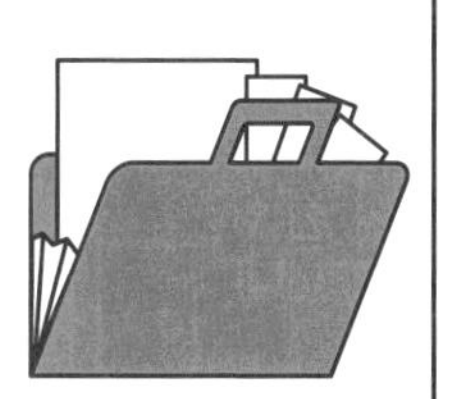

서류 보관 파일, 포트폴리오(투자내역)

서류를 열람하거나 교체하기 쉽도록 모아 둔 파일

☐ 1428

disability
[disəbíləti]

무력, 무능, 신체장애

dis(not) + ability(가능)

□ 1429

outnumber
[autnə́mbər]

~을 수로 압도하다

out(나아가다) + number(숫자) = 숫자로 나아가다

□ 1430

tribute
[tríbjuːt]

찬사, 공물

가수의 헌정 앨범
contribution: 기부금, 성금

□ 1431

random
[rǽndəm]

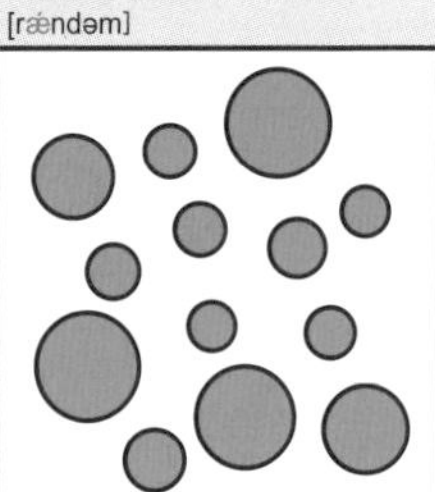

무작위로, 임의로, 생각나는 대로

랜덤으로(생각나는 대로) 지명하다

□ 1432

coupon
[kúːpan]

쿠폰, 할인권

할인 쿠폰

□ 1433

adjust
[ədʒʌ́st]

조절하다

책상 높낮이를 조절하는 나사 부분
남성 정장 바지나 조끼의 허리 치수를 조절할 수 있도록 고안된 어드저스트

□ 1434

content
[kántent]

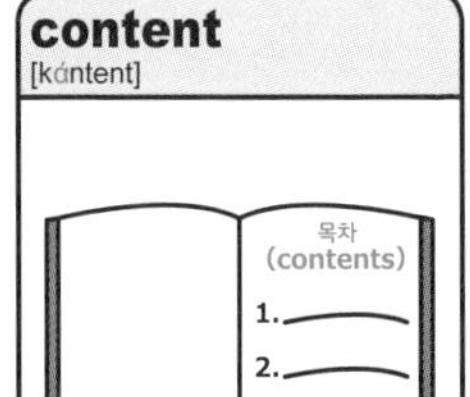

콘텐츠, 내용, 목차

인터넷 콘텐츠

□ 1435

restore
[ristɔ́ːr]

복원하다

단순히 고장 난 물건을 고치는 것이 아니라 클래식 자동차나 빈티지 제품 등을 복원한다는 뜻으로 쓰인다

□ 1436

establish
[istǽbliʃ]

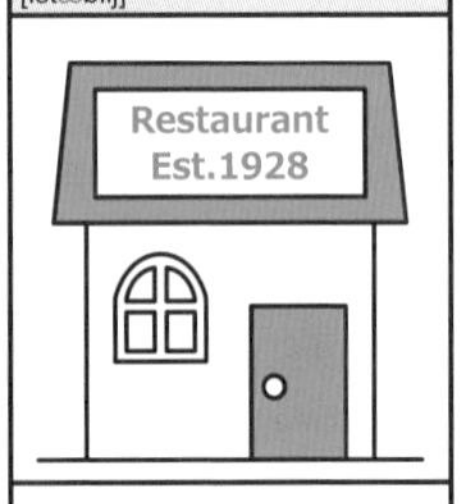

설립하다, 세우다

가게나 회사의 간판 등에 쓰여 있다. 창립일 ○○년

□ 1437

fault
[fɔːlt]

결점, 흠, 악행

테니스 경기의 서브 미스

□ 1438

clinical
[klínikəl]

임상의, 임상 치료의

클리닉: 병원

□ 1439

plain
[plein]

평이한, 수수한, 섞인 것이 없는

플레인 요구르트
플레인 오믈렛: 달걀 외의 속 재료를 넣지 않은 오믈렛

□ 1440

hazard
[hǽzərd]

위험(요소)

자동차의 해저드 램프(hazard lamp: 비상 점멸 표시등)

□ 1441

boundless
[báundlis]

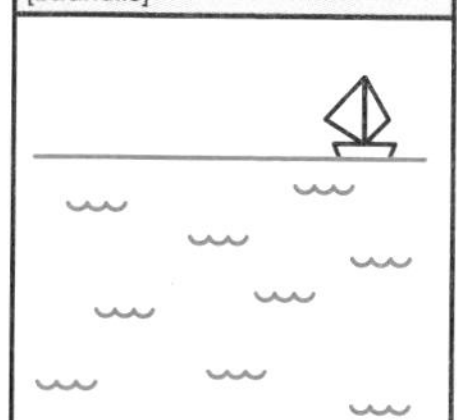

무한한

boundary(경계선) + less(없는)

□ 1442

tumble
[tʌmb]

굴러 떨어지다

텀블러(tumbler)의 어원은 'tumble(구르다)'에서 유래했다. 쇠뿔 모양의 원추형 잔이 텀블러의 시초

□ 1443

undergo
[əndərgou]

(시련을) 견디다, 경험하다

under(땅을 기어서라도) + go(나아가다) → 견디다

□ 1444

aquaculture
[ǽkwəkʌltʃər]

어류나 해조류 양식

aqua(물) + cultivate(재배·양성). 농업은 agriculture

□ 1445

microwave oven
[maikrəweiv ʌvən]

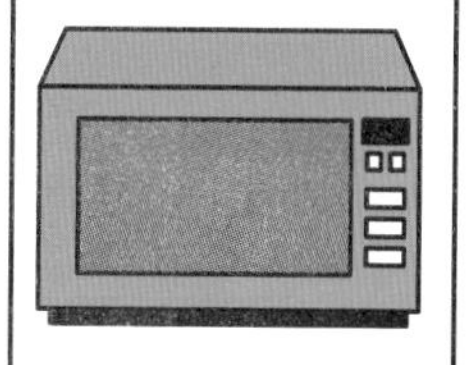

전자레인지

microwave(극초단파)를 사용하는 오븐

□ 1446

stock
[stak]

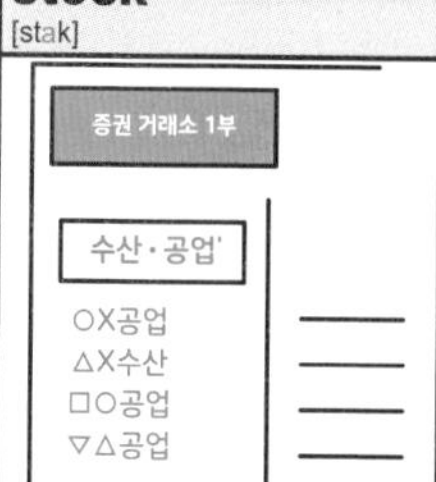

주식

Stock Exchange: 증권 거래소. TV 경제 방송 등에서 언급된다

□ 1447

extra
[ékstrə]

추가의, 할증 요금, 여분, 특별한

Extra Cold는 빙점 이하(-2도~0도)로 제공하는 맥주를 말함: 특별히(Extra) 더 차게 하다

□ 1448

function
[fʌŋkʃən]

기능

PC 키보드의 F1~F12 키. 펑션 키

□ 1449

overplay
[òuvərpléi]

과대평가하다, 지나치게 과장하다

over(과장하여) + play(연기하다)

□ 1450

site
[sait]

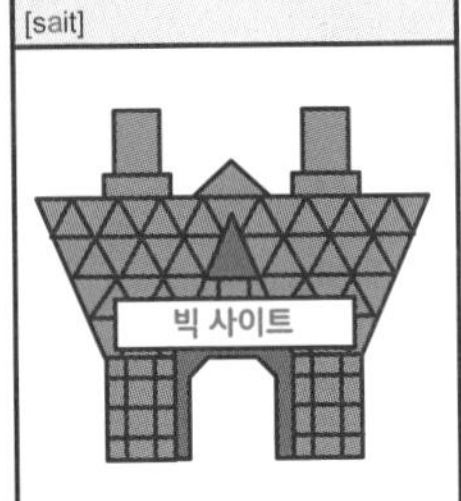

부지, 장소, 터

인터넷 사이트: 정보 게시용 공간, 즉 홈페이지

□ 1451

back order
[bækɔ:rdər]

이월 주문

순식간에 품절되어 이월 주문이 늘고 있다

□ 1452

segment
[ségmənt]

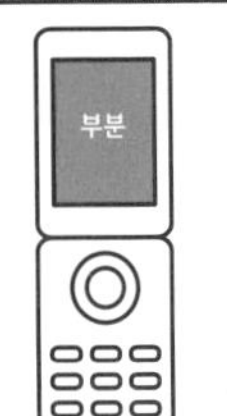

분절, 부분

오렌지 등의 한 쪽(조각)

□ 1453

surpass
[sərpǽs]

넘어서다, 앞서다

surpassing: 탁월한

□ 1454

fare
[fɛər]

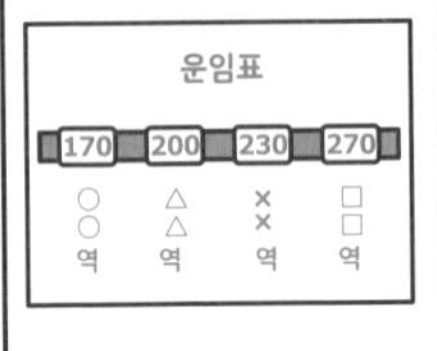

운임(요금)

지하철 등의 영어판 운임표에 fare라고 적혀 있다

□ 1455

specifications
[spèsəfikéiʃənz]

사양, 규격

컴퓨터 사양. 또는 결혼 상대의 조건

1456 1457

vital
[váitl]

생명의, 활기찬, 없어서는 안 될

바이탈 체크: 혈압, 맥박, 호흡, 체온 측정.
비타민의 어원

1458

framework
[fréimwərk]

틀, 구조

frame(뼈대) + work(작업) → 뼈대를 세우는 작업 → 구조

ingredient
[ingrí:diənt]

재료, 성분

수입 식재료의 성분 표시란에 ingredient라고 적혀 있다

1459

status
[stéitəs]

(사회적) 지위, 신분, 상황

회원 등급: 플래티넘(platinum: 백금), 골드(gold: 금)
예약 현황(reservation status)

1460

bottom line
[bátəm lain]

총결산, 당기 순이익

손익 계산서는 마지막 줄에 1년간의 수입과 지출을 산출한 당기 순이익(일정 기간의 순이익)을 기록한다

1461

holdover
[houldouvər]

이월, 유임자, 잔존물

hold(유지하다) + over(기한을 넘기다) → 유임하다, 연장하다

1462

headquarters
[hedkwɔrtərz]

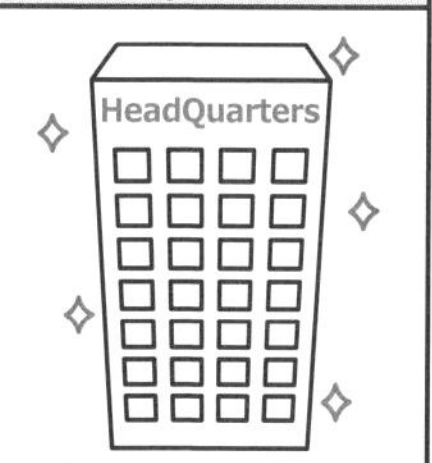

본사

약자로 HQ라고 쓰기도 한다

1463

detachment
[ditǽtʃmənt]

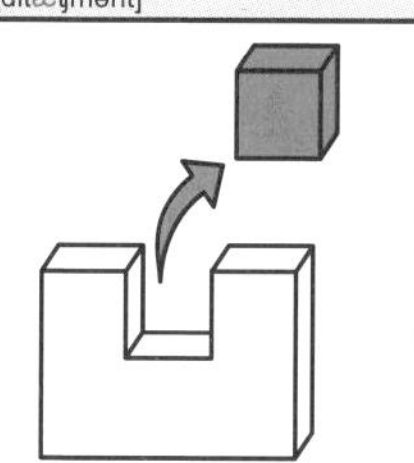

분리, 초연

attachment의 반의어(de-)

1464

job vacancy
[dʒɑ:bvéikəns]

구인 자리

vacant: 공석.
vacancy rate: 공실율

□ 1465

award
[əwɔ́:rd]

상, 수여하다

OO어워드: OO상

□ 1466

warranty
[wɔ́:rənti]

보증서

수입품의 보증서나 보증 조건을 기재하는 칸에 warranty라고 적혀 있다

□ 1467

chop
[tʃɑp]

자르다, 베다, 패다

가라테 촙(일본 무술 가라테 중 손날로 내리치는 기술을 뜻함)

□ 1468

dose
[dous]

1회분 복용량

오버도스(overdose): 약물 과다 복용(적정량 초과 섭취에 따른 부작용)

□ 1469

skim
[skim]

훑어보다, 걷어내다, 표면을 스쳐가다

스키밍(skimming): 카드 정보를 전자 장비로 몰래 복사 후 위조 업자에게 팔아넘기는 행위

□ 1470

competitive
[kəmpétətiv]

경쟁력 있는

competition(경쟁) + -itive(하는 성향이 있는)

□ 1471

consensus
[kənsénsəs]

(의견) 일치, 합의

관계자의 컨센서스(합의)를 얻다

□ 1472

overnight
[ouvərnait]

하룻밤에(밤새, 익일 배송)

over(~을 초과하여) + night(밤)

□ 1473

refinement
[rifáinmənt]

정제(된 것), 세련(된 태도)

re(거듭) + fine(멋을 부린)

☐ 1474

impassive
[impǽsiv]

냉담한, 무표정한

im(no) + passion(정열)

☐ 1475

microscope
[máikrəskòup]

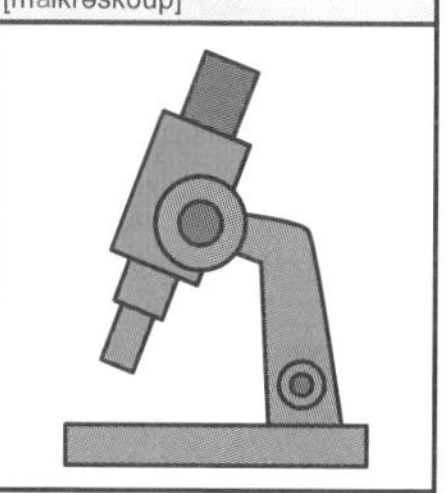

현미경

micro(아주 미세한)한 것을 볼 수 있는 광학기기
파이버 스코프(fiberscope): 내시경

☐ 1476

intelligent
[intélədʒənt]

지적인, 똑똑한

인텔리전트 오피스(intelligent office): 지능화 사무실.
그 사람은 인텔리(지식인)다

☐ 1477

view
[vju:]

전망

오션 뷰(ocean view): 관광호텔 창문으로 바다가 보이는 일
시티 뷰(city view): 도심 전망

☐ 1478

scheme
[ski:m]

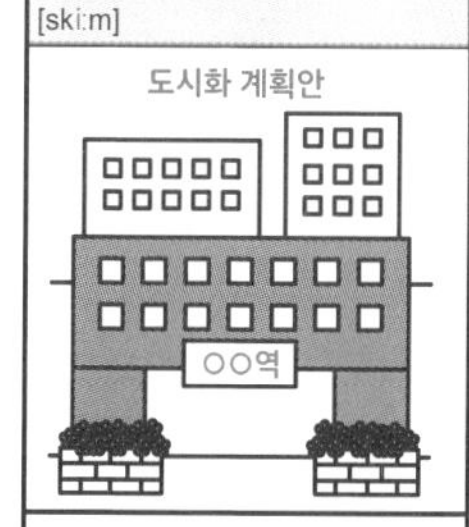

(운영) 계획, 구성, 조직

plan에 비해 더 짜임새 있고 틀이 잡힌 계획

☐ 1479

deal
[di:l]

거래, 계약, 분배하다

dealing room: 증권사나 은행 같은 금융회사의 매매·거래 전용 사무실

☐ 1480

outlet
[áutlet]

직판장, 배출구, 출구

전기 콘센트를 영어로 outlet이라고 한다
outlet store: 시중가보다 훨씬 저렴한 가격으로 판매하는 직영 소매점

☐ 1481

convene
[kənví:n]

회합하다

컨벤션 홀(convention hall)

☐ 1482

risk
[risk]

위험 요소, 사고 발생의 가능성, 우려

리스크 헤지(risk hedge): 위험 방지책

☐ 1483

expressway
[ikspréswèi]

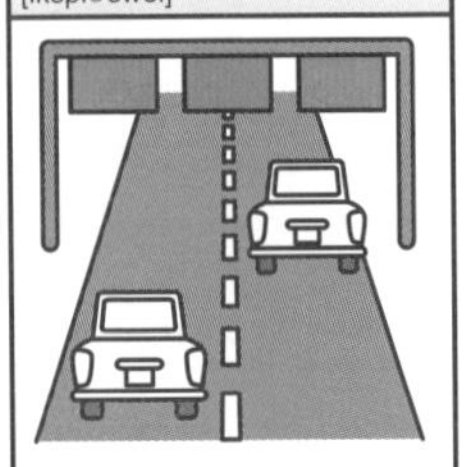

고속도로

express(고속의) + way(도로)

☐ 1484

trace
[treis]

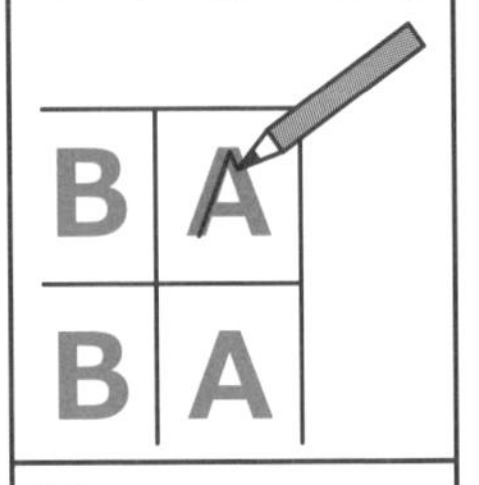

흔적

선을 따라 그리다, 행동을 추적하다
트레이싱 페이퍼(tracing paper): 투사지

☐ 1485

check out
[ʧek aut]

호텔 숙박료 정산, 퇴실 절차

호텔 체크아웃

☐ 1486

extinguish
[ikstíŋgwiʃ]

진화하다, 끄다

소화기: extinguisher

☐ 1487

assistance
[əsístəns]

지원, 원조

어시스턴트(assistance): 보조, 조수
축구에서 득점으로 연결된 패스를 어시스트(assist: 돕다)라고 한다

☐ 1488

chair
[ʧɛər]

의장이 되다, 의자

축구 협회 회장: Chairman of Football Association

☐ 1489

hospitalize
[háspitəlàiz]

~을 입원시키다

hospital + lize(~한 상태가 되도록 하다)

☐ 1490

altitude
[ǽltətjù:d]

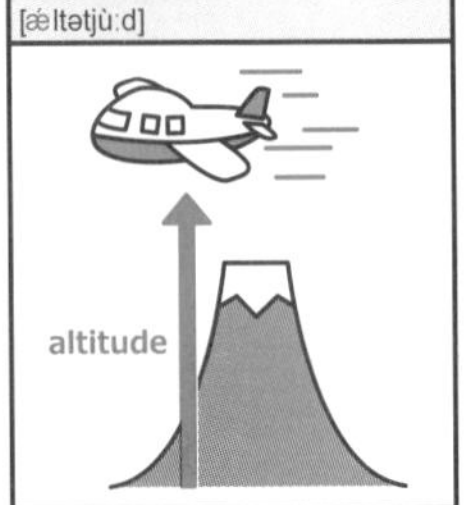

고도, 표고

항공기 시스템에 따라 비행 중 운항 정보(flight information)가 화면에 표시된다.
등산 안내 표지판

☐ 1491

outdated
[autdeitid]

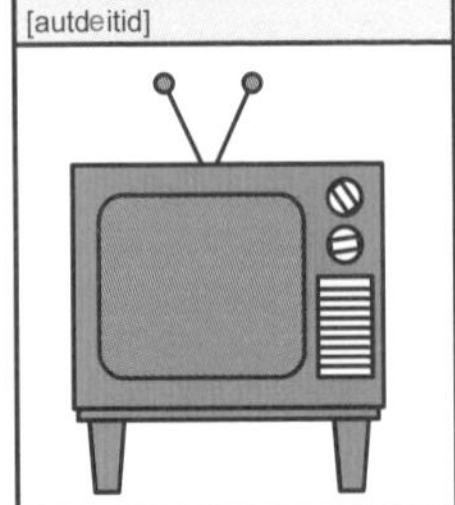

구식의, 시대에 뒤처진

out(지난) + date(날짜)

□ 1492

capacity
[kəpǽsəti]

능력, 용량, 가능성

capacity over: 수용 인원 초과

□ 1493

hallway
[hɔlwei]

복도, 현관, 통로

hall(현관) + way(길) = 복도

□ 1494

memorize
[méməràiz]

암기하다

메모리(memory): 기억

□ 1495

forecast
[fɔrkæst]

예상하다, 예측하다, 예보하다

기상 예보: fore(미리) + cast(점치다)

□ 1496

fame
[feim]

명예

famous: 유명한

□ 1497

runaway
[rənəwei]

도망자

run(달아나다) + away(멀리) → 멀리 달아나다 = 도망자

□ 1498

supply room
[səplái ru:m]

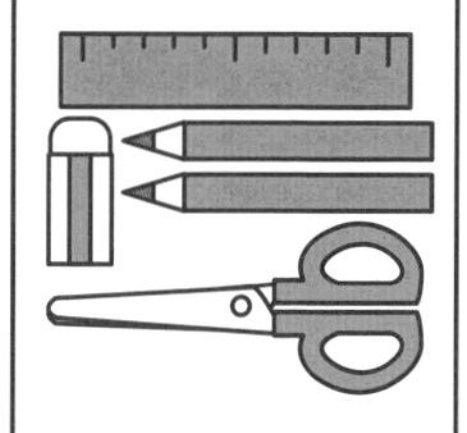

비품실

오피스 서플라이(office supply): 사무용품, 문방구

□ 1499

session
[séʃən]

회의, 수업, (특정 활동을 위한)시간

재즈 세션(jazz session)
워크숍 세션(workshop session)

□ 1500

tender
[téndər]

부드러운

텐더로인 스테이크(tenderloin): 소의 안심(등뼈 안쪽) 부위. 육질이 부드러워 인기가 높다.

□ 1501

physical
[fízikəl]

신체의, 물질적인

mental: 마음의
physical: 신체의

□ 1502

discount
[dískaunt]

할인하다

Discount Ticket: 할인 티켓
Discount Shop: 할인 매장

□ 1503

emergency
[imə́:rdʒənsi]

응급, 비상사태

emergency exit: 비상구

□ 1504

justice
[dʒʌ́stis]

정의, 공정

하버드 대학 마이클 샌델의 베스트셀러 《정의란 무엇인가(Justice: What's the Right Thing to Do?)》

□ 1505

serial
[síəriəl]

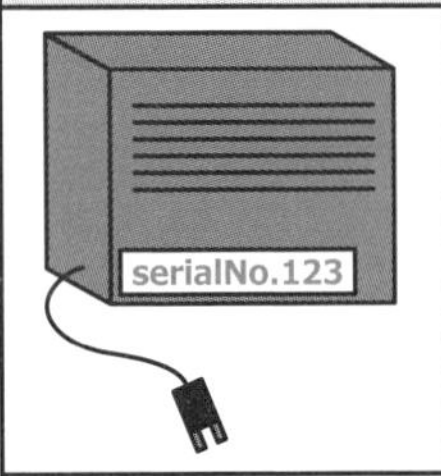

연속하는, 일련의

제조품의 시리얼 넘버(Serial number): 생산된 제품에 매기는 고유의 일련번호

□ 1506

extinction
[ikstíŋkʃən]

절멸, 멸종

extinguish: 소멸시키다

□ 1507

discourage
[diskə́:ridʒ]

낙담시키다, 단념시키다

dis(반대) + courage(용기)

□ 1508

training
[tréiniŋ]

훈련, 양성, 교육

트레이닝

□ 1509

overflow
[ouvərflòu]

넘치다, 범람, 초과 인원, 남은 물건

over(넘치다) + flow(흐르다)

□ 1510

ecological
[ɪkəlɑ́dʒikəl]

생태학적, 환경 친화적인

에코 백: 천연 면으로 만들어 땅속에서 분해되는 친환경 가방

□ 1511

sidewalk
[saidwɔːk]

보도

인도(人道): 보행자의 통행을 위한 도로 부분

□ 1512

hang
[hæŋ]

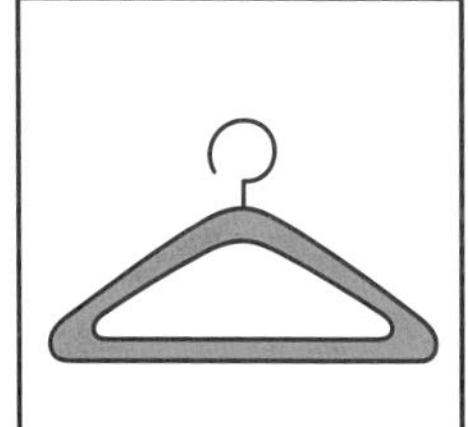

걸다, 달다

hanger: 옷걸이

□ 1513

small change
[smɔːl ʧeindʒ]

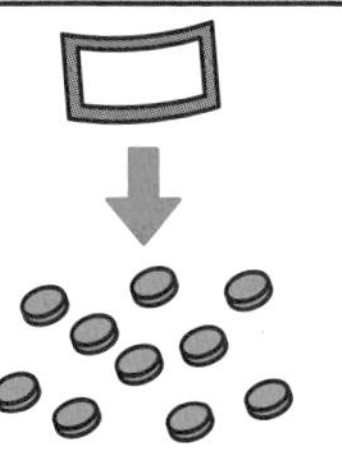

잔돈

고액권을 단위가 작은 돈으로 바꾸다 → 잔돈

□ 1514

railing
[réiliŋ]

철책

guardrail: 보행자 안전을 위해 차도와 인도 사이에 친 철책

□ 1515

familiar
[fəmíljər]

친숙한, 정통한

family(가족) + ar(성향)

□ 1516

option
[ɑ́pʃən]

선택(지)

stock option: 스톡옵션(자사주 우선 매입 선택권)

□ 1517

generate
[dʒénərèit]

생성하다, 발생시키다

generate: 생성하다
→ generation: 세대

□ 1518

hospitality
[hɑ̀spətǽləti]

환대

호텔과 같은 서비스 업종의 홍보 문구에서 흔히 볼 수 있는 표현

□ 1519

attentive
[ətέntiv]

주의 깊은

attention(주의) + tive(~하는 성향)

□ 1520

insurance
[inʃúərəns]

보험금, 보험

life insurance: 생명 보험

□ 1521

utilize
[júːtəlàiz]

Utility Bag
(실용성 높은 기능성 가방)

활용하다, 이용하다, 사용하다

utility(쓸모가 있음, 유용성, 다목적) + ize(~화하다)

□ 1522

supervisor
[súːpərvàizər]

관리자, 감독(자)

프랜차이즈 체인(Franchise chain: 가맹점) 계약을 앞둔 편의점과 패밀리 레스토랑에 파견 나온 본사 감독관

□ 1523

veil
[veil]

베일, 면사포, 가리다

웨딩 베일(wedding veil): 결혼식 때 신부가 쓰는 베일, 면사포

□ 1524

consult
[kənsʌlt]

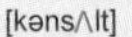

컨설팅하다, 상담하다, 협의

컨설턴트(consultant): 기업 경영과 관련하여 조언이나 권고를 해주는 사람

□ 1525

regulation
[règjuléiʃən]

규제, 규정, 법규

sports regulation: 스포츠 규정
regulate: 규제하다

□ 1526

impressive
[imprésiv]

인상 깊은, 감동을 받은

impression: 사람이나 사물에 대한 전반적인 평가. 잡지 등에 실린 사용 후기

□ 1527

receptionist
[risépʃənist]

접수원

reception(접수) + ist(사람)

☐ 1528

traditional
[trədíʃənəl]

전통적인, 구식의, 고풍의

tradition: 전통

☐ 1529

economical
[èkənάmikəl]

경제의, 실속 있는

이코노믹 애니멀(economic animal): 경제적인 이익에만 몰두하는 인간(일본인을 비하하는 표현)

☐ 1530

kitchenware
[kiʧənwer]

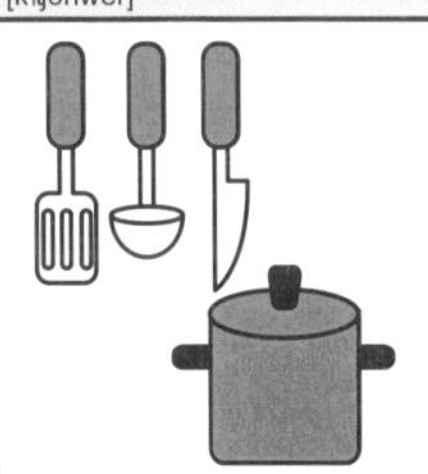

주방 용품, 요리 기구

ware: 용품, 물품
warehouse: 물품 보관소(물품을 판매하기 전 임시로 보관하는 장소)

☐ 1531

buffet
[bəféi]

뷔페

여러 음식을 차려놓고 손님이 스스로 골라 먹도록 한 식당

☐ 1532

scrap
[skræp]

폐지하다, 철회하다, 백지화하다, 고철 조각

스크랩 앤드 빌드(scrap and build): 공장 설비나 구 제도를 정비해 생산성을 높이는 것

☐ 1533

voluntary
[vάləntèri]

자발적인, 자원봉사의

volunteer: 자원봉사자

☐ 1534

theme
[θi:m]

주제, 테마, 제목

(업무 미팅 등에서) 이번 주제

☐ 1535

seal
[si:l]

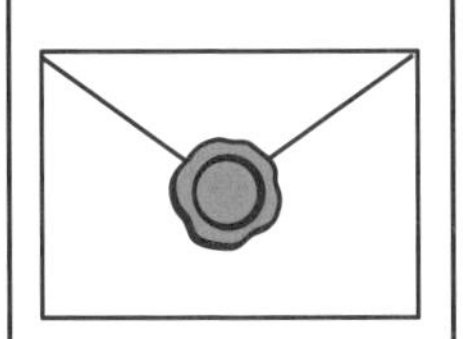

날인, 봉인, 봉합용 스티커

원래는 봉투 봉합용 테이프를 뜻한다

☐ 1536

upgrade
[əpgreid]

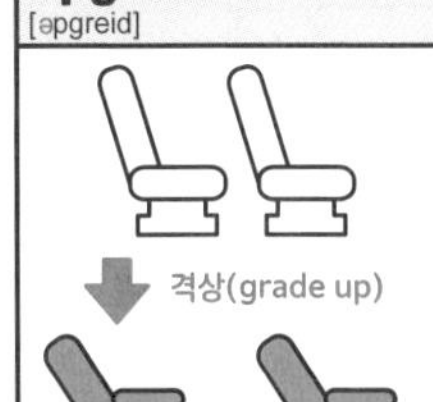

등급을 상향 조정하다

비행기 좌석이나 호텔방의 등급을 상향 조정할 때 쓰는 표현

☐ 1537

cruise
[kru:z]

유람선, 크루즈, 순항하다

크루즈 여객선, 크루저(cruiser: 먼 바다까지 항해할 수 있도록 만들어진 대형 요트)

☐ 1538

box office
[baks ɔ́:fis]

매표소, 흥행 성적, 극장가

영화관이나 공연장 등에서 박스형 공간에서 티켓을 파는 데서 유래한 표현

☐ 1539

classify
[klǽsəfài]

분류하다, 기밀 취급하다, 정하다

학교: 진학반/취업반
비행기: 비즈니스/이코노미 클래스

☐ 1540

evacuate
[ivǽkjuèit]

비우다, 피난시키다, 대피시키다

호텔이나 공공시설의 대피로 안내 문구

☐ 1541

unsanitary
[ənsǽnətəri]

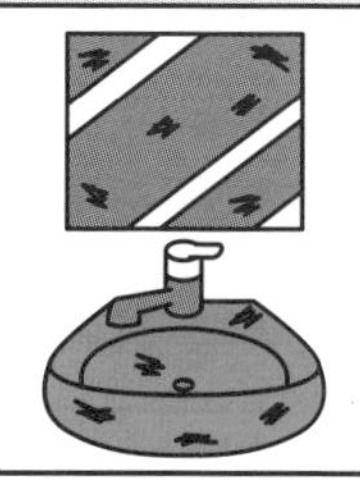

비위생적인, 불결한

bath sanitary: 욕실·화장실 등에 쓰이는 위생도기(세면기, 변기 등).
un(부정) + sanitary(위생적인)

☐ 1542

storage
[stɔ́:ridʒ]

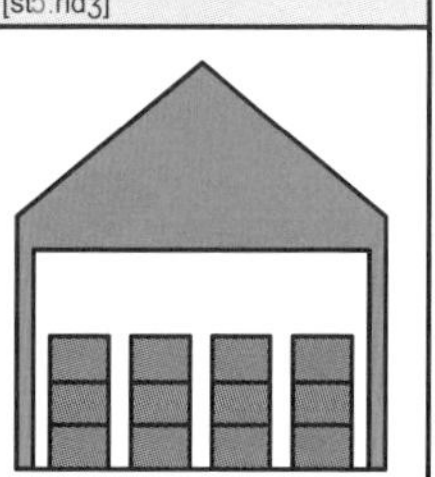

저장, 보관, 창고

store의 명사
PC나 스마트 폰의 데이터 보관 장소(메모리 또는 HDD)

☐ 1543

lost and found
[lɔ:st n faund]

유실물 보관소

lost(분실하다) + found(발견하다)
기차역 유실물 보관소

☐ 1544

effective
[iféktiv]

효과적인

effect: 효과
sound effect: 효과음

☐ 1545

appeal
[əpí:l]

항소하다, 호소하다

어필 타임(appeal time): 항소 기간

□ 1546
overlap
[ouvərlæp]

중복되다, 겹쳐지다
젊었을 때 기억과 오버랩되다

□ 1547
transform
[trænsfɔrm]

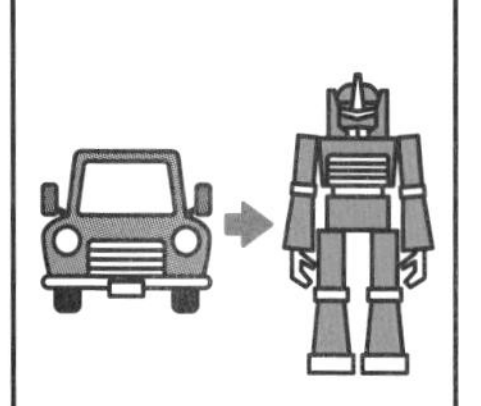

변형시키다, 전환하다
영화 <트랜스포머(Transformers)>

□ 1548
cutting-edge
[kʌtiŋ edʒ]

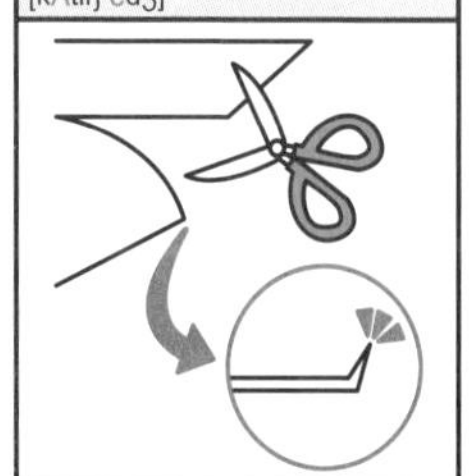

최첨단의, 가장 앞선
cutting(자르는) + edge(가위나 칼 등의 날)

□ 1549
figure
[fígjər]

형상, 도형, 인물상
피겨 스케이팅(figure skating): 도형을 그리듯 활주하며 안무와 기술을 겨루는 빙상 경기

□ 1550
irrelevant
[iréləvənt]

관계없는, 부적절한, 무의미한
ir(반의어를 만드는 접두사) + relevant(관련 있는)

□ 1551
splatter
[splǽtər]

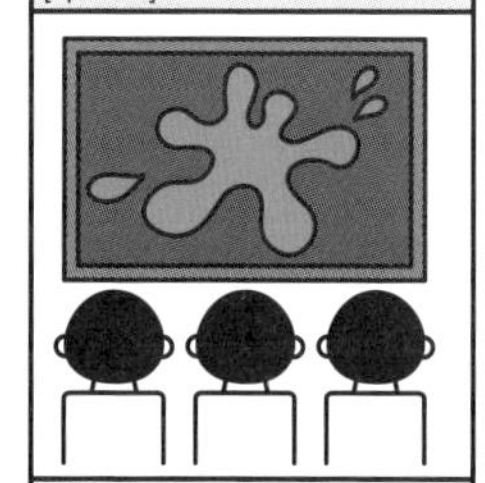

(물, 오물 등이)튀다, 튀기다
스플래터 영화(splatter movie): 피 튀기는 장면이 난무하는 공포 영화

□ 1552
unremarkable
[ənrimarkəbəl]

평범한, 하찮은
un(no) + remark(주목) + able(가능)

□ 1553
district
[dístrikt]

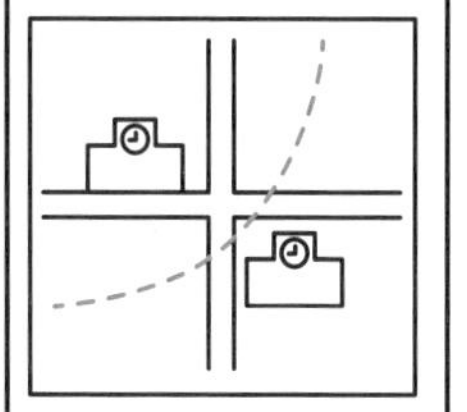

행정구, 구역
school district: 학군

□ 1554
cocaine
[koukéin]

코카인
국소 마취에 쓰이는 의약품. 거래나 사용이 법률로 규제된 마약이기도 하다

□ 1555

under construction
[ʌndər kənstrʌkʃən]

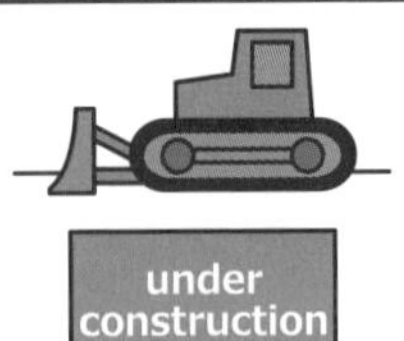

건설 중

공사 현장 안내 문구
construction: 건설

□ 1556

dip
[dip]

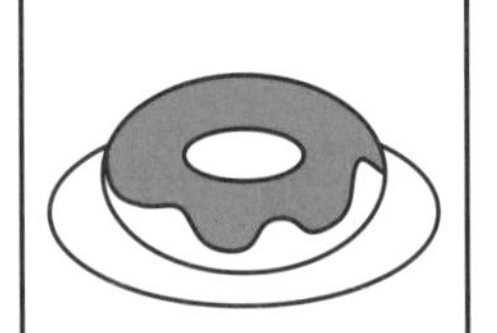

잠깐 담그다

도넛 체인점 미스터도넛(mister Donut)의 허니 딥(Honey Dip: 꿀 도넛)

□ 1557

caution
[kɔ́:ʃən]

주의, 경고

주의 안내판
경고 표지판의 문구는 caution 외에 be aware도 있다

□ 1558

indefinite
[indéfənit]

막연한, 무기한의

in(부정) + define(정의하다, 분명히 밝히다)

□ 1559

fulfill
[fulfíl]

충족시키다, 완수하다

ful(가득) + fill(채우다) = 가득 채우다 → 충족시키다

□ 1560

countless
[káuntlis]

셀 수 없는

count(숫자를 세다) + less(~하기 어려운)

□ 1561

director
[diréktər]

관리자, 감독, 제작 책임자

director's chair(감독 의자): 앉는 부분과 등받이가 천으로 제작된 팔걸이 접이식 의자

□ 1562

dependent
[dipéndənt]

의존하는, 종속의, 의지하는, 부양가족

independent: 독립한 ← in(not + dependent(기대다)

□ 1563

help wanted
[hélpwɔ̀(:)ntid]

구인

wanted만 적으면 용의자 수배 전단의 문구가 된다

□ 1564

short cut
[ʃɔrtkət]

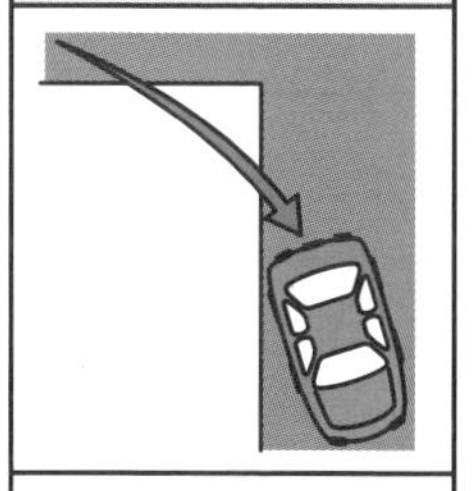

지름길, 최단 노선

(도로를 가로질러) 가깝게 가는 길

□ 1565

leftover
[leftouvər]

잔반, 찌꺼기, (과거의) 잔재

left(남다) + over(수량이나 기간을 초과하여)

□ 1566

inspection
[inspékʃən]

검사, 조사

In(안) + spec(보다) = 검사
사용 설명서 등의 검사필증에 검사원 성명이 적혀 있다

□ 1567

unsociable
[ʌnsóuʃəbl]

비사교적인

소셜 댄스(social dance): 사교댄스

□ 1568

reverse
[rivə́:rs]

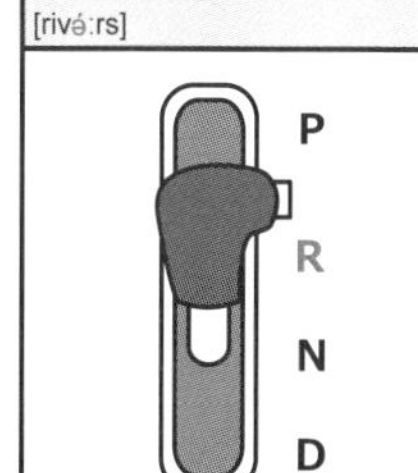

역으로, 반대

자동차 기어 R (Reverse: 후진, 역행)

□ 1569

rebate
[ríːbeit]

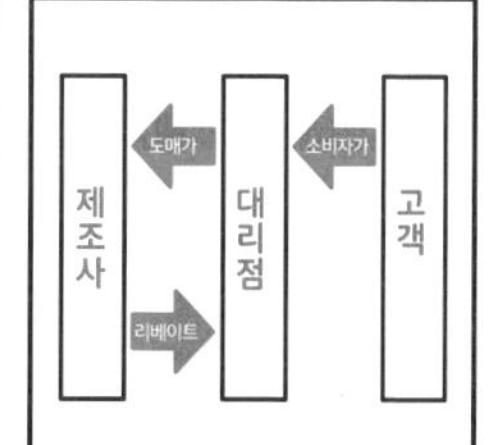

리베이트, 환불, 보조금

리베이트(rebate): 영어에서는 '환급액' 또는 '감액'

□ 1570

create
[kriéit]

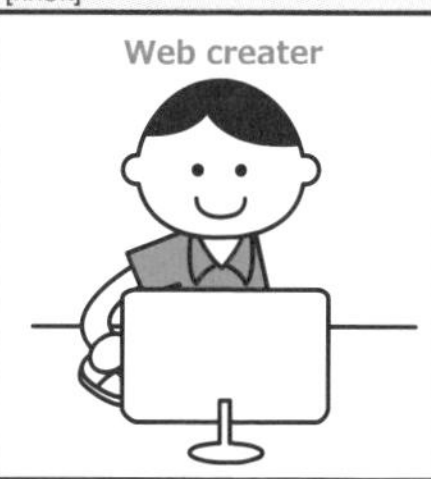

창조하다

크리에이터(creator): 창작자. 최근에는 유튜브의 콘텐츠 제작자를 뜻하는 말로 널리 쓰임

□ 1571

forum
[fɔ́:rəm]

공개 토론회, 좌담회

시민 포럼

□ 1572

ease
[i:z]

안락함, 여유

easy: 쉬운, 간단한

□ 1573

carbon
[kɑ́:rbən]

탄소

carbon fiber: 탄소 섬유
CO_2: 이산화탄소

□ 1574

admission
[ədmíʃən]

입장(료)

입장권이나 티켓 판매처에 적혀 있는 문구

□ 1575

leverage
[lévəridʒ]

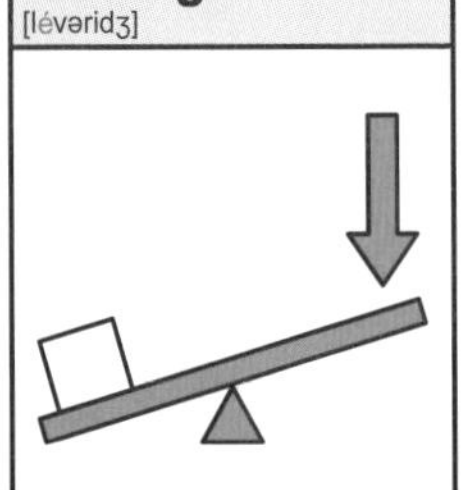

지렛대, 영향력

지렛대 효과(leverage effect): 차입금을 활용하여 자기 자본의 이익률을 높이는 일

□ 1576

credit card
[krédit ka:rd]

신용 카드

credit loan: 신용 대출

□ 1577

rivalry
[ráivəlri]

경쟁의식, 대항

rival: 경쟁 상대

□ 1578

incorporate
[inkɔ́:rpərèit]

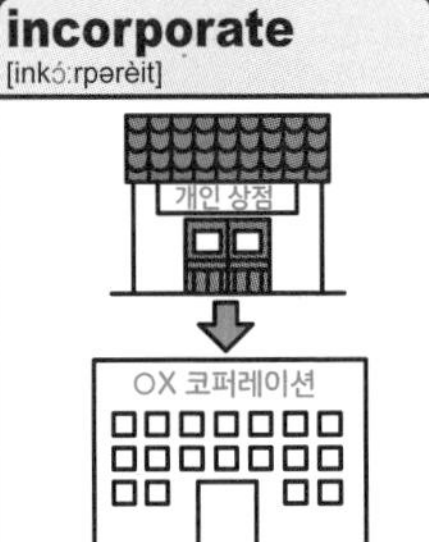

포함하다, 결합하다, 법인으로 만들다

in(~으로 되어) + corporate(법인)

□ 1579

residence
[rézədəns]

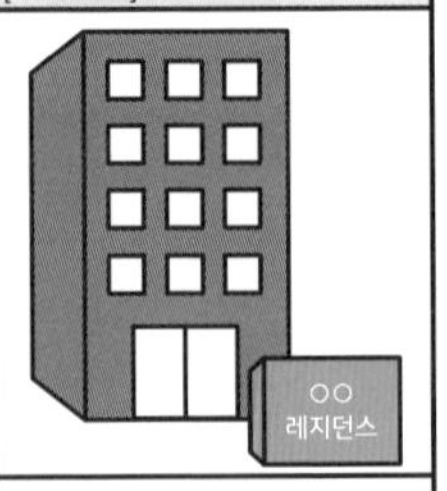

주택, 주거, 거주지

맨션에 주로 붙이는 표현

□ 1580

trauma
[tráumə]

정신적 충격, 외상성 신경증

트라우마

□ 1581

fortune
[fɔ́:rtʃən]

재산, 행운

미국의 격주간 경제지 <포춘(Fortune)>은 해마다 세계 부자 순위를 발표하는 것으로 유명하다

☐ 1582

dispirit
[dispírit]

낙심시키다, 기를 꺾다

dis(not) + spirit(격려하다)

☐ 1583

validation
[væ̀lədèiʃən]

확증, 타당성, 측정, 검증

valid: 신용 카드의 유효 기간을 뜻하는 칸에 적힌 문구

☐ 1584

downsize
[daunsaiz]

소형화

사이즈(size: 규모)를 다운하는(down: 줄이는) 것

☐ 1585

summary
[sʌməri]

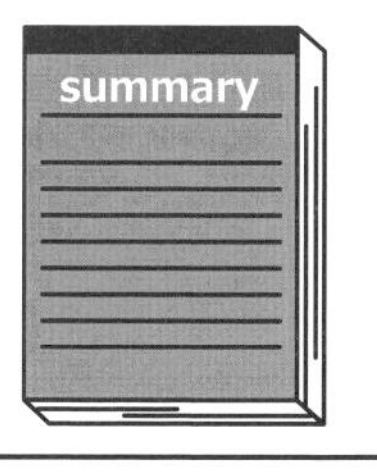

축소, 소형화, 요약

방대한 문서나 대량 자료는 서두에 개요를 첨부한다

☐ 1586

trivia
[tríviə]

하찮은, 잡다한

일본 후지 TV의 잡학 상식 예능 프로그램 <트리비아의 샘>

☐ 1587

investment
[invéstmənt]

투자, 출자

Investment company: 투자회사

☐ 1588

index
[índeks]

지수, 색인

KOSPI: Korea Composite Stock Price Index (종합 주가 지수)

☐ 1589

recognition
[rèkəgníʃən]

인식, 인정, 승인, 평가

recognize의 명사형

☐ 1590

continent
[kántənənt]

대륙

continental: 유명 호텔, 항공사 등 기업명에 쓰인다
intercontinental: 대륙을 잇는, 대륙 간의

□ 1591

mortgage
[mɔ́ːrgidʒ]

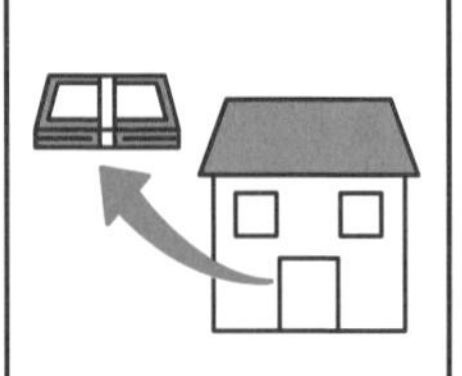

주택담보대출

부동산을 담보로 하여 장기주택자금을 대출해주는 제도

□ 1592

provision
[prəvíʒən]

공급, 준비

provide의 명사형

□ 1593

compass
[kʌmpəs]

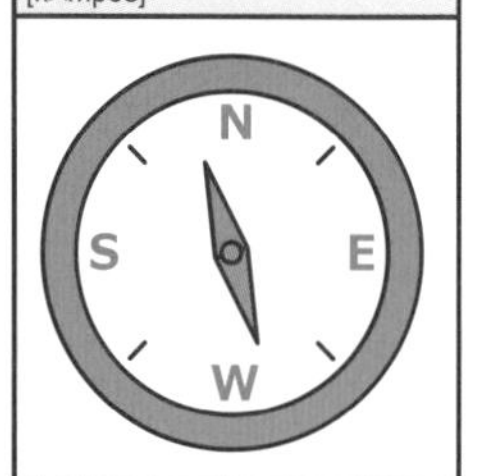

나침반, 컴퍼스, 범위

자침(磁針)으로 방위를 알 수 있도록 만든 기구. 컴퍼스라고도 한다

□ 1594

initial
[iníʃəl]

초기의, 첫 글자

이름의 이니셜: 알파벳 표기에서 성과 이름의 첫 글자에 쓰인 문자

□ 1595

enable
[inéibl]

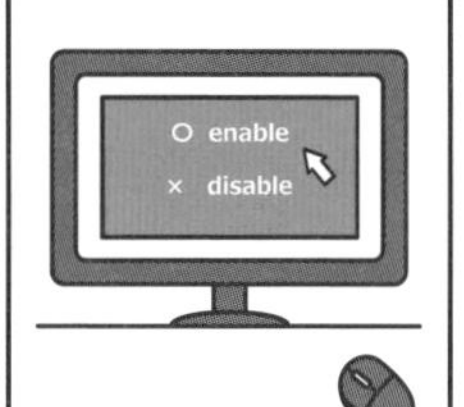

가능하게 하다, 할 수 있게 하다

en(~) + able(가능)

□ 1596

illustrate
[íləstrèit]

~을 설명하다, 삽화를 넣다

일러스트(←illustration): (책 등에 실린 각각의) 삽화나 도해

□ 1597

beam
[biːm]

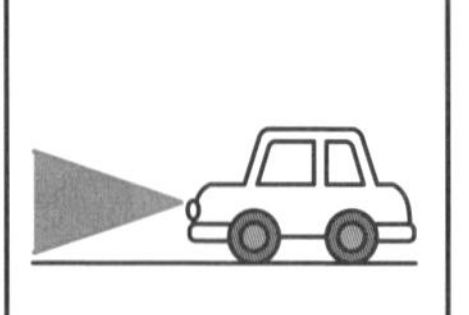

광선을 발사하다, 방긋 웃다

레이저 빔, 자동차 하이 빔

□ 1598

exchange
[ikstʃéindʒ]

교환, 환율, 거래서, 주고받다, 바꾸다

해외여행 시 외화 환전소

□ 1599

apiece
[əpíːs]

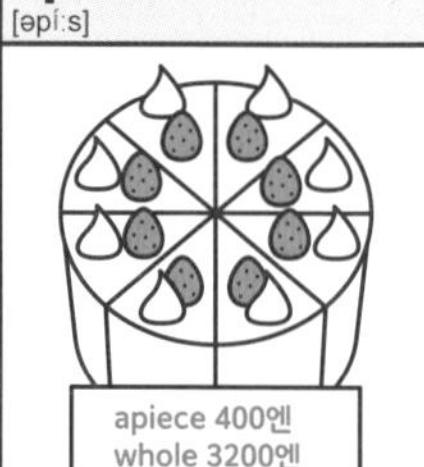

각자에게, 하나하나에, 제각기

a(하나) + piece(조각)

☐ 1600

register
[rédʒistər]

기록하다, 등록하다

가게의 금전 출납기: 매상을 기록하는 기기

☐ 1601

organization
[ɔ̀rgən - izéiʃən]

조직, 단체

NPO: Non Profit Organization(비영리 단체)

☐ 1602

diet
[dáiət]

식단, 다이어트, 식이요법

다이어트

☐ 1603

printer
[príntər]

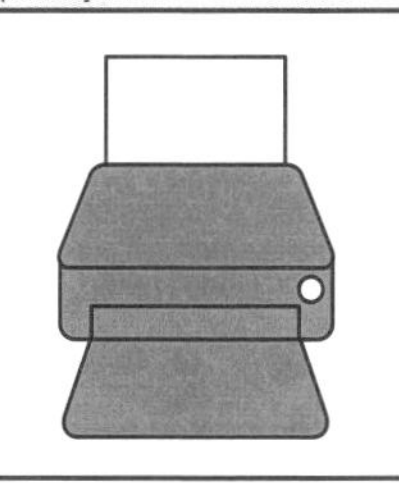

프린트, 인쇄소, 인쇄업자

print: 인쇄하다

☐ 1604

debit
[débit]

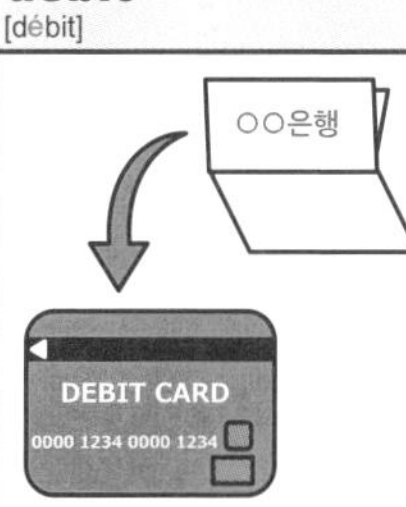

부채, (은행 계좌의) 인출액

debit card: 직불 카드(사용 즉시 계좌에서 금액이 빠져나가는 카드)

☐ 1605

standby
[stændbai]

후보 선수, 대기, 대역

스탠바이(대기)하고 있다

☐ 1606

delay
[diléi]

Departures

NEW YORK	Delay
BEIJING	Ontime
SINGAPORE	Delay
LONDON	Ontime

늦추다, 미루다

연착: 비행기나 열차가 늦었음을 알리는 표현

☐ 1607

lay off
[léiɔ̀(:)f]

일시 해고, 임시휴직

layoff: 기업이 사업 규모를 축소할 때 노동자를 일시 해고할 수 있도록 하는 제도

☐ 1608

coordination
[kouɔ̀:rdənéiʃən]

조정, 조화

패션 코디네이터(fashion coordinator)

□ 1609

incident
[ínsədənt]

(우발적인) 사건, (소설 · 극 중의) 작은 사건

중대 사건(major incident)

□ 1610

coincidence
[kouínsidəns]

(우연의) 일치, 동시 발생

co(같이, 하나가 되어) + incident(우발적인 사건)

□ 1611

downturn
[dauntərn]

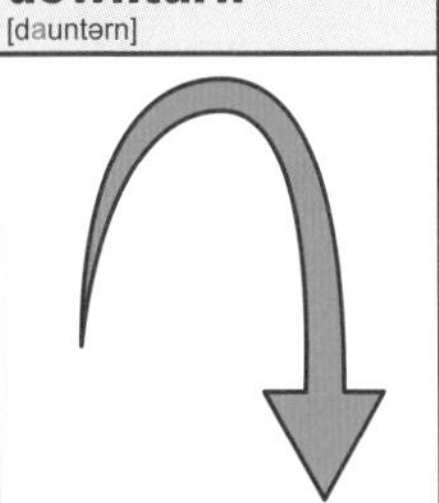

하락, 내림세, 하강

아래쪽(down)으로 턴하다(turn: 방향을 바꾸다). 즉 하락하다

□ 1612

discharge
[distʃɑ́ːrdʒ]

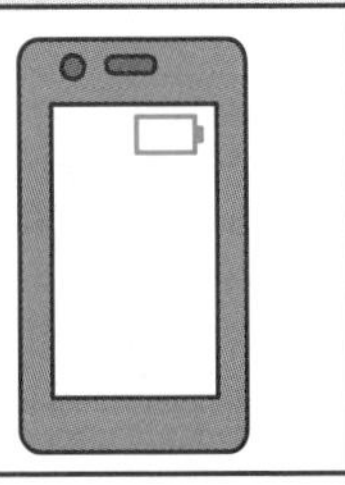

방출하다, 해고하다

dis(~의 반대) + charge(맡기다, 담당시키다)

□ 1613

activate
[ǽktəvèit]

활성화하다, 가동시키다

active(활성화) + ate(~하도록 만들다)

□ 1614

minimum
[mínəməm]

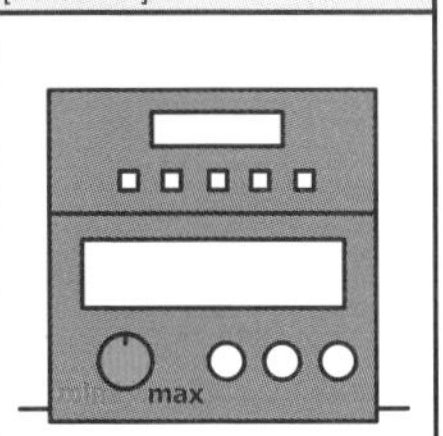

최소, 최저(한도)인

오디오 볼륨(audio volume)의 최저와 최대

□ 1615

exterminate
[ikstə́ːrmənèit]

박멸하다, 몰살하다

ex(완전히) + terminate(끝내다)

□ 1616

provide
[prəváid]

공급하다

인터넷 프로바이더(internet provider): 인터넷 접속 서비스를 제공하는 주체. '프로바이더'라고 함

□ 1617

enterprise
[éntərpràiz]

기업, 사업

모험심이라는 뜻도 있다.

□ 1618

unconditional
[ʌnkəndíʃənl]

무조건의, 무제한의, 절대적인
un(없다) + condition(조건)

□ 1619

elite
[ilíːt]

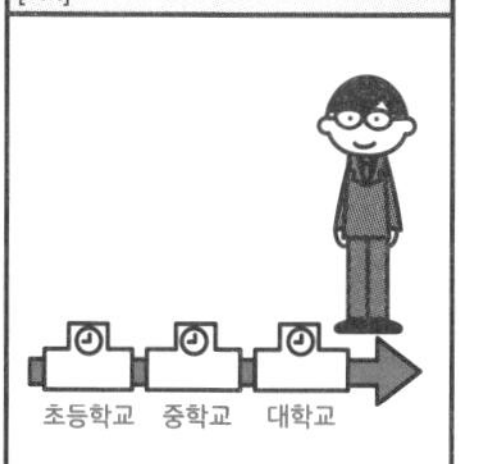

엘리트, 선발된 사람, 정예
엘리트 코스(elite course)

□ 1620

familiarize
[fəmíljəràiz]

익숙해지게 하다, 숙지시키다
familiar(익숙한) + rize(~하게 하다)

□ 1621

shelf
[ʃelf]

선반
bookshelf: 책장, 책꽂이

□ 1622

repay
[ripéi]

(돈 따위를) 상환하다
re(반대로) + pay(지불하다)

□ 1623

cancel
[kǽnsəl]

취소하다
캔슬하다

□ 1624

medication
[mèdəkéiʃən]

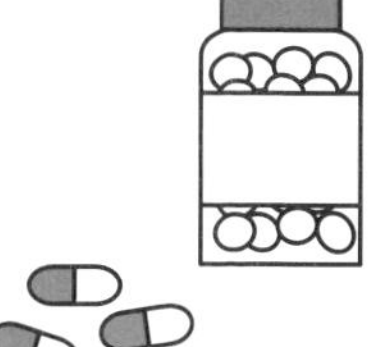

투약, 약물치료
medicine: 약, 의학

□ 1625

manual
[mǽnjuəl]

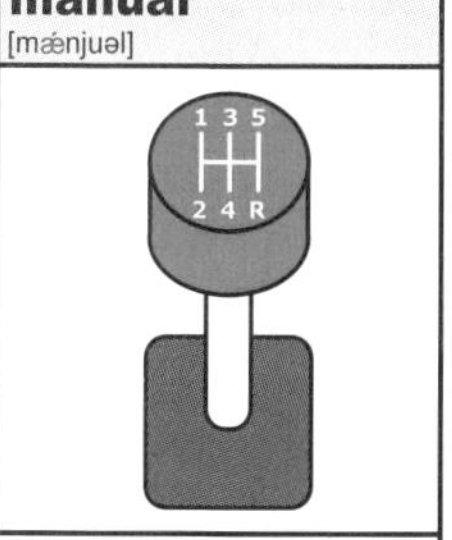

수동의, 안내 책자
수동 차량(Manual Transmission): 기어 변속을 운전자가 수동으로 조작하는 차

□ 1626

uncovered
[ənkəvərd]

가린 것이 없는, 노출된, 폭로된
un(없는) + covered(덮인) = 덮이지 않은, 가린 것이 없는

☐ 1627

endanger
[indéindʒər]

~을 위험에 빠뜨리다, 위태롭게 하다

en(~하게 하다) + danger(위험) = 위험에 빠뜨리다

☐ 1628

hub
[hʌb]

바퀴의 중앙 부분, 중심

자전거 바퀴의 중심 부분. 바퀴살이 연결되어 있다

☐ 1629

chart
[ʧa:rt]

차트, 표, 그래프, 해도

차트식 참고서: 도표나 삽화 등을 활용한 참고서

☐ 1630

questionable
[kwésʧənəbl]

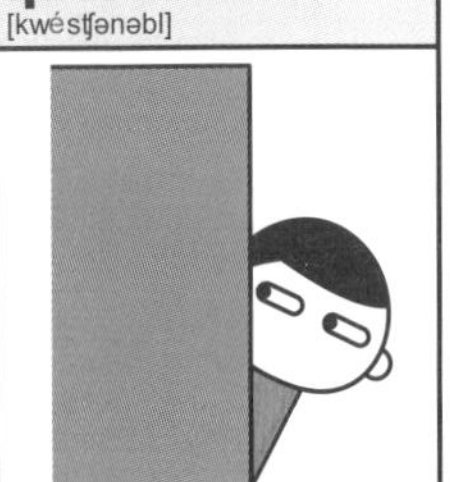

의심스러운, 의문의 여지가 있는, 수상한

question(의문, 의심) + able(하는 성질이 있는)

☐ 1631

workshop
[wərkʃap]

연수회, 토론회

shop: 작업장, 워크(work: 실습) 형식으로 진행되는 연수

☐ 1632

tap
[tæp]

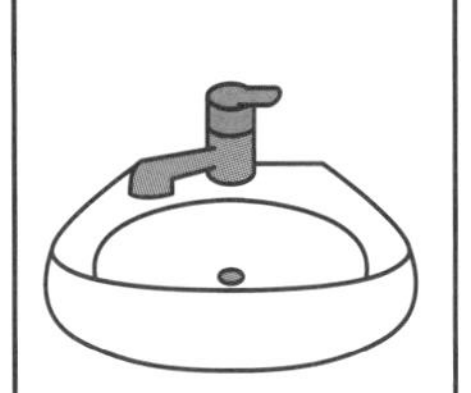

수도꼭지, 가볍게 두드리다

멀티 탭은 콩글리쉬다. 영어로는 Power strip이라고 한다

☐ 1633

invasion
[invéiʒən]

침략, 침해

space invader game: 우주에서 온 침입자를 물리치는 게임

☐ 1634

periodical
[pìəriádikəl]

정기 간행물, 잡지

period(기간) + cal(그러한 성격을 띠는, 그러한 상태인) = 정기적으로 발행되는 출판물

☐ 1635

intermediate
[intərmí:diət]

중간의, 중급의

inter도 med도 '중간'이라는 의미

□ 1636

dilemma
[dilémə]

둘 사이에 끼어 이러지도 저러지도 못함

딜레마

□ 1637

solution
[səlúːʃən]

해결책

솔루션 영업: 고객이 당면한 문제의 해결책을 제안하는 영업

□ 1638

tourism
[túərizm]

관광업

tourism: 관광업, tourist: 관광객

□ 1639

scan
[skæn]

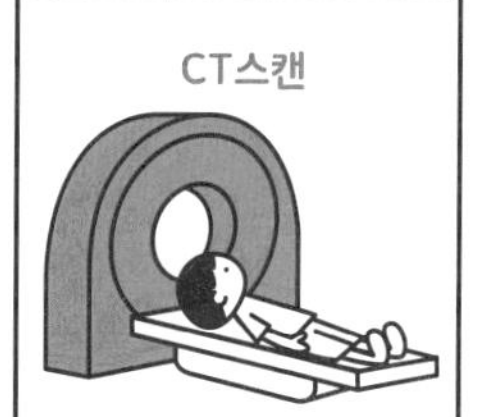

자세히 살펴보다, 대강 훑다, 조사하다

컴퓨터 스캐너

□ 1640

pouch
[pautʃ]

작은 주머니, 캥거루의 새끼주머니

레토르트 파우치(retort pouch): 가공 음식을 내열 플라스틱 봉지에 넣고 밀봉 후 가열 살균한 간편식

□ 1641

bond
[band]

묶는/잇는 것(끈, 줄 띠), 접합하다, 속박

목공용 접착제

□ 1642

mileage
[máilidʒ]

단위 연료당 주행 거리, 비행 거리

항공사에서 제공하는 마일리지 혜택

□ 1643

firm
[fəːrm]

회사, 확고한

컨설팅 업체(consulting firm)

□ 1644

spotless
[spátlis]

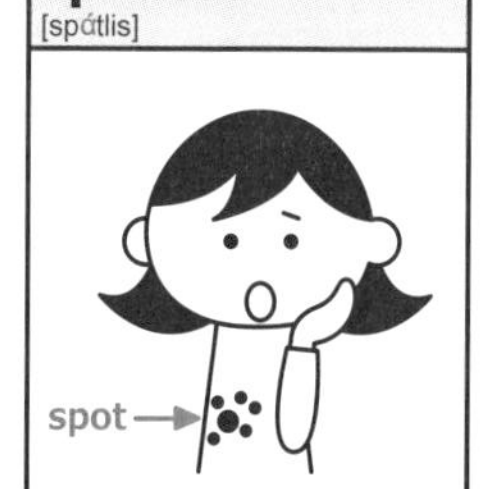

티끌 한 점 없는, 오점이 없는

spot(점) + less(없는)

□ 1645

commute
[kəmjúːt]

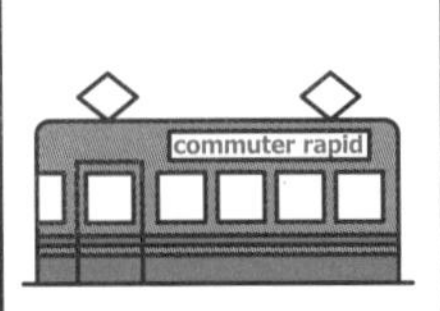

통근하다, 통학하다

통근 열차: commuter train
통근 쾌속: commuter rapid(출퇴근 시간에만 운영하는 급행열차)

□ 1646

painting
[péintiŋ]

그림

보디 페인팅(body painting)

□ 1647

insensible
[insénsəbl]

감각을 잃은, 인사불성의, 둔감한

in(no) + sense(감각 기관에 의한 감각) = 감각을 잃은

□ 1648

jam
[dʒæm]

혼잡, 막힘

traffic jam: 교통 체증
paper jam: 종이 걸림

□ 1649

relief
[rilíːf]

안도, 구조

야구의 릴리프: 구원 투수가 공을 던지는 것

□ 1650

garment
[gáːrmənt]

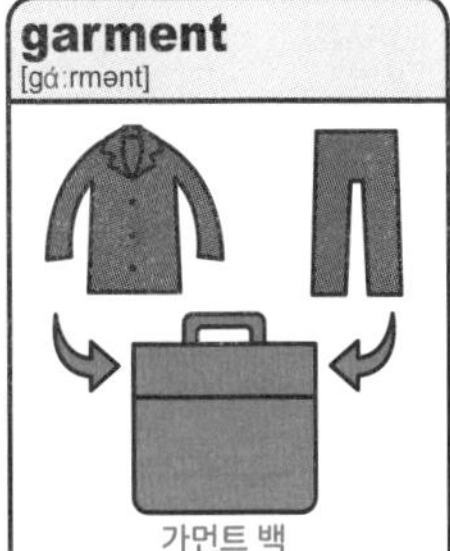

의류, 옷

garment bag: 양복 등을 구김 없이 운반할 수 있도록 고안된 가방

□ 1651

connect
[kənékt]

접속하다

connector: 접속 케이블의 단자 부분

□ 1652

circulation
[səːrkjuléiʃən]

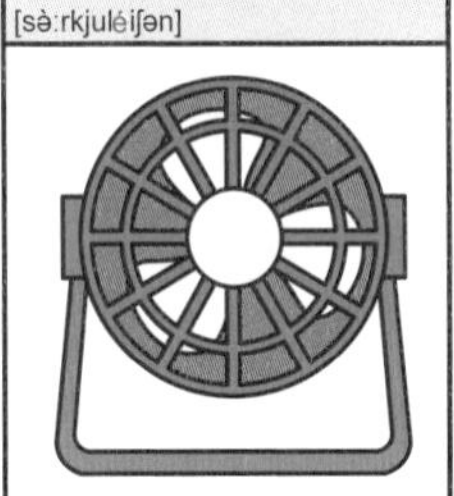

순환, 유통, 발행부수

circulator: 실내 공기를 순환시켜주는 공기 순환기

□ 1653

fridge
[fridʒ]

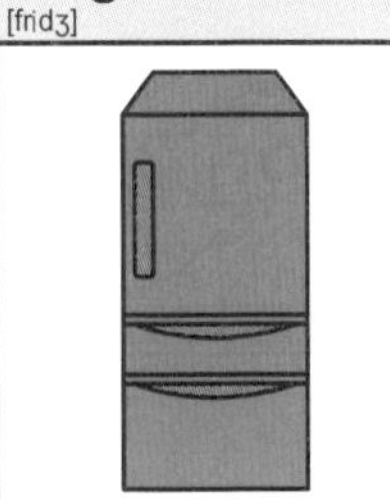

냉장고

refrigerator의 단축형

□ 1654

dislocate
[dísloukèit]

탈구하다, (계획 등을) 혼란에 빠뜨리다

제자리에서 벗어나다 → 탈구

□ 1655

wipe
[waip]

닦다

자동차 와이퍼, 마루 청소용 와이퍼

□ 1656

book
[buk]

예약하다, 책

double booking: 중복 예약

□ 1657

practical
[prǽktikəl]

실천할 수 있는, 실용적인

practice: 실전 연습

□ 1658

compartment
[kəmpɑ́:rtmənt]

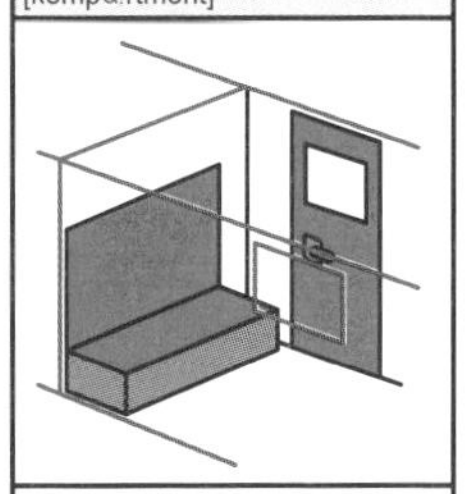

칸막이 객실, 칸

(열차의) 칸막이 객실. 미국에서는 화장실이 딸린 개인용 침실

□ 1659

release
[rilí:s]

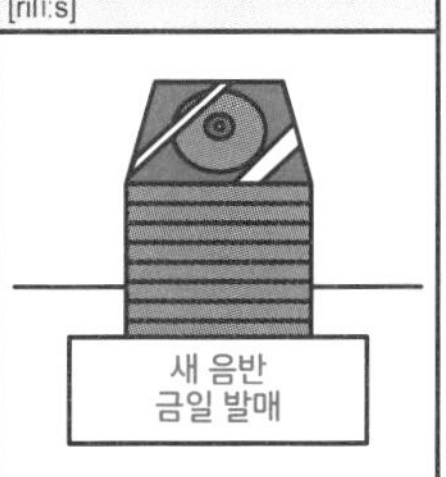

발매하다, 공개하다, 출시하다

catch and release: 물고기를 잡았다가 다시 놓아주는 것

□ 1660

high-profile
[hai próufail]

두드러지는, 세간의 이목을 끄는

'프로필'은 한국식 발음에 해당한다

□ 1661

luncheon
[lʌ́ntʃən]

점심 식사, 오찬

lunch보다 격식 차린 표현

□ 1662

CEO
[si:i:ou]

최고 경영 책임자

Chief Exective Officer

□ 1663

up-to-date
[ʌp tu deit]

최신의

프로그램이나 앱을 업데이트하는 경우 '갱신한다'고 표현한다

□ 1664

nervous
[nə́:rvəs]

초조해하는, 신경과민의

불안하거나 초조한 증세가 보일 때 쓰는 표현

□ 1665

sweep
[swi:p]

(빗자루 등으로) 쓸다, 청소하다

축구의 sweeper: 공을 쓸어내는 최후방 수비수

□ 1666

minority
[minɔ́:rəti]

소수파

마이너

□ 1667

relocate
[riloukeit]

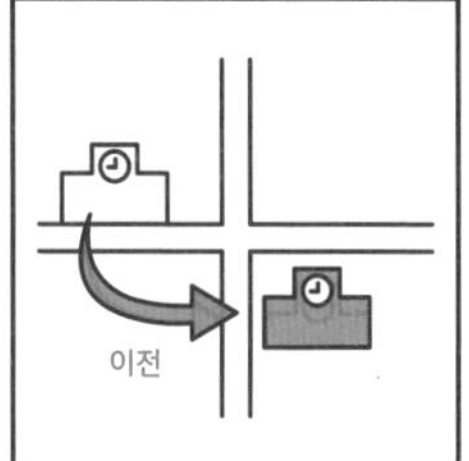

이전하다, 재배치하다

re(다시) + locate(배치하다)

□ 1668

commission
[kəmíʃən]

수수료, 수수료 비율

완전 실적제: 기본급 없이 실적에 따른 급여만 지급하는 제도

□ 1669

upright
[ʌpràit]

똑바른, 수직으로 세워둔

줄을 수직으로 배치하여 작게 만든 업라이트 피아노

□ 1670

condition
[kəndíʃən]

조건, 상태

날씨 조건이 최악입니다

□ 1671

furnished
[fə́:rniʃt]

가구가 갖추어진, 가구 딸린

furniture: 가구

☐ 1672

turbulence
[tə́:rbjuləns]

난기류, 동요

난기류에 대비하라는 비행기의 안내 문구와 안내 방송

☐ 1673

beat
[bi:t]

두들기다, 고동치다, 무찌르다

신나는 비트

☐ 1674

convention
[kənvénʃən]

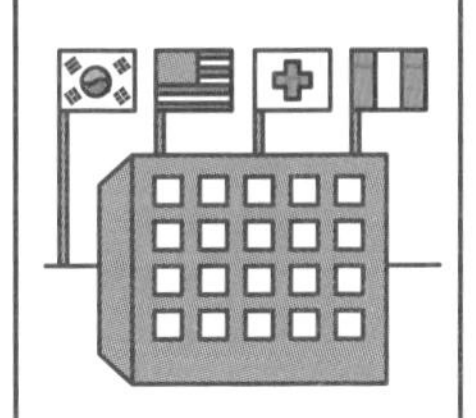

대회, 관습

convention hall: 회의장

☐ 1675

immovable
[imú:vəbl]

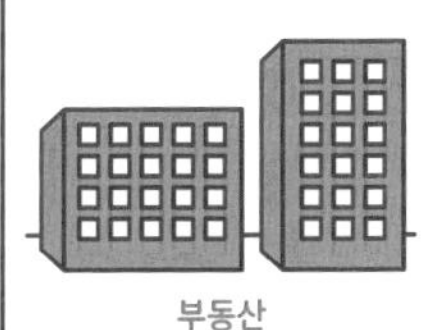

동등한, 등가의

immovable property: 부동산 ↔ personal property: 동산

☐ 1676

plantation
[plæntéiʃən]

(열대 · 아열대 지방의 대규모)농원

plant: 심다
planter: 식물 재배용 용기

☐ 1677

major
[méidʒər]

주요한, 다수의, 과반수의, 전공

major league ↔ minor league

☐ 1678

spoil
[spɔil]

망치다, 응석을 받아주다

재료의 풍미를 망치다

☐ 1679

relationship
[rileiʃənʃip]

인간관계, 사물 사이의 연관성

relationship marketing: 기업 외부의 다양한 요소와 협력하는 마케팅

☐ 1680

radiation
[rèidiéiʃən]

복사, 복사열, 방사선

자동차 라디에이터: 엔진의 열을 식혀주는 냉각기

☐ 1681

critical
[krítikəl]

위험한, 비판적인
critical problem: 중대한 문제

☐ 1682

post
[poust]

공표하다, (SNS 등에)게시하다, 푯말
포스터(poster): 광고 전단, 벽보

☐ 1683

balance
[bǽləns]

저울, 잔고, 균형
account balance: 통장 잔고

☐ 1684

country
[kʌntri]

(미) 각 주의 최대 행정 구획
country>state>county

☐ 1685

suspend
[səspénd]

매달다, 일시 정지하다
suspender pants: 멜빵이 달린 바지

☐ 1686

dictate
[동 díkteit, 명 diktéit]

받아쓰게 하다, 명령하다
dictation: 받아쓰기 ↔ listening: 청취

☐ 1687

agency
[éidʒənsi]

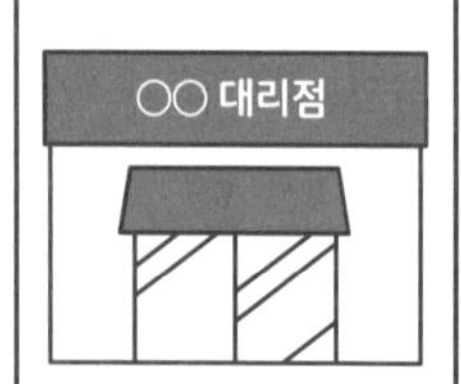

대리점
agent: 대리인, 중개인

☐ 1688

washing machine
[wάʃiŋ məʃi:n]

세탁기
washing(세탁) + machine(기계)

☐ 1689

shot
[ʃat]

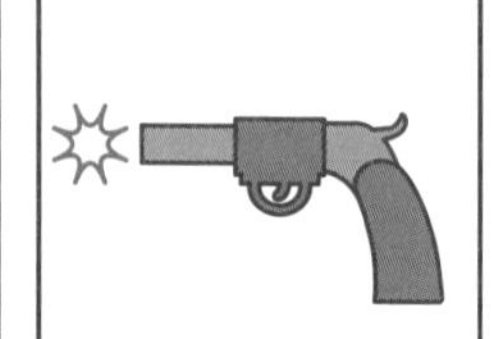

발사, 발포, 사진
shoot(쏘다)의 과거형 또는 과거 완료형

□ 1690

livelihood
[láivlihùd]

생계, 살림

lively(살아가는) + hood(상태)

□ 1691

appetizer
[ǽpitàizər]

전채, 식욕을 자극하는 음식

appetize: 식욕을 돋우다

□ 1692

formulate
[fɔ́:rmjulèit]

공식화하다, 명확하게 말하다

formula: 공식, 방식
F1은 포뮬러 원의 준말이다

□ 1693

replace
[ripléis]

교체하다, 후임으로 임명하다

OS(Operating System: 운영체제) 지원이 종료되는 시점에 맞추어 새 컴퓨터로 바꾸다

□ 1694

commercial
[kəmə́:rʃəl]

상업의

TV CM: commercial message

□ 1695

premier
[primjíər]

제1위의, 최고의, 총리

연극 등의 프리미어 공연: 초연
premium(할증금)과 혼동하기 쉬우니 유의

□ 1696

arise
[əráiz]

일어나다, 발생하다, 생기다

티켓 등의 환불 규정 문구 : A cancellation fee will arise

□ 1697

cupboard
[kʌ́bərd]

찬장

음식이나 그릇 따위를 넣어두는 장

□ 1698

guarantee
[gæ̀rəntí:]

보증하다, 보증(서)

개런티: 출연료. 최소한의 출연료를 보장하는 관례에서 유래

□ 1699

urban
[ə́:rbən]

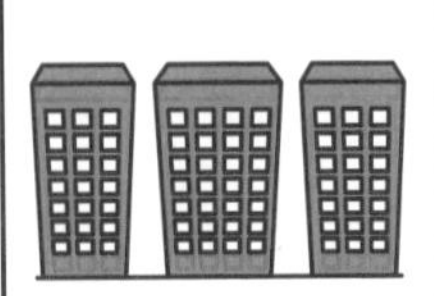

도시의, 도심의

아파트 광고: 어반 라이프(도시 생활)

□ 1700

update
[əpdeit]

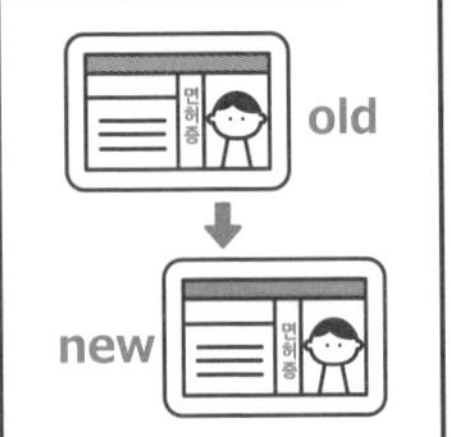

업데이트하다, 갱신하다

컴퓨터 OS 등의 갱신

□ 1701

manage
[mǽnidʒ]

어떻게든 ~하다, 운영하다, 관리하다

매니저: 일정 및 관련 업무를 관리하는 사람. 회사 관리자 또는 호텔 등의 지배인

□ 1702

celebrate
[séləbrèit]

축하하다, 기념하다

(탄생일, 결혼식, 창업 기념일 등을) 기념하다, 거행하다

□ 1703

postscript
[póustskrìpt]

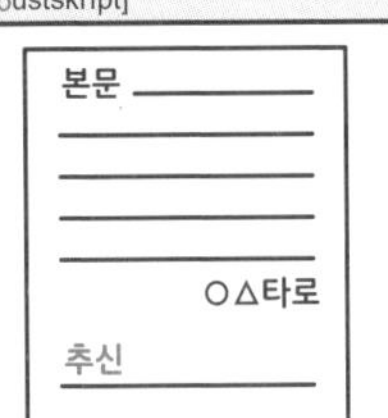

추신, 후기

p.s.: 추신

□ 1704

concentrate
[kάnsəntrèit]

집중하다

한국에서는 콘센트라고 하지만 미국은 outlet, 영국은 socket이라고 한다

□ 1705

remind
[rimáind]

생각나게 하다, 떠올리게 하다

reminder: 주요 일정을 확인할 수 있도록 알려주는 기능

□ 1706

gradually
[grǽdʒuəli]

점진적으로, 서서히

계급, 등급: grade

□ 1707

handout
[hǽndàut]

(수업 시간에 나눠주는) 인쇄물, 수업 자료

손(hand)으로 나누어 주는(out) 것

□ 1708
renovation
[renəvéiʃən]

혁신, 쇄신

리폼(낡거나 오래된 물건을 고치는 일)은 콩글리시

□ 1709
deli
[déli]

조리 식품 판매점, 델리카트슨

마트 등의 델리(조리 식품) 코너

□ 1710
recession
[riséʃən]

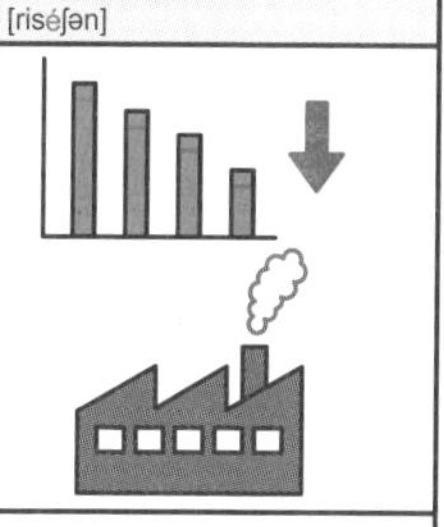

경기 후퇴, 불경기, 불황

경제 용어

□ 1711
strength
[streŋθ]

강점

베스트셀러 자기계발서 《Strengths Finder》

□ 1712
millennium
[miléniəm]

천 년간, 21세기의 도래를 기념하는

밀레니엄 콘(millennium 婚): 2000년에 결혼한 부부를 뜻하는 일본식 표현

□ 1713
compilation
[kàmpəléiʃən]

편집, 모음

Compilation album: 노래를 특정 분류에 따라 모은 음반

□ 1714
productivity
[pròudʌktívəti]

생산성

activity(활성) = active(활동적인) + ivity(~한 상태)
product: 생산

□ 1715
innermost
[inərmoust]

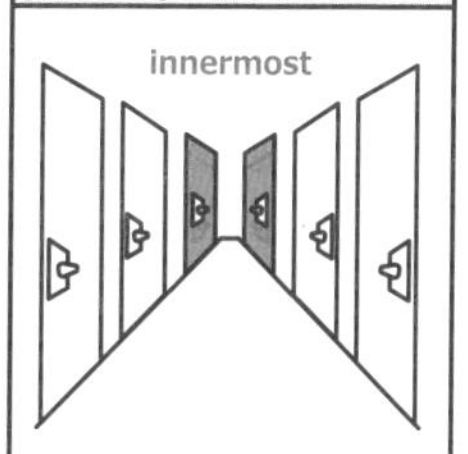

맨 안쪽의, 가장 깊숙한

the innermost room: 집 안쪽에 있는 방, 안방

□ 1716
therapy
[θérəpi]

치료, 요법

아로마 테라피

☐ 1717

reasonable
[ríːzənəbl]

합리적인, 분별 있는

합리적인 가격

☐ 1718

synthetic
[sinθétik]

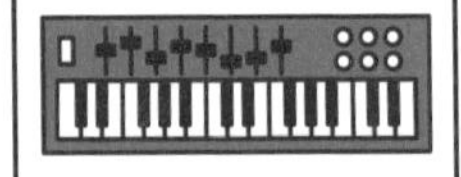

합성의

synthesizer: 건반 모양의 전자악기

☐ 1719

relatively
[rélətivli]

비교적, 상대적으로

relation: 관련, 관계

☐ 1720

grocery
[gróusəri]

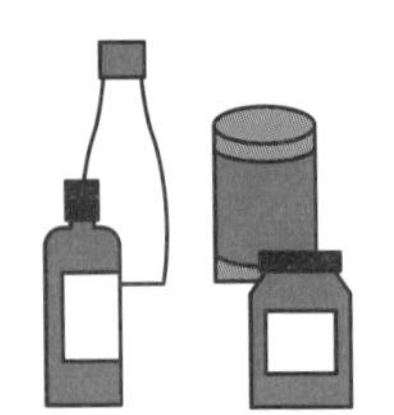

식료 잡화점

슈퍼마켓이나 마트 등의 식품 코너(생선을 제외한 식품)

☐ 1721

tune
[tjuːn]

조율하다, 곡

기타 튜닝: 조율, 음높이 조절

☐ 1722

surface
[sə́ːrfis]

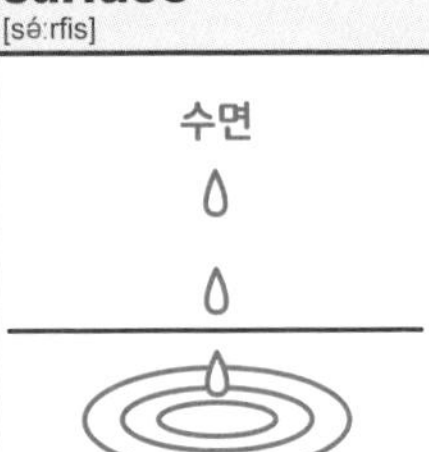

표면

sur(위에) + face(표면)
water surface: 수면

☐ 1723

jet lag
[dʒet læg]

시차로 인한 피로

시차 증후군: 제트기가 너무 빨라서 신체 리듬이 따라가지 못한다는 의미

☐ 1724

nominate
[nάmənèit]

지명하다

아카데미상 노미네이트: 수상 후보자로 지명되다

☐ 1725

nomadic
[noumǽdik]

방랑의, 유목민의

nomad worker: 휴대용 기기를 이용하여 시간과 장소에 구애받지 않고 일하는 프리랜서

□ 1726
ballroom
[bɔlrum]

댄스홀

호텔의 대연회장

□ 1727
adapt
[ədǽpt]

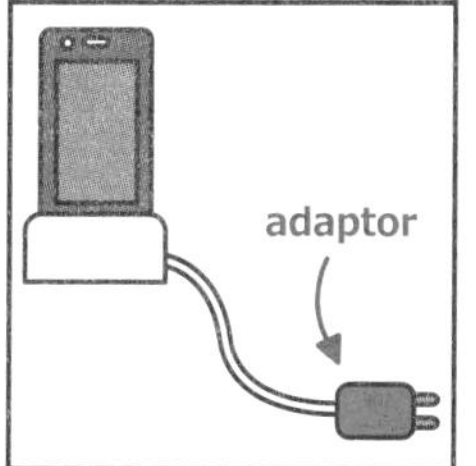

적응시키다, 순응시키다

adapter: 전압을 조절하거나 충전이 가능하도록 해주는 장치

□ 1728
defensive
[difénsiv]

방어적인, 수비의

defensive attitude: 방어적 태도

□ 1729
suspicion
[səspíʃən]

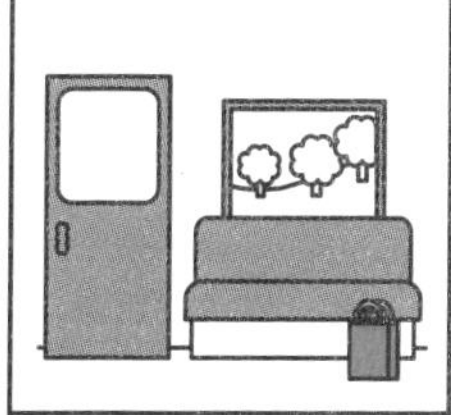

혐의

열차 내 안전 수칙: 수상한 물건을 발견했을 때는 즉시 역무원에게 신고하시길 바랍니다

□ 1730
routine
[ru:tí:n]

일과

routine work: 정해진 하루의 일, 일상 업무

□ 1731
outweigh
[autwei]

~보다 무겁다, (가치 등이) ~보다 뛰어나다

out은 '능가하는'이라는 의미. 따라서 비교 대상보다 무겁거나 중요하다는 뜻이 된다

□ 1732
rate
[reit]

비율, 요금

환율

□ 1733
blow
[blou]

강타, 바람에 날리다, 입김을 불다

body blow: 권투 용어. 가슴뼈와 배꼽 사이에 가하는 타격

□ 1734
signature
[sígnətʃər]

서명, 사인

서명란

☐ 1735

nonprofit
[nanprafət]

비영리적인

Non Profit Organization: 특정 비영리 활동 법인

☐ 1736

arrange
[əréindʒ]

배열하다, 조정하다

정장 어레인지: 정장의 상하의가 잘 어울리도록 맞추어 입는 것

☐ 1737

judgement
[dʒədʒmənt]

판단

judge(판단하다)의 명사형

☐ 1738

revive
[riváiv]

되살아나다, 되살아나게 하다

리바이벌 상영

☐ 1739

prototype
[proutətaip]

시제품

개발 중인 제품의 상품화에 앞서 제작한 시제품. 전시회 등에 출품할 모형

☐ 1740

facilitate
[fəsílətèit]

갱신하다, 새롭게 하다

facilitator: 회의나 교육 등이 원활히 진행되도록 돕는 사람

☐ 1741

wholly
[hóulli]

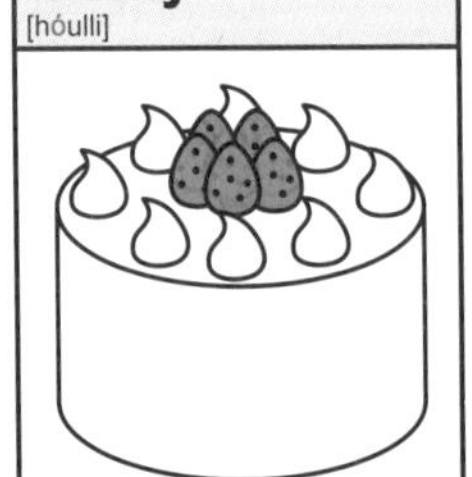

완전히, 전적으로

통째로 판매하는 케이크: 홀 사이즈

☐ 1742

fragrance
[fréigrəns]

향기, 향수

향료가 함유된 세제의 라벨에 적혀 있다

☐ 1743

minimal
[mínəməl]

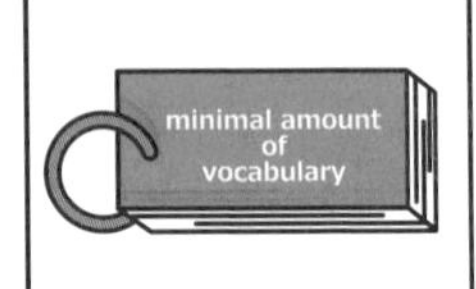

최소(한)의

minimum: 최저의, 최소한의

□ 1744

react
[riǽkt]

반응하다
리액션, 예능 리액션

□ 1745

vehicle
[ví:ikl]

차량, 운송 수단
RV(Recreational Vehicle): 물건이나 6인 이상 탑승할 수 있는 차량

□ 1746

reduce
[ridjú:s]

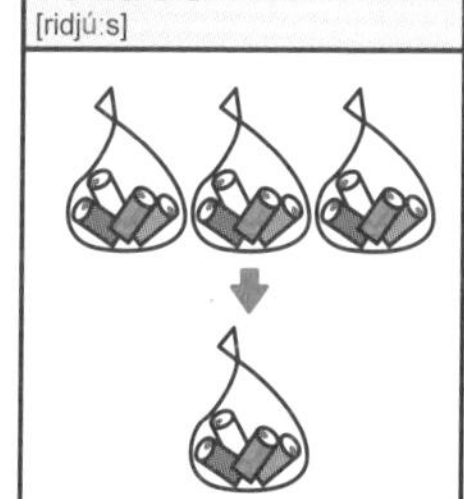

축소하다, 감소시키다
환경 보호를 위한 3R: reduce(절약), reuse(재사용), recycle(재활용)

□ 1747

banquet
[bǽŋkwit]

연회, 축하연
banquet hall: 연회장

□ 1748

frustrate
[frʌstreit]

좌절감을 주다, 불만스럽다
frustration: 좌절, 불만

□ 1749

enroll
[inróul]

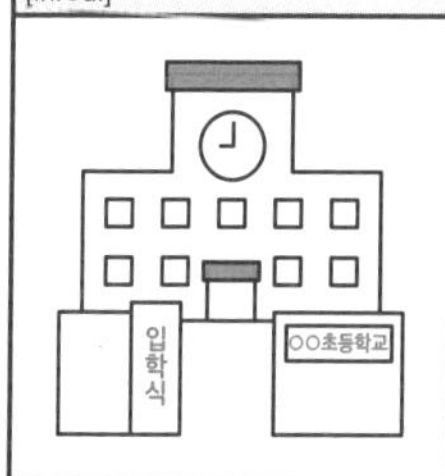

회원이 되다, 등록하다, 입학하다
enroll a keyman: 핵심 인물을 영입하다(적극적으로 나서다)

□ 1750

bilingual
[bailíŋgwəl]

두 개 언어를 할 줄 아는
바이링궐
3개 국어를 말하는 사람은 trilingual

□ 1751

attendant
[əténdənt]

종업원, 수행원
attend: 수행하다
flight attendant: 승무원

□ 1752

fund
[fʌnd]

자금, 펀드
투자 전문 기관이 일반 투자자에게 받은 돈으로 주식을 사고 수익금을 나눠주는 것

☐ 1753

permanent
[pə́:rmənənt]

영구적인, 영원한

머리 펌: permanent wave

☐ 1754

reserve
[rizə́:rv]

예약하다, 준비해두다

지정석, 예약석: reserved seat

☐ 1755

terminate
[tə́:rmənèit]

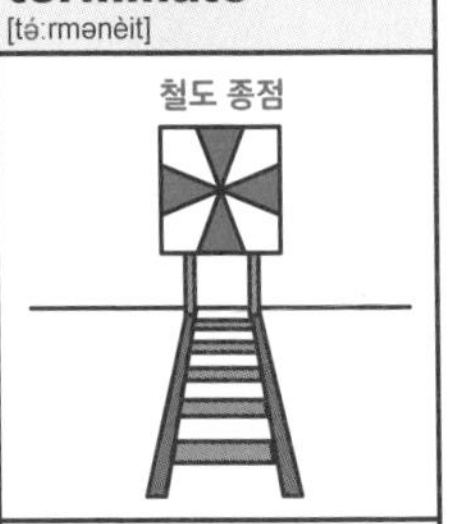

(계약 등이) 종료되다, 끝내다

영화 <Terminator>: 인류를 멸망시키는 자

☐ 1756

coverage
[kənvə́:rdʒ]

(보험) 보상 범위, 방송 전파가 미치는 구역

cover(감추거나 보호하기 위해 씌우다) + age(어떤 '상태')

☐ 1757

trend
[trend]

경향, 추세, 유행

트렌드

☐ 1758

quote
[kwout]

“ 인용하다 ”

인용하다

인용할 때 사용하는 quotation mark = "따옴표"

☐ 1759

laundry
[lɔ́:ndri]

세탁

coin laundry: 빨래방

☐ 1760

extract
[ikstrǽkt]

추출물, 발췌

엑기스: 진액

☐ 1761

flavor
[fléivər]

풍미

sweet flavor: 단맛

□ 1762

consent
[kənsént]

동의

by unanimous consent: 만장일치로

□ 1763

transportation
[trænspərtéiʃən]

운송, 교통수단

운송업체나 교통 기관의 회사명에 주로 쓰인다

□ 1764

flexible
[fléksəbl]

유연한, 구부릴 수 있는, 융통성 있는

탄력 근무제(Flex - time work)

□ 1765

upturn
[əptərn]

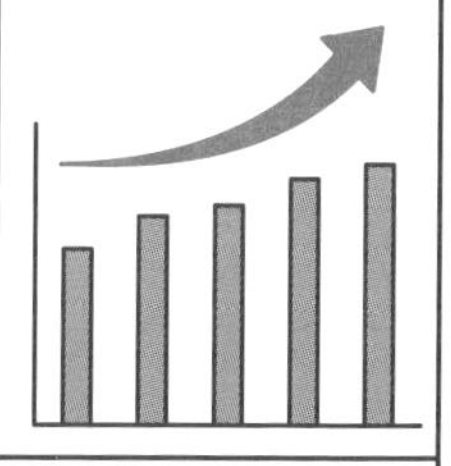

호전, 상승

up + turn: 위로 올라가는 기세

□ 1766

claim
[kleim]

요구, 주장

한국에서는 complain이라는 의미로 쓰이기도 한다

□ 1767

presentation
[prèzəntéiʃən]

발표, 프레젠테이션

프레젠테이션

□ 1768

overhead
[ouvərhed]

머리 위의

overhead kick: 축구 용어. 공이 머리 위를 넘어서 뒤로 가도록 차는 동작

□ 1769

charge
[ʧa:rdʒ]

청구하다

surcharge(추가 요금): 기준 범위를 초과한(sur) + 요금 (charge)

□ 1770

mission
[míʃən]

임무, 사명, 천직

영화 <미션 임파서블 Mission Impossible>

☐ 1771

destination
[dèstənéiʃən]

목적지

버스나 전철 등의 행선지 표시판에 적혀 있다

☐ 1772

construction
[kənstrʌ́kʃən]

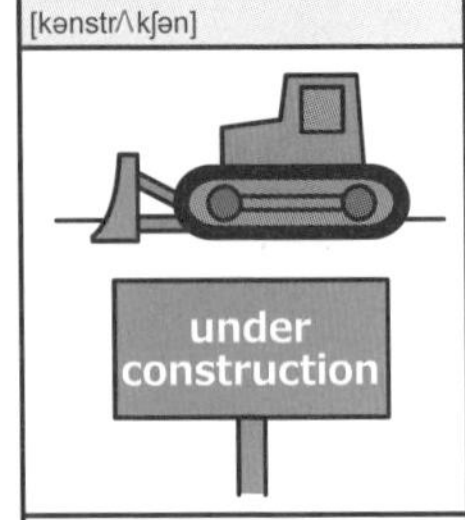

건설, 공사

공사 중: under construction

☐ 1773

account
[əkáunt]

계좌, 설명

accountability: 기업이나 단체의 설명 책임

☐ 1774

maximize
[mǽksəmàiz]

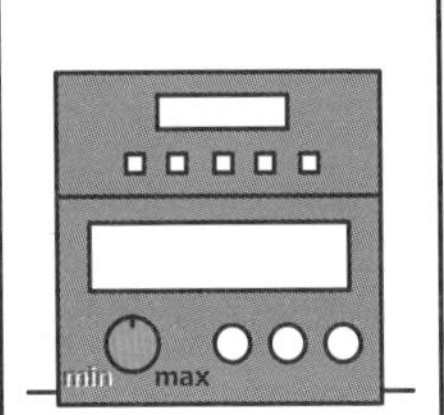

최대로 하다

오디오 볼륨. maxim(최대) + ize(화)

☐ 1775

condense
[kəndéns]

응축하다, 요약하다

Condensed Milk: 가당 연유

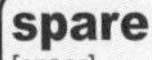

☐ 1776

spare
[spɛər]

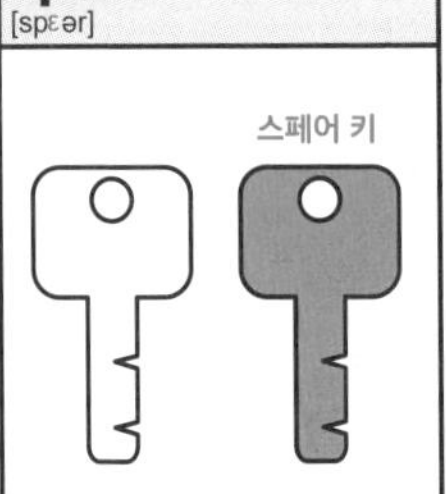

남은, 예비의

spare key: 여분의 열쇠

☐ 1777

work overtime
[wəːrk óuvərtaim]

야근

초과 근무 시간

☐ 1778

altogether
[ɔ̀:ltəgéðər]

완전히, 전적으로

It comes to 9,800won altogether: 다 합치면 9,800원이 된다

☐ 1779

invariable
[invɛ́əriəbl]

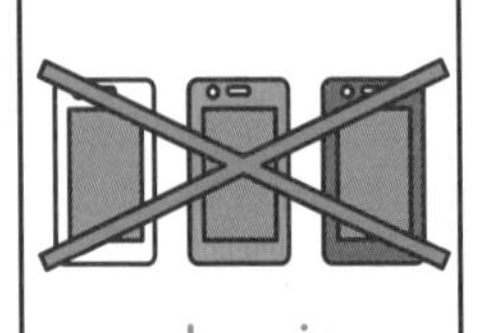

불변의

in(no) + variable(변하기 쉬운)

□ 1780

profile
[próufail]

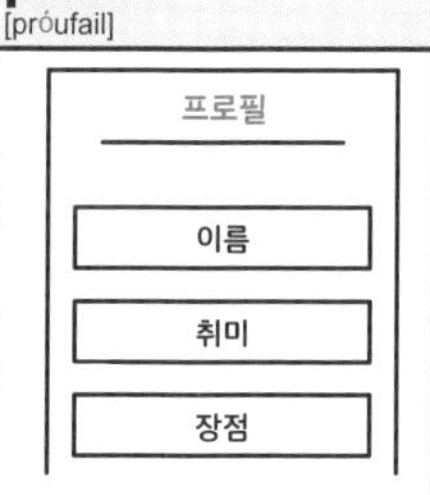

엷얼굴, 약력, 인물 소개

프로필

□ 1781

fasten
[fǽsn]

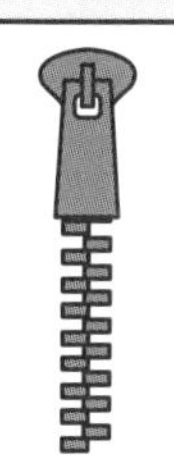

매다, 고정하다

fastener: (옷, 가방, 창문 등의) 잠금장치

□ 1782

luxury
[lʌ́kʃəri]

고급의, 명품

럭셔리한 공간

□ 1783

historian
[histɔ́:riən]

역사학자

history(역사) + an(사람)

□ 1784

delicate
[délikət]

깨지기 쉬운, 섬세한, 우아한

델리케이트한 심성

□ 1785

overall
[óuvərɔ:l]

전반적으로, 전체에 걸친

오버롤(overalls). 일명 멜빵바지

□ 1786

hum
[hʌm]

콧노래를 부르다, 흥얼거리다

humming: 입을 다물고 콧소리로 발성하는 창법

□ 1787

souvenir
[sù:vəníər]

기념품, 선물

기념품 가게 간판에 souvenir shop이라고 적혀 있다

□ 1788

lethal
[lí:θəl]

치명적인, 죽음을 초래하는

영화 <Lethal Weapon>: 살인 무기, 흉기

□ 1789

typical
[típikəl]

전형적인

type: 유형

□ 1790

compliance
[kəmpláiəns]

(명령 · 요구 등)에 따르기, 순종, 복종

기업 컴플라이언스: 준법 감시
법령 준수

□ 1791

preside
[prizáid]

주재하다, 사회를 보다, 의장을 맡다

president: 대통령, 사장, 의장직을 맡은 사람

□ 1792

maintain
[meintéin]

유지하다, 고수하다

maintenance: 유지, 관리, 보수

□ 1793

drill
[dril]

훈련, (나무나 금속에 구멍을 뚫는) 드릴

fire drill: 화재 대피 훈련, 소방 훈련

□ 1794

decorate
[dékərèit]

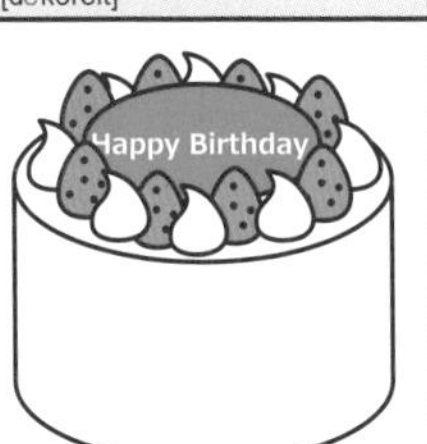

장식하다, 꾸미다

decoration cake: 스펀지케이크에 생크림이나 과일 등으로 장식한 서양과자

□ 1795

promote
[prəmóut]

촉진하다, 홍보하다

promotion video: 판매 촉진용 동영상

□ 1796

ventilation
[vèntəléiʃən]

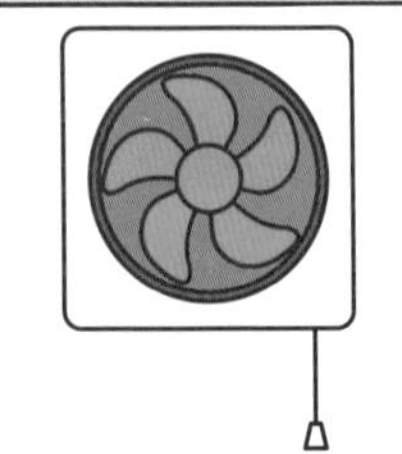

환기 장치

ventilator: 환풍기, 산소 호흡기

□ 1797

inspire
[inspáiər]

영감을 주다, 격려하다, 고취하다

○○에 자극을 받아 ~하기로 결심했다

□ 1798

precaution
[prikɔ́ːʃən]

주의, 조심, 예방

pre(미리) + caution(주의)→ 미리 주의하다: 예방

□ 1799

foretell
[fɔːrtél]

예견하다

fore(앞서) + tell(말하다)

□ 1800

pinch
[pintʃ]

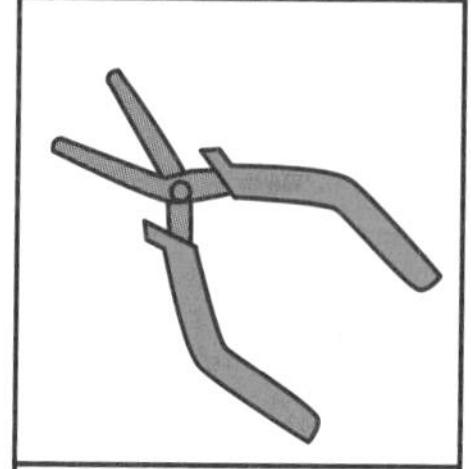

꼬집다, 조이다, 집다

스마트 폰 화면을 엄지와 검지로 터치하는 동작
공구 펜치(pinchers)

□ 1801

costly
[kɔ́ːstli]

값비싼, 비용이 많이 드는

코스트(cost): 비용

□ 1802

architecture
[ɑ́ːrkitèktʃər]

건축

architect: 건축가

□ 1803

profession
[prəféʃən]

직업, 전문직

professional: profession의 형용사

□ 1804

verify
[vérəfài]

검증하다, 확인하다, 증명하다

very: 정말로, 참으로, 틀림없이

□ 1805

underdress
[ʌndərdrés]

간소한 옷차림, 속치마, 속옷

under(미만, 아래) + dress(정장, 예복)

□ 1806

appliance
[əpláiəns]

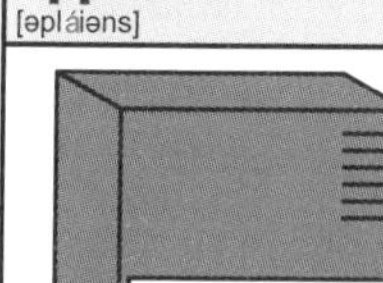
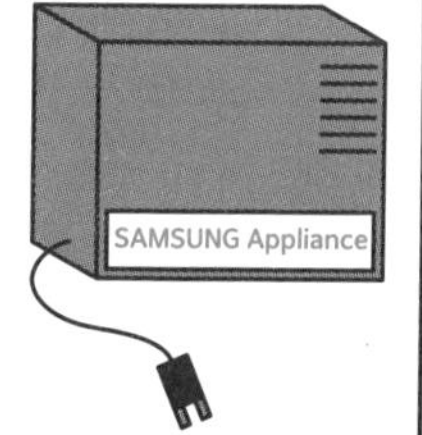

가전제품, 기기

가전 제조업체: ○○ Home Appliance

☐ 1807

indecisive
[indisáisiv]

우유부단한

in(no) + decide(결정하다) = 결정하지 못하다

☐ 1808

expand
[ikspǽnd]

확대하다, 확장하다

expander: 가슴, 팔 등 상체 근육을 강화하는 운동 기구

☐ 1809

accelerate
[æksélərèit]

가속하다

accelerator를 밟다

☐ 1810

ignite
[ignáit]

~에 불을 붙이다, 점화하다

ignition key: 차량의 시동을 거는 키. 엔진 점화 키

☐ 1811

angle
[ǽŋgl]

각도, 관점

사진 촬영 시 앵글

☐ 1812

dine
[dain]

식사하다, 정찬하다

dining: 식사, 정찬

☐ 1813

delight
[diláit]

기쁨, 기쁨을 주다

pure delight: 순수한 기쁨

☐ 1814

exotic
[igzɑ́tik]

이국적인, 색다른

이그조틱한(색다른) 거리 풍경

☐ 1815

industry
[índəstri]

산업, 공업

회사명 ○○산업, ○○공업에 해당하는 영문명

□ 1816

influence
[ínfluəns]

영향을 미치다
influenza virus와 어원이 같다

□ 1817

lifesaver
[láifsèivər]

(수영장 등의) 구조 요원
인명 구조 요원

□ 1818

initiative
[iníʃiətiv]

주도권, 솔선
교섭 결과 주도권을 잡다

□ 1819

itinerary
[aitínərèri]

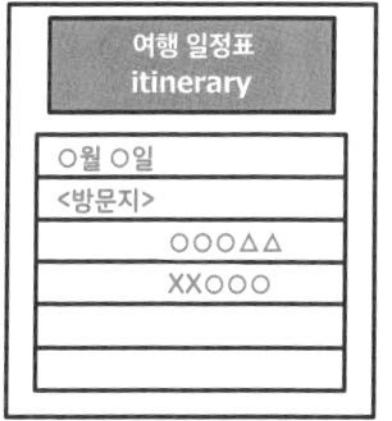

여행 계획, 여행 일정표
여행사에서 나눠준 방문 일정표의 제목에 쓰여 있는 문구

□ 1820

flip
[flíp]

뒤집다, 홱 던지다, (손가락으로)튕기다
TV 방송 등에서 항목별로 요점을 정리한 도표를 flip chart라고 한다

□ 1821

excursion
[ikskə́:rʒən]

유람, 소풍, 나들이
excursion train: 유람 열차

□ 1822

waver
[wéivər]

흔들리다, 동요하다
파도(wave)처럼 흔들리다

□ 1823

outburst
[aútbə:rst]

(감정, 에너지 따위의) 폭발
out(밖으로) + burst(파열) = 폭발

□ 1824

phase
[feiz]

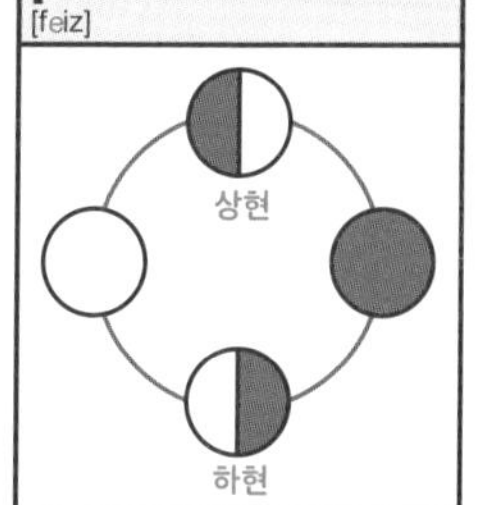

단계, 국면
moon phase: 주기적으로 형태가 변하는 달의 형상

☐ 1825

breed
[bri:d]

품종, 사육하다, 기르다

견종

☐ 1826

outlook
[áutluk]

전망, 견해, 시야

마이크로소프트(MS)사의 응용 프로그램. 메일, 일정, 연락처 파일 등을 관리할 수 있다

☐ 1827

subjective
[səbdʒéktiv]

주관적인

subject: 주관

☐ 1828

anniversary
[ænəvə́:rsəri]

기념일

가게의 ○주년 세일

☐ 1829

countryside
[kʌntrisaid]

시골, 지방, 교외

country(지역) + side(가장자리) = 시골 변두리

☐ 1830

human resources
[rí:sɔ:rs]

인적 자원, (회사의)인사부

human(사람) + resources(자원)

☐ 1831

party concerned
[pɑ́:rti kənsə́:rnd]

관계자

party(모임) + concerned(관여하다)

☐ 1832

sophisticated
[səfístəkèitid]

세련된, 정교한

sophisticated(도시적이고 세련된) 패션

☐ 1833

advantage
[ædvǽntidʒ]

어드밴티지

이점, 우위

테니스 어드밴티지(듀스 뒤 득점한 쪽을 '어드밴티지'라고 함)

□ 1834

duty
[djúːti]

의무, 세금

Duty Free: 면세

□ 1835

incline
[inkláin]

기울다

reclining seat: 뒤쪽(rear)으로 기울어지는(cline) 의자

□ 1836

academic
[ækədémik]

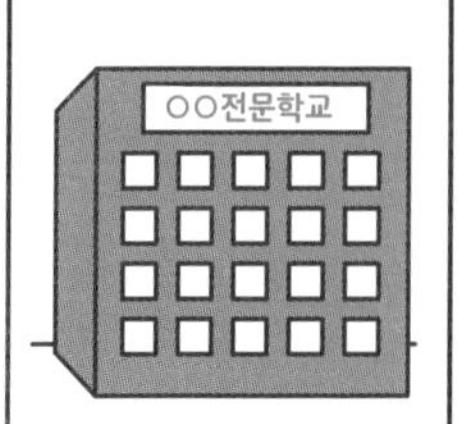

학업의

아카데미: 학교, 전문학교

□ 1837

copier
[kápiər]

복사기

copy(인쇄) + er(~하는 사람·장치)

□ 1838

federal
[fédərəl]

연방의, 연방 정부의

FRB(Federal Reserve Bank): 미국 연방 준비제도 이사회. 미국의

□ 1839

operation
[àpəréiʃən]

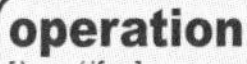

수술, 사업, 영업

operator: 콜 센터의 교환원

□ 1840

sight
[sait]

시력, 광경

sightseeing: 관광. 관광버스 등에 적혀 있다

□ 1841

entry
[éntri]

입장, 입구, 가입

entry - level: 초보자용의, 말단의

□ 1842

review
[rivjúː]

평가, 재검토, 복습

re(다시) + view(보다)

☐ 1843

breeze
[bri:z]

산들바람
Sea Breeze: 바닷바람

☐ 1844

motion
[móuʃən]

운동, 움직임, 동작, 몸짓
슬로모션: slow motion

☐ 1845

tax return
[tæks ritə:rn]

소득 신고, 납세 신고
미국은 세금을 원천 징수 후 환급 신청 시 일부를 돌려준다(return)

☐ 1846

feedback
[fi:dbæk]

반응, 의견
(인사고과 등의) 피드백

☐ 1847

decisive
[disáisiv]

결정적인, 단호한
decide: 결정하다
decisive moment: 결정적인 순간

☐ 1848

situation
[sitʃuéiʃən]

상황
situation: 각자의 입장, 처한 형세

☐ 1849

bounce
[bauns]

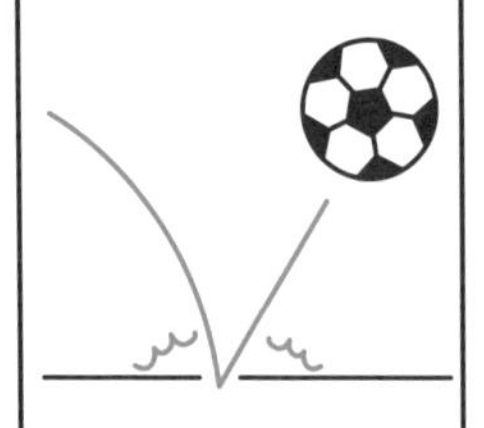

튀어오르다, 되돌아오다, 회복하다
천장 바운스: 카메라의 플래시(flash lamp)를 천장을 향하게 하여 빛이 반사(bounce)되도록 하는 기술

☐ 1850

proofread
[pru:frì:d]

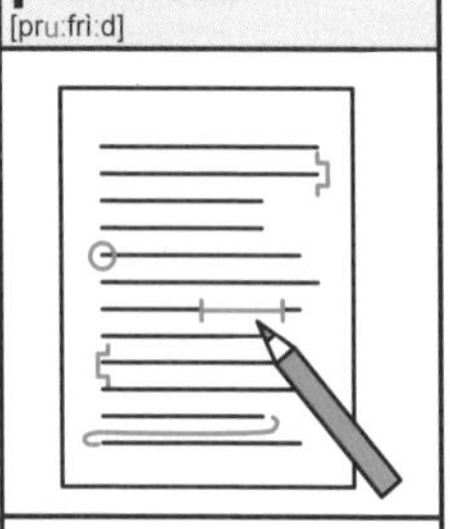

교정하다
proof(교정쇄) + read(읽다)

☐ 1851

survey
[sərvéi]

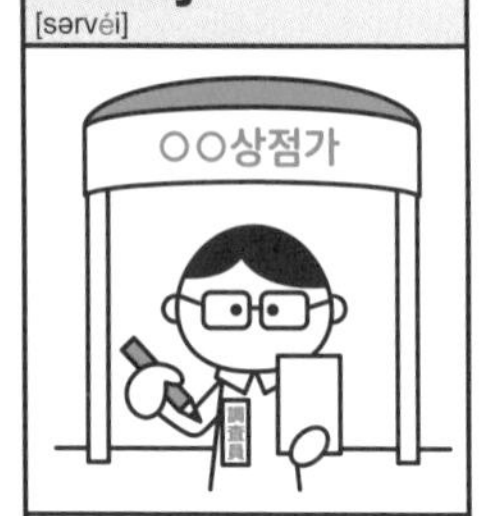

조사
시장 조사를 하다

☐ 1852

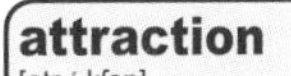

attraction
[ətrǽkʃən]

볼거리, 명소

파티 등에서 선보이는 볼거리

☐ 1853

fake
[feik]

가짜의, 위조의

페이크

☐ 1854

dramatic
[drəmǽtik]

극적인

드라마

☐ 1855

instrument
[ínstrəmənt]

악기, 도구, 기구

instrumental: 기악곡, 가사 없는 연주곡

☐ 1856

royalty
[rɔ́iəlti]

사용료, 인세

로열티

☐ 1857

spiral
[spáiərəl]

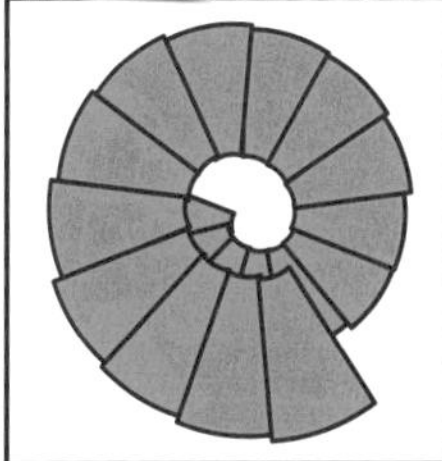

나선, 나선형의

spiral staircase: 나선형 계단
deflationary spiral: 물가 하락이 경제에 악순환을 초래하는 현상

☐ 1858

nearly
[níərli]

1/3 ≒ 0.33

거의, 가까이

≒(nearly equal)

☐ 1859

position
[pəzíʃən]

위치, 직책(post)

포지션

☐ 1860

wholesale
[hóulseil]

도매, 대량의

whole: 전체. 쪼개지 않는다는 의미
낱개 판매가 아닌 대량 판매: 도매

□ 1861

conceal
[kənsíːl]

감추다, 숨기다

concealer: 피부의 흠을 가려주는 화장품

□ 1862

invite
[inváit]

초대하다

invitation: 초대(장)

□ 1863

rapid
[rǽpid]

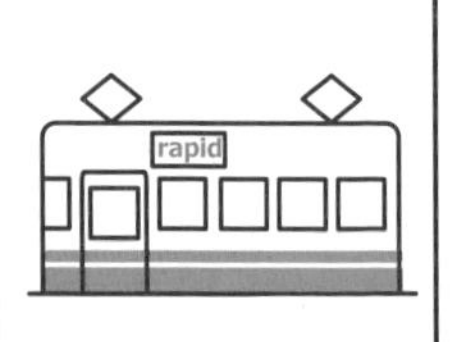

신속한

급행열차
rapid: 쾌속

□ 1864

warning
[wɔ́ːrniŋ]

경고(문), 주의

storm warning: 폭풍우 경고

□ 1865

supplement
[sʌ́pləmənt]

보충, 부록

영양보조제

□ 1866

reception
[risépʃən]

환영회, 피로연

리셉션

□ 1867

gain
[gein]

이익, 획득하다, 입수하다

gain line: 럭비나 미식축구에서 골라인에 평행하게 그어진 가상의 선

□ 1868

witless
[wítlis]

무분별한, 어리석은

wit: 재치, 위트가 넘치는 대화

□ 1869

city hall
[síti hɔːl]

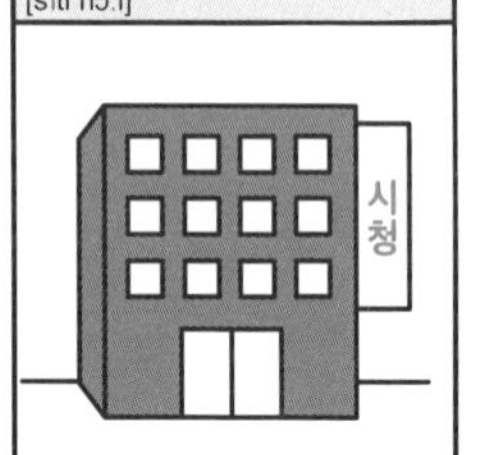

시청

시청 앞 사거리의 영문 표지에 city hall이라고 적혀 있다

□ 1870

gross margin
[gróus mά:rdʒin]

총 판매액
원가 | 조(粗)이익

매출 총수익: 총 판매액에서 원가를 뺀 액수
마진: 이윤. 판매가와 원가의 차액

□ 1871

charitable
[ʧǽritəbl]

자비로운
자선 모금을 위한 방송

□ 1872

unique
[ju:ní:k]

독특한, 유일한
유니클로: UNIQUE CLOTHING

□ 1873

resume
[rézumei]

영문 이력서, 요약
rizu:m으로 발음하면 '재개하다'라는 뜻

□ 1874

trade
[treid]

거래하다, 매매하다, 무역하다
주식 트레이더(trader), 야구 트레이드(trade)

□ 1875

agricultural
[æ̀grikΛ́lʧərəl]

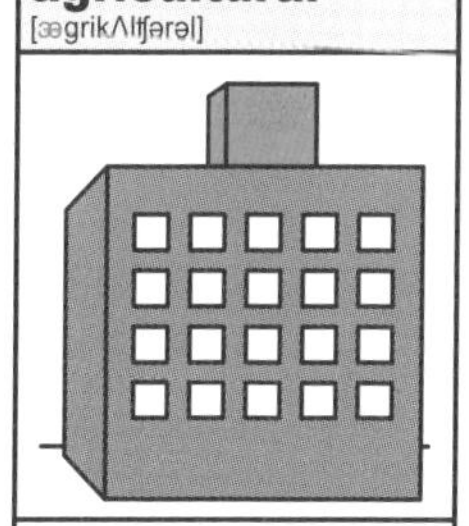

농업의
Korea Agricultural Cooperatives: 농협 유통

□ 1876

baggage
[bǽgidʒ]

짐, 여행용 가방
공항의 수하물 찾는 곳: baggage claim

□ 1877

answering machine
[ǽnsəriŋ məʃí:n]

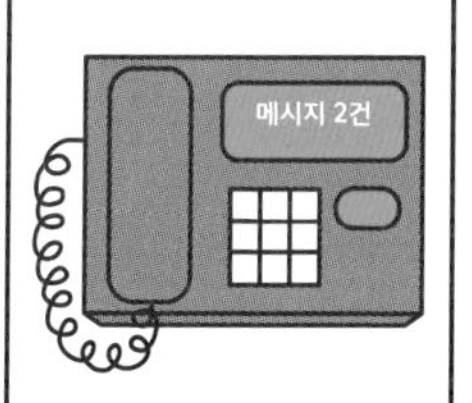

부재 중 전화
answering(응답의) + machine(장치)

□ 1878

supplier
[səpláiər]

납품업자, 공급자
supply(공급하다) + er(사람)

□ 1879

sustainable
[səstéinəbl]

지속 가능한

환경 친화적인 기업 활동이나 제품에 쓰이는 표현

□ 1880

unfortunate
[ənfɔ́rʧənət]

불행한, 불운한

un(not) + fortunate(운 좋은, 다행한)

최단시간에
TOEIC 점수를 올리려면

TOEIC을 효율적으로 공부하는 7가지 포인트

포인트1 예상 점수의 수치화

⇒ 모의고사 문제집 1회분을 제한 시간 120분 동안 푼 다음 Part별 정답 수를 기록하자. 그러면 '현재 실력'과 '목표 점수' 간의 격차를 알 수 있다.

처음 TOEIC 시험을 치르거나 점수가 500점 미만이라면 Part 1 · 2 · 5를 집중 공략하자. '정답을 맞히는 테크닉'을 적용하기 쉬운 부분이라서 그만큼 점수가 잘 오르기 때문이다.

포인트2 출제 패턴 파악

⇒ Part별 출제 패턴을 파악하자.

TOEIC 출제 형식과 Part별 문항 수는 다음 표와 같다. L은 리스닝(Listening: 듣기), R은 리딩(Reading: 읽기)의 약자다. 2016년 TOEIC 시험이 개편되면서 총 문항수의 10% 정도가 출제 형식이 변경되었다.(표의 붉은색 글씨가 변경된 부분에 해당된다.) 개편 전에 비해 난이도가 올라갔으므로 고득점을 목표로 한다면 시험 공부에 상당한 시간을 투자해야 한다. 그러나 일단 700점대를 목표로 한다면 개편에 따른 영향이 그리 크지 않다. 따라서 무작정 시간을 쏟아붓기보다는 출제 패턴을 먼저 익힌 뒤 Part별 테크닉에 유념하면서 공부하자.

TOEIC 시험 7가지 부문

	L/R	특징	문항수
Part 1	L	**사진 묘사** 4개의 설명문을 잘 듣고 문제지에 인쇄된 사진을 가장 정확하게 묘사한 문장을 1개 고른다.	6문항
Part 2	L	**질의응답** 질문에 이어 들려주는 3개의 응답문 가운데 가장 적절한 응답을 1개 고른다.	25문항
Part 3	L	**짧은 대화** 2인 또는 3인의 짧은 대화에 이어 질문을 들려준다. 4개의 보기 중 가장 적절한 응답을 1개 고른다. 발음이 비슷한 단어나 도표가 나오기도 한다.	39문항
Part 4	L	**설명문** 내레이션 또는 이야기에 이어 질문을 들려준다. 4개의 보기 중 가장 적절한 응답을 1개 고른다. 발음이 비슷한 단어나 도표 문제가 나오기도 한다.	30문항 (내레이션 10문항)
Part 5	R	**단문 공란 메우기(문법/어휘)** 불완전한 단문을 완성시키기 위해 4개의 보기 중 가장 적절한 어구를 1개 고른다.	30문항
Part 6	R	**장문 공란 메우기** 불완전한 장문을 완성하기 위해 4개 보기 중 가장 적절한 어구를 1개 고른다. 지문 1개당 4문항이 출제되는데 3문항은 빈칸에 들어갈 단어를 고르고, 1문항은 빈칸에 들어갈 문장을 고른다.	16문항
Part 7	R	**독해(단일 지문/복수 지문)** 장르가 다양한 1개의 지문(단일 지문), 서로 연관된 2-3개의 지문(복수 지문)을 읽고 질문(2-5문항)에 답하는 형식이다. 각 질문을 읽고 4개의 보기 중 가장 적절한 답을 1개 고른다.	54문항

포인트3 80:20 법칙

⇒ **TOEIC 시험을 치를 날짜를 결정하자.**

TOEIC 공부를 시작한 지 두세 달 정도 지났을 때 일단 TOEIC 시험을 치러보자. TOEIC 시험은 연 24회 시행한다.

시험 일자를 정했다면 남은 기간을 역산해서 공부 계획을 세운다. '어느 정도 공부하고 나서 시험을 보는 것'이 아니라 '일단 시험 날짜를 정하는 것'이 중요하다. 공부 계획은 시험까지 100일 남았다면 80일까지 공부를 마치는 것이 바람직하다. 남은 20일은 여유 기간으로 둔다. 즉 80%의 기간 동안 목표한 공부를 달성하고 남은 20%는 보완하는 기간으로 삼는다. 계획을 제대로 실천했는지 날마다 기록하고 1주일 단위로 진도를 확인하는 것이 요령이다.

포인트4 앵무새 학습법

⇒ 하루 공부를 마친 뒤 새롭게 익힌 내용과 까다로운 내용을 눈으로만 읽지 말고 소리 내어 읽어보자. 즉 '확실히 이해했는지' 아니면 '어설프게 이해했는지' 파악해야 한다.

이처럼 '확실히 이해했는지' 아니면 '어설프게 이해했는지' 스스로 점검해보는 것이 시험 공부할 때 가장 중요하다. 그래야 기억을 재정비해서 어설프게 이해한 내용을 확실히 이해할 수 있기 때문이다.

앵무새처럼 입으로 소리 내는 과정을 거치며 이해도를 끌어올리는 것이다. 간혹 노트에 따로 정리해두는 수험생도 있는데, 이 방법은 시간이 많이 걸릴 뿐 아니라 자칫 노트 정리만 했을 뿐인데 해당 내용을 제대로 이해한 것으로 착각하기 쉬우니 그다지 추천하고 싶지 않다.

포인트5 바둑알 학습법

⇒ '오답'(●)을 '정답'(○)으로 바꿔나간다.

TOEIC 문제를 풀 때 정답을 문제지에 직접 쓰지 말고 다른 종이에 적는다. 이후 채점하면서 오답은 ●로 표시해두고 틀린 부분은 정답을 맞힐 때까지 반복해서 푼다. 즉 ●를 ○로 바꾸어간다.

포인트6 커닝 학습법

⇒ 영어 장문 독해는 먼저 우리말 해석을 보면서 패턴을 익힌다.

TOEIC 수험생이 가장 어려워하는 부분이 Part 6과 7이다. 시간이 부족해서 문제를 다 풀지 못하고 그냥 찍어버리는 경우가 적지 않다. 따라서 Part 6과 7은 각별히 신경을 써야 한다. 이를 위해 개발한 학습법이 '커닝 학습법'이다.

먼저 문제를 풀기 전에 모의고사 문제집의 해답과 해설을 찾아 우리말로 해석된 부분을 읽어보자. 즉 해석을 먼저 읽고(커닝), 출제 패턴과 보기를 파악해두면 영어 장문 독해를 하느라 시간을 낭비하지 않아도 된다. 아무런 사전 지식 없이 곧바로 영어 독해를 할 때보다 시간도 에너지도 절약할 수 있다. 우리말 해석을 먼저 읽었는데도 정답을 맞히기 어렵다면 영어를 먼저 읽고 정답을 맞힐 확률은 거의 없다고 봐야 한다. 그러니 우리말 해석을 먼저 보는 방법으로 공부해보자.

포인트7 실제 시험보다 불리한 조건에서 모의시험을 치러보기

⇒ 불리한 조건에서도 최상의 실력을 발휘할 수 있도록 대비하자.

시험이 2~3주 앞으로 다가오면 실제 시험 환경보다 더 불리한 조건에서 모의시험을 치러보자. 예를 들면 제한 시간을 10% 정도 줄이는 것이다. 시험 당일에는 아무래도 긴장하기 마련이다. 이런저런 이유로 컨디션이 좋지 않아 자신의 실력을 제대로 발휘하지 못할 수도 있다. 그러니 실제 시험을 치를 때보다 더 불리한 조건에서 시험을 치르는 훈련을 해두면 '적응력'이 강해진다. 마라톤 선수가 실제 경기보다 경사가 심하거나 공기가 희박한 고지대에서 연습하는 것과 마찬가지 원리다. 시험 2~3주 전이라면 취약한 부분을 집중적으로 살펴볼 시간이 충분히 남아 있다. 그러니 시험 당일의 컨디션이나 환경에 따라 점수가 좌우되지 않도록 유의하자.

Part C

시험 전에 확인해야 할 기본 단어 1120

☐ 1881
catch [kætʃ] 잡다

☐ 1882
television [téləvìʒən] 텔레비전

☐ 1883
zero [zíərou] 0

☐ 1884
step [step] 걸음

☐ 1885
uniform [júːnəfɔ̀ːrm] 제복

☐ 1886
so [souː, sə] 그래서, 그렇게

☐ 1887
gym [dʒim] 체육관

☐ 1888
green [griːn] 녹색의

☐ 1889
sing [siŋ] 노래하다

☐ 1890
pen [pen] 펜

☐ 1891
screen [skriːn] 화면, 영화

☐ 1892
introduce [ìntrədjúːs] 소개하다

☐ 1893
radio [réidiòu] 라디오

☐ 1894
sugar [ʃúgər] 설탕

☐ 1895
busy [bízi] 바쁜

☐ 1896
though [ðou] 비록 ~일지라도

☐ 1897
kind [kaind] 친절한, 종류

☐ 1898
umbrella [ʌmbrélə] 우산

☐ 1899
envelope [énvəlòup] 봉투

☐ 1900
bottom [bɑ́təm] 바닥

☐ 1901
fine [fain] 좋은

☐ 1902
later [léitər] 나중에

☐ 1903
problem [prɑ́bləm] 문제

☐ 1904
every [évri] 모든

☐ 1905
dad [dæd] 아빠

☐ 1906
sample [sǽmpl] 견본

☐ 1907
pretty [príti] 예쁜, 아름다운

☐ 1908
waiter [wéitər] 종업원

☐ 1909
sick [sik] 아픈, 기분 나쁜

☐ 1910
turn [təːrn] 돌리다, 바꾸다, 회전, 차례

☐ 1911
lady [léidi] 여성, 부인

☐ 1912
outside [áutsáid] 외곽, 외부의

☐ 1913
ticket [tíkit] 승차권

☐ 1914
scissors [sízərz] 가위

☐ 1915
cheap [ʧi:p] 저렴한

☐ 1916
knock [nak] 노크하다, 두드리다

☐ 1917
give [giv] 주다

☐ 1918
hungry [hʌŋgri] 배고픈

☐ 1919
capital [kǽpətl] 수도, 자본

☐ 1920
tomorrow [təmɔ́:rou, təmɑ́rrou] 내일

☐ 1921
see [si:] 보다

☐ 1922
finger [fiŋgər] 손가락

☐ 1923
spend [spend] 소비하다, 보내다

☐ 1924
slow [slou] 늦은

☐ 1925
program [próugræm] 프로그램

☐ 1926
dog [dɔ:g] 개

☐ 1927
forest [fɔ́:rist] 숲

☐ 1928
expensive [ikspénsiv] 비싼

☐ 1929
purse [pə:rs] 지갑, 핸드백

☐ 1930
factory [fǽktəri] 공장

☐ 1931
doll [dal] 인형

☐ 1932
volunteer [vɑ̀ləntíər] 봉사하다, 자원하다

☐ 1933
fly [flai] 날다, 파리

☐ 1934
bad [bæd] 나쁜

☐ 1935
horizon [həráizn] 수평선, 지평선

☐ 1936
usually [júːʒuəli, -ʒwəli] 보통, 대개

☐ 1937
address [ədrés, ǽdres] 주소, 부르다, 연설하다

☐ 1938
blossom [blɑ́səm] 꽃

☐ 1939
song [sɔ́ːŋ] 노래

☐ 1940
borrow [bɑ́rou] 빌리다

☐ 1941
repair [ripɛ́ər] 수리, 치료하다

☐ 1942
newspaper [njúːzpèipər, njúːs-] 신문

☐ 1943
system [sístəm] 제도, 체계

☐ 1944
meet [miːt] 만나다

☐ 1945
change [ʧeindʒ] 바꾸다, 달라지다, 변화

☐ 1946
lend [lend] 빌리다

☐ 1947
effort [éfərt] 노력

☐ 1948
bean [biːn] 콩

☐ 1949 **door**	[dɔ:r]	문
☐ 1950 **fish**	[fiʃ]	물고기
☐ 1951 **class**	[klæs]	학급, 수업
☐ 1952 **coffee**	[kɔ́:fi]	커피
☐ 1953 **fight**	[fait]	싸우다
☐ 1954 **use**	[ju:z]	이용하다, 이용
☐ 1955 **welcome**	[wélkəm]	환영하다
☐ 1956 **beginning**	[bigíniŋ]	시작
☐ 1957 **reply**	[riplái]	대답하다, 답장
☐ 1958 **send**	[send]	보내다
☐ 1959 **heat**	[hi:t]	열, 가열하다
☐ 1960 **country**	[kʌntri]	국가, 지역
☐ 1961 **glove**	[glʌv]	장갑
☐ 1962 **year**	[jiər]	연도
☐ 1963 **become**	[bikʌm]	~이 되다
☐ 1964 **visit**	[vízit]	방문하다
☐ 1965 **fresh**	[freʃ]	신선한

☐ 1966
forever [fərevər] 영원히

☐ 1967
government [gʌvərnmənt] 정부

☐ 1968
together [[təgéðər] 함께

☐ 1969
kindergarten [kíndərgὰ:rtn] 유치원

☐ 1970
greet [gri:t] 인사하다, 환영하다

☐ 1971
steal [sti:l] 훔치다

☐ 1972
promise [prámis] 약속, 약속하다

☐ 1973
square [skwɛər] 광장, 사각형

☐ 1974
dish [diʃ] 식기, 요리

☐ 1975
think [θiŋk] 생각하다, ~에 골몰하다

☐ 1976
stay [stei] 머무르다, 체류

☐ 1977
church [ʧə:rʧ] 교회

☐ 1978
top [tap] 정상

☐ 1979
excited [iksáitid] 흥분한

☐ 1980
mile [mail] 마일

☐ 1981
root [ru:t] 뿌리

☐ 1982
come [kʌm] 오다

☐ 1983
ready [rédi] 준비된

☐ 1984
chicken [tʃíkən] 닭, 닭고기

☐ 1985
rice [rais] 쌀

☐ 1986
grade [greid] 등급, 성적, 학년

☐ 1987
national [nǽʃənl] 전 국민의, 국가의

☐ 1988
foot [fut] 발, 피트

☐ 1989
special [spéʃəl] 특별한

☐ 1990
sometimes [sʌmtàimz] 때때로

☐ 1991
supper [sʌpər] 저녁 식사

☐ 1992
minute [mínit] 분

☐ 1993
hurry [hə́:ri, hʌri] 서두르다

☐ 1994
sorry [sάri, sɔ́:ri] 미안한, 유감스러운

☐ 1995
foolish [fú:liʃ] 어리석은

☐ 1996
independent [ìndipéndənt] 독립한

☐ 1997
century [séntʃəri] 세기

☐ 1998
trash [træʃ] 쓰레기

☐ 1999
interested [íntərəstid, -tərèst] 흥미 있는

☐ 2000
temperature [témpərətʃər] 온도

☐ 2001
sentence [séntəns] 문장

☐ 2002
metal [métl] 금속

☐ 2003
care [kɛər] 마음 쓰다, 배려

☐ 2004
race [reis] 경쟁, 인종

☐ 2005
hotel [houtél] 호텔

☐ 2006
should [ʃud] ~할 것이다

☐ 2007
deliver [dilívər] 배달하다

☐ 2008
town [taun] 마을

☐ 2009
none [nʌn] 아무도 ~않다, 조금도 ~없다

☐ 2010
better [bétər] 더 나은

☐ 2011
battery [bǽtəri] 배터리

☐ 2012
smoke [smouk] 흡연, 담배를 피우다

☐ 2013
possible [pάsəbl] 가능한

☐ 2014
center [séntər] 가운데

☐ 2015
horse [hɔːrs] 말

☐ 2016
astronaut [ǽstrənɔ̀ːt] 우주 비행사

☐ 2017
shoot [ʃu:t] 쏘다

☐ 2018
energy [énərdʒi] 원기, 활력

☐ 2019
son [sʌn] 아들, 자손

☐ 2020
into [ínt] ~안으로

☐ 2021
blanket [blǽŋkit] 담요

☐ 2022
red [red] 붉은

☐ 2023
circle [sə́:rkl] 원

☐ 2024
guest [gest] 손님

☐ 2025
through [θru:] ~을 통하여

☐ 2026
hit [hit] 치다

☐ 2027
thirsty [θə́:rsti] 갈증이 난

☐ 2028
or [ɔ́r] 또는

☐ 2029
want [wɔ:nt] 바라다

☐ 2030
word [wə:rd] 단어

☐ 2031
group [gru:p] 그룹

☐ 2032
future [fjú:ʧər] 미래

☐ 2033
wife [waif] 아내

☐ 2034
support [səpɔ́ːrt] 지원하다, 지지

☐ 2035
grass [græs] 잔디

☐ 2036
worry [wə́ːri] 걱정하다, 우려하다

☐ 2037
elderly [éldərli] 나이 든

☐ 2038
quiet [kwáiət] 조용한

☐ 2039
let [let] ~하는 것을 허락하다, ~해보자

☐ 2040
sun [sʌn] 해, 태양

☐ 2041
spell [spel] (어떤 단어의) 철자를 말하다/쓰다

☐ 2042
war [wɔːr] 전쟁

☐ 2043
cost [kɔːst] 비용이 들다, 비용

☐ 2044
shop [ʃap] 가게

☐ 2045
wall [wɔːl] 벽

☐ 2046
victory [víktəri] 승리

☐ 2047
well [wel] 아주, 썩, 잘

☐ 2048
contest [kάntest | kɔ́n-] 대회

☐ 2049
puppy [pʌpi] 강아지

☐ 2050
strong [strɔːŋ] 강한

☐ 2051
free [fri:] 한가해진, 자유로운, 무료의

☐ 2052
know [nou] 알다

☐ 2053
guard [ga:rd] 경계, 보호하다

☐ 2054
take [teik] 잡다, 데려가다

☐ 2055
camp [kæmp] 캠프

☐ 2056
narrow [nǽrou] 좁은

☐ 2057
which [hwitʃ] 어느 ~

☐ 2058
freeze [fri:z] 냉동하다

☐ 2059
downstairs [dáunstέərz] 아래층으로

☐ 2060
jump [dʒʌmp] (두 발로 바닥을 차며) 뛰다, 점프하다

☐ 2061
early [ə́:rli] 일찍, 이른

☐ 2062
away [əwéi] 멀리

☐ 2063
building [bíldiŋ] 건물

☐ 2064
animal [ǽnəməl] 동물

☐ 2065
month [mʌnθ] 개월, 월

☐ 2066
nation [néiʃən] 국민, 국가

☐ 2067
bank [bæŋk] 은행

☐ 2068 **apartment**	[əpɑ́ːrtmənt]	아파트
☐ 2069 **fail**	[feil]	실패하다
☐ 2070 **laugh**	[læf]	웃다, 웃음
☐ 2071 **noon**	[nuːn]	정오
☐ 2072 **spot**	[spat]	점, 장소
☐ 2073 **hope**	[houp]	바라다, 희망
☐ 2074 **team**	[tiːm]	팀, 단체
☐ 2075 **whale**	[hweil]	고래
☐ 2076 **scold**	[skould]	꾸짖다
☐ 2077 **person**	[pə́ːrsn]	사람
☐ 2078 **office**	[ɔ́ːfis]	사무소
☐ 2079 **anywhere**	[énihwɛər]	어디든지, 어딘가에
☐ 2080 **limit**	[límit]	한계, 제한하다
☐ 2081 **read**	[riːd]	읽다
☐ 2082 **milk**	[milk]	우유
☐ 2083 **tell**	[tel]	말하다
☐ 2084 **bus**	[bʌs]	버스

☐ 2085
piano [piǽnou] 피아노

☐ 2086
forget [fərgét] 잊다

☐ 2087
mail [meil] 이메일, 우편, 부치다

☐ 2088
example [igzǽmpl] 예

☐ 2089
telephone [téləfòun] 전화, 전화를 걸다

☐ 2090
healthy [hélθi] 건강한, 건강에 좋은

☐ 2091
abroad [əbrɔ́:d] 외국에

☐ 2092
sit [sit] 앉다

☐ 2093
low [lou] 낮은

☐ 2094
zoo [zu:] 동물원

☐ 2095
survive [sərváiv] 살아남다

☐ 2096
club [klʌb] 클럽, 동아리

☐ 2097
section [sékʃən] 부분

☐ 2098
why [hwai] 왜

☐ 2099
paper [péipər] 종이, 신문

☐ 2100
campaign [kæmpéin] (사회, 정치) 운동, 광고

☐ 2101
game [geim] 경기

□ 2102
drive [draiv] 운전하다

□ 2103
traffic [trǽfik] 교통

□ 2104
history [hístəri] 역사

□ 2105
help [help] 도와주다

□ 2106
flood [flʌd] 홍수

□ 2107
often [ɔ́:fən] 가끔

□ 2108
meter [mí:tə] 미터

□ 2109
save [seiv] 구하다

□ 2110
learn [lə:rn] 배우다

□ 2111
potato [pətéitou] 감자

□ 2112
dead [ded] 죽은

□ 2113
never [névər] 결코 ~아니다/없다/못하다, 절대로

□ 2114
morning [mɔ́:rniŋ] 아침, 오전

□ 2115
rest [rest] 휴식, 나머지, 쉬다

□ 2116
button [bʌtən] 버튼

□ 2117
engineer [èndʒiníər] 기술자

□ 2118
dangerous [déindʒərəs] 위험한

☐ 2119 **new**	[nju:]	새로운
☐ 2120 **house**	[haus]	집
☐ 2121 **needle**	[ní:dl]	바늘
☐ 2122 **agree**	[əgrí:]	동의하다
☐ 2123 **watch**	[watʃ]	시계, 지켜보다
☐ 2124 **cat**	[kæt]	고양이
☐ 2125 **long**	[lɔ:ŋ]	긴
☐ 2126 **junior**	[dʒú:njər]	손아래의, 후배
☐ 2127 **lip**	[lip]	입술
☐ 2128 **plastic**	[plǽstik]	비닐의, 플라스틱
☐ 2129 **somewhere**	[sʌmhwɛə]	어딘가에
☐ 2130 **soft**	[sɔft]	부드러운
☐ 2131 **mean**	[mi:n]	의미하다
☐ 2132 **lesson**	[lésn]	수업
☐ 2133 **front**	[frʌnt]	앞, 앞쪽의, 정면
☐ 2134 **control**	[kəntróul]	제어하다, 지배
☐ 2135 **river**	[rívər]	강

No.	Word	Pronunciation	Meaning
□ 2136	**invitation**	[ìnvitéiʃən]	초대, 초대장
□ 2137	**big**	[big]	큰
□ 2138	**festival**	[féstəvəl]	축제, 행사
□ 2139	**diary**	[dáiəri]	일기
□ 2140	**dark**	[da:rk]	어두운
□ 2141	**sell**	[sel]	팔다
□ 2142	**soup**	[su:p]	수프
□ 2143	**skin**	[skin]	피부
□ 2144	**child**	[ʧaild]	어린이
□ 2145	**afternoon**	[æftərnún]	오후
□ 2146	**round**	[raʊnd]	둥근, 빙글빙글
□ 2147	**also**	[ɔ́:lsou]	또한
□ 2148	**relax**	[rilǽks]	편안해지다
□ 2149	**enjoy**	[indʒɔ́i]	즐기다
□ 2150	**name**	[neim]	이름
□ 2151	**uncle**	[ʌŋkl]	삼촌
□ 2152	**must**	[məst, mʌst]	반드시 ~하다, ~해야 하다

☐ 2153
grow [grou] 성장하다

☐ 2154
find [faind] 발견하다

☐ 2155
win [win] 이기다

☐ 2156
anyone [éniwʌn, -wən] 누군가, 아무

☐ 2157
map [mæp] 지도

☐ 2158
friend [frend] 친구

☐ 2159
car [ka:r] 자동차

☐ 2160
own [oun] 자신의, ~을 소유하다

☐ 2161
everything [évriθɪŋ] 모든

☐ 2162
foreign [fɔ́:rən, fárən] 외국의

☐ 2163
ill [il] 아픈

☐ 2164
apple [ǽpl] 사과

☐ 2165
really [rí:əli] 정말

☐ 2166
useful [jú:sfəl] 유익한

☐ 2167
about [əbáut] ~에 대하여

☐ 2168
select [silékt] 선택하다

☐ 2169
hair [hɛər] 머리카락

☐ 2170
joke [dʒouk] 농담

☐ 2171
tight [tait] 엄격한, 빠듯한

☐ 2172
join [dʒɔin] 참여하다, 합류하다

☐ 2173
study [stʌdi] 공부하다, 연구

☐ 2174
temple [témpl] 절, 사원

☐ 2175
strike [straik] 치다, 두드리다, 파업

☐ 2176
still [stil] 아직도

☐ 2177
garden [gάːrdn] 정원

☐ 2178
flower [fláuər] 꽃

☐ 2179
then [ðen] 그때에, 그 이후에

☐ 2180
father [fάːðər] 아버지

☐ 2181
same [seim] 같은

☐ 2182
university [jùːnəvə́ːrsəti] 종합대학

☐ 2183
cook [kuk] 요리하다

☐ 2184
choose [tʃuːz] 선택하다

☐ 2185
heart [haːrt] 심장, 마음

☐ 2186
drugstore [drʌgstɔ̀ːr] 의약품, 화장품 등을 판매하는 매장

☐ 2187
train [trein] 기차, 훈련하다

☐ 2188
sister [sístər] 자매

☐ 2189
tomato [təméitou] 토마토

☐ 2190
roof [ru:f] 지붕

☐ 2191
parent [pέərənt] 부모

☐ 2192
over [óuvər] ~이상

☐ 2193
railroad [réiloud] 철로, 몰아붙이다

☐ 2194
math [mæθ] 수학

☐ 2195
fill [fil] 채우다

☐ 2196
climb [klaim] 오르다

☐ 2197
leave [li:v] 떠나다, 남기고 가다

☐ 2198
where [hwεər] 어디로

☐ 2199
offer [ɔ́:fər] 제공하다, 신청

☐ 2200
standard [stǽndərd] 표준, 기준이 되는

☐ 2201
desk [desk] 책상

☐ 2202
comic [kάmik] 만화책, 희극의

☐ 2203
alone [əlóun] 홀로

☐ 2204
little [lítl] 작은, 조금

☐ 2205
president [prézədənt] 대통령, 사장

☐ 2206
reason [rí:zn] 이유

☐ 2207
mouse [maus] 쥐

☐ 2208
artist [á:rtist] 예술가

☐ 2209
cake [keik] 케이크

☐ 2210
wrap [ræp] 포장하다

☐ 2211
palm [pa:m] 손바닥

☐ 2212
understand [ʌndərstǽnd] 이해하다

☐ 2213
because [bikɔ́:z, bikʌz] ~때문에

☐ 2214
among [əmʌŋ] ~중에서

☐ 2215
net [net] 그물

☐ 2216
strange [streindʒ] 모르는, 기묘한

☐ 2217
tower [táuər] 탑, 고층 빌딩

☐ 2218
glass [glæs] 유리, 유리잔

☐ 2219
succeed [səksí:d] 성공하다

☐ 2220
subject [sʌbdʒikt] 과목, 화제, 주관, ~에 복종하는

☐ 2221
begin [bigín] 시작하다

☐ 2222
too [tu:] ~도 역시, 너무

☐ 2223
park [pa:rk] 공원

☐ 2224
between [bitwí:n, bətwí:n] ~사이에

☐ 2225
glad [glæd] 기쁜

☐ 2226
practice [prǽktis] 연습하다, 훈련

☐ 2227
left [left] 왼쪽의

☐ 2228
event [ivént] 행사

☐ 2229
lion [láiən] 사자

☐ 2230
king [kiŋ] 왕

☐ 2231
breakfast [brékfəst] 아침 식사

☐ 2232
travel [trǽvəl] 여행하다, 여행

☐ 2233
brave [breiv] 용감한

☐ 2234
seed [si:d] 씨앗

☐ 2235
type [taip] 유형, 타자를 치다

☐ 2236
noise [nɔiz] 소음

☐ 2237
pay [pei] 지불하다

□ 2238
lead [li:d] 이끌다

□ 2239
neither [ní:ðər, nái-] A도 아니고 B도 아니다

□ 2240
follow [fálou] 따르다

□ 2241
right [rait] 오른쪽의, 바른, 권리

□ 2242
fit [fit] 알맞은, 튼튼한

□ 2243
storm [stɔ:rm] 폭풍, 격노하다

□ 2244
hall [hɔ:l] 넓은 방

□ 2245
when [hwən] 언제

□ 2246
shrine [ʃrain] 성지, 사당

□ 2247
black [blæk] 검은

□ 2248
society [səsáiəti] 사회

□ 2249
blood [blʌd] 피

□ 2250
shadow [ʃǽdou] 그림자

□ 2251
typhoon [taifú:n] 태풍

□ 2252
job [dʒab] 직업

□ 2253
idea [aidí:ə] 아이디어, 방법

□ 2254
marry [mǽri] 결혼하다

☐ 2255
scientist [sáiəntist] 과학자

☐ 2256
wise [waiz] 지혜로운

☐ 2257
dirty [də́:rti] 더러운

☐ 2258
boat [bout] 배

☐ 2259
street [stri:t] 거리

☐ 2260
bath [bæθ] 목욕

☐ 2261
level [lévəl] 수준

☐ 2262
concert [kάnsə:rt | kɔ́nsət] 공연, 음악회

☐ 2263
message [mésidʒ] 메시지

☐ 2264
nothing [nʌθiŋ] 아무것도 없다

☐ 2265
kick [kik] (발로) 차다

☐ 2266
police [pəlí:s] 경찰

☐ 2267
snow [snou] 눈, 눈이 내리다

☐ 2268
station [stéiʃən] 정거장, 역

☐ 2269
bake [beik] 굽다

☐ 2270
always [ɔ́:lweiz, -wi:z] 항상

☐ 2271
end [end] 종료, 끝나다

☐ 2272
share [ʃɛər] 지분, 공유하다

☐ 2273
miracle [mírəkl] 기적

☐ 2274
flag [flæg] 깃발

☐ 2275
hobby [hábi] 취미

☐ 2276
enter [éntər] 입장하다

☐ 2277
gentleman [dʒéntlmən] 신사

☐ 2278
another [ənʌðər] 또 하나의, 또 한 사람의

☐ 2279
bakery [béikəri] 빵집

☐ 2280
behind [biháind, bə-] ~의 뒤에

☐ 2281
tonight [tənáit] 오늘 밤

☐ 2282
theater [θíːətər] 극장, 영화관

☐ 2283
thing [θiŋ] 일, 물건

☐ 2284
egg [eg] 달걀

☐ 2285
force [fɔːrs] 힘, 강요하다

☐ 2286
some [səm, sʌm] 몇, 약간

☐ 2287
short [ʃɔːrt] 짧은

☐ 2288
twice [twais] 두 번, 두 배

☐ 2289
money [mʌni] 돈

☐ 2290
sound [saund] 소리, 소리를 내다, 소리가 들리다

☐ 2291
ring [riŋ] 반지, 울리다, 소리 내다

☐ 2292
call [kɔ:l] 부르다, 전화하다

☐ 2293
yesterday [jéstərdèi, -di] 어제

☐ 2294
else [els] 그 밖에

☐ 2295
dance [dæns] 춤, 춤추다

☐ 2296
sea [si:] 바다

☐ 2297
beauty [bjú:ti] 아름다움

☐ 2298
god [gad] 신

☐ 2299
young [jʌŋ] 젊은

☐ 2300
baby [béibi] 아기

☐ 2301
dentist [déntist] 치과 의사

☐ 2302
ask [æsk] 요청하다

☐ 2303
coat [kout] 외투

☐ 2304
gift [gift] 선물

☐ 2305
line [lain] 선, 줄을 서다

☐ 2306
meal [miːl] 식사

☐ 2307
resource [ríːsɔːrs] 자원

☐ 2308
start [stɑːrt] 시작하다, 출발하다

☐ 2309
miss [mis] 놓치다, 그리워하다

☐ 2310
yet [jet] 아직, 여전히

☐ 2311
cheer [ʧiər] 기운을 북돋다

☐ 2312
tie [tai] 연결 짓다, 끈, 넥타이

☐ 2313
curry [kəːri] 카레

☐ 2314
wake [weik] 일어나다, 눈이 떠지다

☐ 2315
voice [vɔis] 목소리

☐ 2316
discussion [diskʌʃən] 토의

☐ 2317
retire [ritáiər] 은퇴하다, 퇴직하다

☐ 2318
hide [haid] 숨기다

☐ 2319
second [sékənd] 두 번째의

☐ 2320
set [set] 설치하다, 세트

☐ 2321
both [bouθ] 양쪽의, 둘 다

☐ 2322
across [əkrɔ́ːs, əkrɑ́s] ~을 가로질러서

☐ 2323
mark [ma:rk] (표 · 기호 등으로) 표시하다

☐ 2324
fun [fʌn] 재미있는

☐ 2325
earth [ə:rθ] 지구

☐ 2326
topic [tάpik] 화제

☐ 2327
tank [tæŋk] 물탱크

☐ 2328
interview [íntərvjù:] 면접

☐ 2329
city [síti] 도시

☐ 2330
even [í:vən] 그렇다 하더라도

☐ 2331
work [wə:rk] 일하다

☐ 2332
nature [néiʧər] 자연, 천성

☐ 2333
holiday [hάlədèi] 휴일

☐ 2334
medicine [médəsin] 약, 의학

☐ 2335
visitor [vízitər] 방문자

☐ 2336
white [hwait] 흰

☐ 2337
foreigner [fɔ́:rənər, fάrənər] 외국인

☐ 2338
trouble [trʌbl] 곤란

☐ 2339
single [síŋgl] 독신의, 단독의

☐ 2340
allow [əláu] 허용하다

☐ 2341
meat [mi:t] 육류

☐ 2342
people [pí:pl] 사람들

☐ 2343
leaf [li:f] 나뭇잎

☐ 2344
water [wɔ́:tər] 물

☐ 2345
unusual [ənjúʒuəl] 특이한

☐ 2346
lose [lu:z] 잃다

☐ 2347
clean [kli:n] 청소하다, 깨끗한

☐ 2348
arrive [əráiv] 도착하다

☐ 2349
continue [kəntínju:] 계속하다

☐ 2350
play [plei] 놀다, (게임, 놀이 등을) 하다

☐ 2351
bone [boun] 뼈

☐ 2352
quietly [kwáiətli] 조용히

☐ 2353
hat [hæt] 모자

☐ 2354
buy [bai] 사다

☐ 2355
movie [mú:vi] 영화

☐ 2356
tall [tɔ:l] 키가 큰

☐ 2357
print [print] 인쇄하다

☐ 2358
clever [klévər] 영리한

☐ 2359
friendly [fréndli] 우호적인

☐ 2360
wave [weiv] 파도, (손 · 손수건을) 흔들다

☐ 2361
dry [drai] 말린

☐ 2362
coin [kɔin] 동전, 주화

☐ 2363
swim [swim] 수영하다

☐ 2364
feeling [fi:liŋ] 느낌, 감정

☐ 2365
candy [kǽndi] 사탕, 캔디

☐ 2366
hurt [həːrt] 다치다

☐ 2367
witch [witʃ] 마녀

☐ 2368
cute [kjuːt] 귀여운

☐ 2369
shout [ʃaut] 외치다, 환성, 고함

☐ 2370
invention [invénʃən] 발명, 발명품

☐ 2371
drama [drάːmə, drǽmə] 드라마, 연극

☐ 2372
death [deθ] 죽음, 사망

☐ 2373
international [intərnǽʃənəl] 국제적인

☐ 2374
rich [ritʃ] 부유한

☐ 2375
disease [dizí:z] 질환

☐ 2376
cherry [tʃéri] 체리, 벚나무

☐ 2377
state [steit] 주(州), 상태, ~을 분명히 말하다

☐ 2378
unhappy [ənhǽpi] 불행한

☐ 2379
expression [ikspréʃən] 표현, 표정

☐ 2380
juice [dʒu:s] 주스

☐ 2381
hold [hould] 잡다, 유지하다

☐ 2382
vegetable [védʒətəbl] 야채

☐ 2383
principal [prínsəpəl] 교장

☐ 2384
decrease [dikrí:s] 감소, 줄어들다

☐ 2385
orange [ɔ́:rindʒ, árindʒ] 오렌지

☐ 2386
service [sə́:rvis] 근무, 서비스

☐ 2387
hole [houl] 구멍

☐ 2388
good [gud] 좋은

☐ 2389
princess [prínsis, prínses] 공주, 왕세자빈

☐ 2390
many [méni] 많은

☐ 2391
recent [rí:snt] 최근의, 새로운

☐ 2392
notebook [noutbυk] 노트북

☐ 2393
bark [ba:rk] 짖다

☐ 2394
around [əráund] 주위에

☐ 2395
essay [ései] 에세이, 수필

☐ 2396
next [nekst] 다음의

☐ 2397
rubber [rʌbər] 고무

☐ 2398
say [sei] 말하다

☐ 2399
there [ðər; ðέər] 저쪽, 저기

☐ 2400
angry [ǽŋgri] 화난

☐ 2401
chopstick [ʧápstìk, ʧɔ́p-] 젓가락

☐ 2402
music [mjú:zik] 음악

☐ 2403
window [wíndou] 창문

☐ 2404
pet [pet] 반려동물

☐ 2405
library [láibrèri] 도서관

☐ 2406
make [meik] 만들다

☐ 2407
prize [praiz] 상

☐ 2408
pick [pik] 고르다, 줍다

☐ 2409
pool [pu:l] 수영장, 물웅덩이

☐ 2410
keep [ki:p] 유지하다

☐ 2411
native [néitiv] 토박이의

☐ 2412
simple [símpl] 간단한

☐ 2413
cloud [klaud] 구름

☐ 2414
popular [pápjulər] 인기 있는

☐ 2415
late [leit] 늦은

☐ 2416
check [ʧek] 점검하다, 검사, 확인하다

☐ 2417
journey [dʒə́:rni] 여행

☐ 2418
original [ərídʒənl] 원래의

☐ 2419
island [áilənd] 섬

☐ 2420
motorcycle [móutərsàikl] 오토바이

☐ 2421
speak [spi:k] 말하다

☐ 2422
village [vílidʒ] 마을

☐ 2423
near [niər] 가깝게

☐ 2424
feed [fi:d] 먹이를 주다

☐ 2425
tiger [táigər] 호랑이

☐ 2426
break [breik] 고장 나다, 중단, 휴식

☐ 2427
finally [fáinəli] 마침내, 마지막으로

☐ 2428
branch [bræntʃ] 나뭇가지, 지점

☐ 2429
stick [stik] 막대기, 찌르다, 붙다

☐ 2430
duck [dʌk] 오리, 집오리

☐ 2431
cover [kʌvər] 씌우다

☐ 2432
sail [seil] 항해하다

☐ 2433
triangle [tráiæŋgl] 삼각형

☐ 2434
road [roud] 도로

☐ 2435
photograph [fóutəgræf] 사진

☐ 2436
ordinary [ɔ́:rdənèri] 보통의, 통상의

☐ 2437
corner [kɔ́:rnər] 구석, 모퉁이

☐ 2438
hour [auər] 1시간

☐ 2439
deep [di:p] 깊은

☐ 2440
world [wə:rld] 세계, 세상

☐ 2441
smile [smail] 미소, 미소 짓다

☐ 2442
run [rʌn] 달리다, 운영하다

☐ 2443
drink [driŋk] 마시다

☐ 2444
queen [kwiːn] 여왕

☐ 2445
mistake [mistéik] 실수, 잘못 생각하다

☐ 2446
monkey [mʌŋki] 원숭이

☐ 2447
can [kən; kǽn] 할 수 있다, 캔

☐ 2448
without [wiðáut, wiθáut] ~없이

☐ 2449
almost [ɔ́ːlmoust] 거의, 대부분

☐ 2450
subway [sʌbwèi] 지하철

☐ 2451
pull [pul] 당기다

☐ 2452
college [kɑ́lidʒ] 단과대학

☐ 2453
meeting [míːtiŋ] 회의, 만남, 집회

☐ 2454
cent [sent] 센트, 돈

☐ 2455
salad [sǽləd] 샐러드

☐ 2456
lay [lei] 눕다

☐ 2457
yard [jaːrd] 마당, 야드

☐ 2458
percent [pərsént] %, 퍼센트

☐ 2459
write [rait] 쓰다, 적다

☐ 2460
lonely [lóunli] 외로운, 고독한

☐ 2461
homemade [hoummeid] 집에서 만든, 손으로 만든

☐ 2462
sheep [ʃi:p] 양

☐ 2463
bottle [bάtl] 병, 용기

☐ 2464
natural [nætʃərəl] 자연의

☐ 2465
competition [kὰmpətíʃən] 경쟁, 대회

☐ 2466
place [pleis] 장소, 놓다, 특정 목적을 위한 공간

☐ 2467
go [gou] 가다

☐ 2468
sweet [swi:t] 달콤한, 사탕

☐ 2469
member [mémbər] 일원, 회원

☐ 2470
citizen [sítəzən] 시민, 국민

☐ 2471
character [kæriktər] 성격, 등장인물

☐ 2472
empty [émpti] 빈, 없는, 공허한

☐ 2473
put [put] 두다

☐ 2474
tree [tri:] 나무

☐ 2475
sweater [swétər] 스웨터

☐ 2476
discover [diskʌvər] 발견하다

☐ 2477
coach [koutʃ] 코치, 감독

☐ 2478
number [nʌmbər] 수, 숫자

☐ 2479
secret [sí:krit] 비밀, 숨겨진

☐ 2480
shake [ʃeik] 흔들다

☐ 2481
mind [maind] 마음, 명심하다

☐ 2482
rabbit [rǽbit] 토끼

☐ 2483
phone [foun] 전화, 전화로 알리다

☐ 2484
muscle [mʌsl] 근육

☐ 2485
rock [rak] 바위, 동요하다

☐ 2486
dolphin [dálfin] 돌고래

☐ 2487
shut [ʃʌt] 폐쇄하다

☐ 2488
seat [si:t] 좌석

☐ 2489
wind [wind] 바람

☐ 2490
interesting [íntərəstiŋ, -tərèst-] 흥미로운

☐ 2491
birthday [bə́:rθdèi] 생일, 탄생

☐ 2492
need [ni:d] ~을 필요로 하다, 필요

☐ 2493
language [lǽŋgwidʒ] 언어

☐ 2494
best [best] 최고의, 최선의

☐ 2495
information [ìnfərméiʃən] 정보

☐ 2496
close [klouz] 가까운, 닫다

☐ 2497
lunch [lʌntʃ] 점심

☐ 2498
sad [sæd] 슬픈

☐ 2499
funny [fʌni] 웃기는, 이상한

☐ 2500
wear [wɛər] 입다

☐ 2501
adult [ədʌlt] 성인

☐ 2502
anything [éniθìŋ] 무엇이든, 아무것도

☐ 2503
delicious [dilíʃəs] 맛있는

☐ 2504
old [ould] 오래된, 나이든

☐ 2505
down [daun] 낮은 곳으로 내려가다

☐ 2506
export [ikspɔ́:rt] 수출, 수출하다

☐ 2507
headache [hédeik] 두통

☐ 2508
cow [kau] 젖소

☐ 2509
beach [bi:tʃ] 해변

☐ 2510
sand [sænd] 모래

☐ 2511
today [tədéi] 오늘, 오늘날

☐ 2512
large [la:rdʒ] 큰

☐ 2513
salmon [sǽmən] 연어

☐ 2514
time [taim] 시간, 때

☐ 2515
season [sí:zn] 계절, 시기

☐ 2516
tea [ti:] 차

☐ 2517
exciting [iksáitiŋ] 흥미진진한

☐ 2518
something [sʌmθiŋ] 무언가

☐ 2519
decide [disáid] 결심하다

☐ 2520
dictionary [díkʃənèri] 사전

☐ 2521
date [deit] 날짜, 데이트

☐ 2522
graduate [grǽdʒuət] 졸업하다

☐ 2523
kitchen [kítʃən] 부엌

☐ 2524
honest [ánist] 정직한

☐ 2525
band [bænd] 끈, 띠

☐ 2526
safe [seif] 안전한

☐ 2527
will [wəl] ~할 것이다

☐ 2528
medal [médl] 메달

☐ 2529
writer [ráitər] 작가

☐ 2530
dear [diər] 친애하는

☐ 2531
pond [pand] 연못

☐ 2532
furniture [fə́:rnitʃər] 가구

☐ 2533
clerk [klə:rk] 사무원, 점원

☐ 2534
ride [raid] 타다

☐ 2535
clock [klak] 시계

☐ 2536
rescue [réskju:] 구출하다, 구출

☐ 2537
star [sta:r] 별

☐ 2538
earthquake [ə:rθkweik] 지진

☐ 2539
each [i:tʃ] 각자의, 개개의

☐ 2540
sign [sain] 사인

☐ 2541
fall [fɔ:l] 떨어지다, 가을

☐ 2542
gesture [dʒéstʃər] 제스처, 몸동작

☐ 2543
kill [kil] 죽이다

☐ 2544
open [óupən] 열다, 개방하다

☐ 2545
along [əlɔ́ːŋ] ~을 따라

☐ 2546
banana [bənǽnə] 바나나

☐ 2547
sleep [sliːp] 자다, 수면

☐ 2548
wood [wud] 목재

☐ 2549
student [stjuːdnt] 학생, 생도

☐ 2550
magazine [mægəzíːn] 잡지

☐ 2551
main [mein] 주요한, 주된

☐ 2552
woman [wúmən] 여성

☐ 2553
middle [mídl] 중앙의, 중간의

☐ 2554
dinner [dínər] 저녁 식사

☐ 2555
family [fǽməli] 가족

☐ 2556
way [wei] 방법

☐ 2557
doctor [dáktər] 의사, 박사

☐ 2558
postcard [poústkard] 엽서

☐ 2559
beef [biːf] 소고기

☐ 2560
age [eidʒ] 나이

☐ 2561
full [ful] 가득한

☐ 2562
holy [hóuli] 신성한

☐ 2563
few [fju:] 거의 없는, 소수의

☐ 2564
dig [dig] 파다, 캐내다

☐ 2565
daily [déili] 매일의, 일상적인

☐ 2566
surround [səráund] 둘러싸다

☐ 2567
straight [streit] 똑바른, 똑바로

☐ 2568
hill [hil] 언덕

☐ 2569
collect [kəlékt] 모으다, 수집하다

☐ 2570
home [houm] 집, 가정의

☐ 2571
enough [inʌf] 충분한, 충분히

☐ 2572
east [i:st] 동쪽

☐ 2573
hunt [hʌnt] 사냥하다

☐ 2574
quality [kwɑ́ləti] 품질, 질, 자질

☐ 2575
first [fə:rst] 처음의

☐ 2576
nobody [nóubɑ̀di] 아무도 ~않다

☐ 2577
yellow [jélou] 노란색의

☐ 2578
teacher [tí:tʃər] 교사, 선생

☐ 2579
beautiful [bjú:təfəl] 아름다운

☐ 2580
rainbow [réinbòu] 무지개

☐ 2581
salt [sɔ:lt] 소금

☐ 2582
plan [plæn] 예정, 계획하다

☐ 2583
shy [ʃai] 수줍은

☐ 2584
grandmother [grǽndmʌðər] 할머니

☐ 2585
everybody [évribadi] 모두, 누구나

☐ 2586
sky [skai] 하늘

☐ 2587
day [dei] 하루

☐ 2588
price [prais] 가격

☐ 2589
million [míljən] 100만

☐ 2590
lie [lai] 거짓말, 거짓말하다, 눕다

☐ 2591
communicate [kəmjú:nəkèit] (생각, 느낌 등을) 전하다

☐ 2592
pencil [pénsəl] 연필

☐ 2593
magic [mǽdʒik] 마법

☐ 2594
cry [krai] 울다, 외치다, 통곡

☐ 2595
fat [fæt] 뚱뚱한, 지방

☐ 2596
bird [bə:rd] 새

☐ 2597
now [nau] 지금

☐ 2598
off [ɔ:f] ~에서 벗어나

☐ 2599
night [nait] 밤

☐ 2600
burn [bə:rn] 불태우다

☐ 2601
cross [krɔ:s] 건너다, 십자가

☐ 2602
title [táitl] 제목, 직함

☐ 2603
hand [hænd] 손

☐ 2604
neighbor [néibər] 이웃

☐ 2605
finish [fíniʃ] 마치다, 끝내다

☐ 2606
everyone [évriwʌn] 모두

☐ 2607
cold [kould] 추운, 차가워진, 감기

☐ 2608
album [ǽlbəm] 앨범, 음반

☐ 2609
cup [kʌp] 컵

☐ 2610
cool [ku:l] 시원한

☐ 2611
port [pɔ:rt] 항구

☐ 2612
musical [mjúːzikəl] 뮤지컬

☐ 2613
tooth [tuːθ] 치아

☐ 2614
bridge [bridʒ] 다리

☐ 2615
able [éibl] ~할 수 있는

☐ 2616
try [trai] 노력하다, 시도하다

☐ 2617
than [ðən, ðǽn] ~보다

☐ 2618
just [dʒʌst] 지금 막, 마침, 단지

☐ 2619
shine [ʃain] 빛나다

☐ 2620
violet [váiəlit] 제비꽃

☐ 2621
pocket [pάkit] 주머니

☐ 2622
listen [lísn] 듣다

☐ 2623
snake [sneik] 뱀

☐ 2624
news [njuːz] 뉴스

☐ 2625
art [aːrt] 예술, 예술 행위

☐ 2626
half [hæf] 절반

☐ 2627
chance [ʧæns] 기회

☐ 2628
silent [sáilənt] 조용한

☐ 2629
toward [təwɔ́:d] ~을 향하여

☐ 2630
thin [θin] 얇은, 묽은

☐ 2631
honey [hʌni] 꿀

☐ 2632
shoe [ʃu:] 신발

☐ 2633
brother [brʌðər] 형제

☐ 2634
machine [məʃí:n] 기계

☐ 2635
stone [stoun] 돌

☐ 2636
poem [póuəm] 시

☐ 2637
love [lʌv] 사랑하다, 애정

☐ 2638
above [əbʌv] ~위에

☐ 2639
host [houst] 주최자

☐ 2640
mansion [mǽnʃən] 대저택

☐ 2641
afraid [əfréid] 두려운

☐ 2642
color [kʌlər] 색깔

☐ 2643
hospital [hάspitl] 병원

☐ 2644
belong [bilɔ́:ŋ] 제자리에 있다

☐ 2645
bee [bi:] 벌

☐ 2646
nurse [nə:rs] 간호사

☐ 2647
easy [í:zi] 수월한, 손쉽게

☐ 2648
several [sévərəl] 몇, 여러

☐ 2649
lake [leik] 호수, 연못

☐ 2650
hear [hiər] 듣다

☐ 2651
famous [féiməs] 유명한

☐ 2652
act [ækt] 행동하다, 행위

☐ 2653
human [hjú:mən] 인간, 인간다운

☐ 2654
side [said] 측면, 한쪽

☐ 2655
customer [kʌstəmər] 고객

☐ 2656
before [bifɔ́:r] 이전에, 그때까지는

☐ 2657
prince [prins] 왕자

☐ 2658
hard [ha:rd] 열심히, 어려운, 힘든

☐ 2659
actually [ǽktʃuəli] 실제로, 사실은

☐ 2660
poor [puər] 가난한

☐ 2661
arm [a:rm] 팔

☐ 2662
cafeteria [kæfətíəriə] 구내식당

☐ 2663
high [hai] 높은

☐ 2664
stranger [stréindʒər] 낯선 사람

☐ 2665
smooth [smu:ð] 부드러운

☐ 2666
dollar [dάlər] 달러

☐ 2667
complain [kəmpléin] 불평하다

☐ 2668
may [mei] ~수도 있다, ~지도 모른다

☐ 2669
moon [mu:n] 달

☐ 2670
wonderful [wʌndərfəl] 멋진

☐ 2671
parade [pəréid] 행진

☐ 2672
tongue [tʌŋ] 혀, 언어

☐ 2673
feel [fi:l] 느끼다

☐ 2674
what [hwət] 무엇, 어떻게

☐ 2675
rise [raiz] 오르다

☐ 2676
model [mάdl] 모형, 방식

☐ 2677
stand [stænd] 세우다

☐ 2678
bring [briŋ] 데려오다

☐ 2679
get [get] 얻다

☐ 2680
fast [fæst] 빠른, 빨리

☐ 2681
drum [drʌm] 드럼

☐ 2682
guitar [gitɑ́:r] 기타

☐ 2683
different [dífərənt] 다른

☐ 2684
like [laik] 좋아하다

☐ 2685
officer [ɔ́:fisər] 경찰관, 장교, 담당관

☐ 2686
daughter [dɔ́:tər] 딸, 여성

☐ 2687
remember [rimémbər] 기억하다, 문득 떠올리다

☐ 2688
carry [kǽri] 옮기다, 운반하다

☐ 2689
shock [ʃak] 충격, 충격을 주다

☐ 2690
scene [si:n] 장면

☐ 2691
true [tru:] 사실의, 진정한

☐ 2692
careful [kέərfəl] 주의 깊은

☐ 2693
normal [nɔ́:rməl] 보통의

☐ 2694
whose [hu:z] 누구의

☐ 2695
crazy [kréizi] 미친, 열광적인

☐ 2696
school [sku:l] 학교

☐ 2697
nice [nais] 멋진, 훌륭한

☐ 2698
someone [sʌmwʌn] 누군가, 어떤 사람

☐ 2699
wing [wiŋ] 날개

☐ 2700
schedule [skédʒu:l] 일정

☐ 2701
private [práivət] 개인의, 사적인

☐ 2702
pilot [páilət] 조종사, 파일럿

☐ 2703
tourist [túərist] 관광객

☐ 2704
after [ǽftər] ~후에, ~뒤에

☐ 2705
stupid [stjú:pid] 어리석은

☐ 2706
form [fɔ:rm] 형태, 형식, 형성하다

☐ 2707
aunt [ænt] 이모, 고모, 숙모, 아주머니

☐ 2708
health [helθ] 건강

☐ 2709
other [ʌðər] 다른

☐ 2710
walk [wɔ:k] 걷다, 보행

☐ 2711
restaurant [réstərənt] 식당, 레스토랑

☐ 2712
such [sətʃ:] 그러한, ~같은

☐ 2713
bell [bel] 벨, 종

☐ 2714
believe [bil i:v] 믿다

☐ 2715
marriage [m ǽridʒ] 결혼

☐ 2716
opinion [əp ínjən] 의견

☐ 2717
everywhere [évriwer] 어디나

☐ 2718
skill [sk il] 기술, 솜씨

☐ 2719
wild [w aild] 야생의

☐ 2720
adventure [ædv éntʃər] 모험

☐ 2721
small [sm ɔ:l] 작은

☐ 2722
animation [ænəm éiʃən] 애니메이션

☐ 2723
assistant [əs ístənt] 보조, 조수

☐ 2724
girl [g ə:rl] 소녀

☐ 2725
museum [mju:z í:əm] 박물관

☐ 2726
here [h iər] 여기, 이쪽

☐ 2727
stadium [st éidiəm] 경기장

☐ 2728
dinosaur [d áinəsɔ̀:r] 공룡

☐ 2729
wet [w et] 젖은

☐ 2730
exercise [éksərsàiz] 운동, 운동하다

☐ 2731
throw [θrou] 던지다

☐ 2732
eat [iːt] 먹다

☐ 2733
rain [rein] 비

☐ 2734
serious [síəriəs] 심각한

☐ 2735
fruit [fruːt] 과일

☐ 2736
party [páːrti] 파티

☐ 2737
vase [veis] 꽃병

☐ 2738
giant [dʒáiənt] 거인, 거대한

☐ 2739
weak [wiːk] 약한

☐ 2740
case [keis] 경우

☐ 2741
stretch [stretʃ] 늘리다, 뻗다

☐ 2742
soon [suːn] 조만간

☐ 2743
alive [əláiv] 살아 있는

☐ 2744
sharp [ʃaːrp] 날카로운

☐ 2745
housework [hauswərk] 집안일

☐ 2746
who [huː] 누구

☐ 2747
ocean [óuʃən] 바다

☐ 2748 **wait**	[weit]	기다리다
☐ 2749 **once**	[wʌns]	한 번, 한때
☐ 2750 **test**	[test]	시험, 테스트
☐ 2751 **hamburger**	[hǽmbə̀:rgər]	햄버거
☐ 2752 **discovery**	[diskʌvəri]	발견
☐ 2753 **area**	[ɛ́əriə]	지역
☐ 2754 **plane**	[plein]	비행기
☐ 2755 **farm**	[fa:rm]	농장
☐ 2756 **sale**	[seil]	판매
☐ 2757 **tent**	[tent]	텐트
☐ 2758 **chain**	[ʧein]	체인, 사슬
☐ 2759 **rose**	[rouz]	장미
☐ 2760 **crowd**	[kraud]	군중, 떼를 짓다
☐ 2761 **balloon**	[bəlú:n]	풍선, 기구
☐ 2762 **tough**	[tʌf]	강한, 힘든
☐ 2763 **thick**	[θik]	두꺼운
☐ 2764 **science**	[sáiəns]	과학

☐ 2765
insect [ínsekt] 곤충

☐ 2766
certainly [sə́:rtnli] 확실히

☐ 2767
great [greit] 위대한, 큰

☐ 2768
imagine [imǽdʒin] 상상하다

☐ 2769
favorite [féivərit] 좋아하는, 마음에 드는

☐ 2770
mother [mʌðər] 어머니

☐ 2771
life [laif] 인생, 생활, 생명

☐ 2772
answer [ǽnsər] 대답, 답하다

☐ 2773
tired [taiərd] 피곤한

☐ 2774
card [ka:rd] 카드

☐ 2775
escape [iskéip, es-] 탈출하다, 도망

☐ 2776
grandfather [grǽndfà:ðər] 할아버지, 조부

☐ 2777
show [ʃou] 보여주다

☐ 2778
maybe [méibi:] 아마

☐ 2779
since [sins] ~이후, ~이기 때문에

☐ 2780
count [kaunt] 셈하다, 계산하다

☐ 2781
teach [ti:ʧ] 가르치다

☐ 2782
husband [hʌzbənd] 남편

☐ 2783
castle [kǽsl] 성, 궁궐, 저택

☐ 2784
picture [píktʃər] 그림, 사진

☐ 2785
kid [kid] 어린이

☐ 2786
much [mʌtʃ] 많은

☐ 2787
only [óunli] 유일한, 단지, 불과

☐ 2788
barrier [bǽriər] 장벽

☐ 2789
boy [bɔi] 소년

☐ 2790
tear [tiər] 눈물, 찢다

☐ 2791
common [kámən] 공통의, 일반적인

☐ 2792
fool [fu:l] 바보, 어리석은

☐ 2793
average [ǽvəridʒ] 평균, 평균값

☐ 2794
return [ritə́:rn] 돌아오다, 복귀, 반품

☐ 2795
very [véri] 매우, 아주

☐ 2796
either [í:ðər] 어느 쪽, 양쪽의

☐ 2797
pot [pat] 냄비

☐ 2798
push [puʃ] 밀다

☐ 2799
examination [igzæmənéiʃən] 시험

☐ 2800
rule [ru:l] 규칙, 지배하다

☐ 2801
evening [í:vniŋ] 저녁, 밤

☐ 2802
again [əgén] 다시

☐ 2803
cage [keidʒ] 새장, 우리

☐ 2804
weather [wéðər] 날씨

☐ 2805
symbol [símbəl] 상징, 기호, 심볼

☐ 2806
strict [strikt] 엄격한

☐ 2807
receive [risí:v] 받다, 접수하다

☐ 2808
weight [weit] 체중

☐ 2809
airport [erpɔrt] 공항

☐ 2810
have [hæv] 가지다, 먹다

☐ 2811
quick [kwik] 재빠른, 신속한

☐ 2812
talk [tɔ:k] 말하다

☐ 2813
sauce [sɔ:s] 소스, 양념

☐ 2814
butterfly [bʌtərflài] 나비, 접영

☐ 2815
accident [æksidənt] 사고

☐ 2816
suit [suːt] 정장, 어울리다

☐ 2817
plate [pleit] 접시

☐ 2818
stamp [stæmp] 우표

☐ 2819
communication [kəmjùːnəkéiʃə] 소통, 통신

☐ 2820
eye [ai] 눈, 시선

☐ 2821
while [hwail] ~하는 동안에, ~하는 한편

☐ 2822
ear [iər] 귀

☐ 2823
trip [trip] 여행

☐ 2824
respect [rispékt] 존경하다, 존중

☐ 2825
vacation [veikéiʃən] 방학, 휴가

☐ 2826
captain [kǽptən] 선장, 육군 대위, 캡틴

☐ 2827
touch [tʌʧ] 만지다, 접촉

☐ 2828
ability [əbíləti] 능력

☐ 2829
sure [ʃuər] 확실히, ~하는 것은 확실하다

☐ 2830
mountain [máuntən] 산

☐ 2831
court [kɔːrt] 법원, 법정

☐ 2832
comfortable [kʌmfərtəbl] 편안한, 쾌적한

☐ 2833
handkerchief [hǽŋkərtʃif] 손수건

☐ 2834
bag [bæg] 가방, 봉지

☐ 2835
wrong [rɔ́:ŋ] 잘못된

☐ 2836
however [hauévər] 그러나, 하지만

☐ 2837
design [dizáin] 설계하다, 디자인, 구현

☐ 2838
lucky [lʌki] 행운의, 운이 좋은

☐ 2839
story [stɔ́:ri] 이야기, (건물의) 층

☐ 2840
wash [wɔ:ʃ] 씻다

☐ 2841
already [ɔ:lrédi] 이미, 벌써

☐ 2842
piece [pi:s] 조각, 일부

☐ 2843
billion [bíljən] 10억

☐ 2844
anybody [énibàdi] 누군가, 아무나

☐ 2845
report [ripɔ́:rt] 보고, 보도하다

☐ 2846
bicycle [báisikl] 자전거

☐ 2847
bike [baik] 오토바이

☐ 2848
sport [spɔ:rt] 스포츠

☐ 2849
dust [dʌst] 먼지

☐ 2850
food [fu:d] 음식

☐ 2851
whole [houl] 전체, 모든

☐ 2852
stop [stap] 멈추다, 중단하다

☐ 2853
field [fi:ld] 들판, 분야

☐ 2854
toy [tɔi] 장난감

☐ 2855
heaven [hévən] 천국

☐ 2856
attack [ətǽk] 공격하다

☐ 2857
cousin [kʌzn] 사촌, 조카

☐ 2858
light [lait] 빛, 밝게 하다, 가벼운

☐ 2859
supermarket [supərmarkit] 슈퍼마켓

☐ 2860
ice [ais] 얼음

☐ 2861
movement [mú:vmənt] 움직임, 활동, 동작

☐ 2862
advice [ædváis] 조언

☐ 2863
business [bíznis] 경영, 사업, 비즈니스

☐ 2864
ladder [lǽdər] 사다리

☐ 2865
male [meil] 남성, 남성의, 수컷

☐ 2866
mystery [místəri] 미스터리, 수수께끼, 추리

☐ 2867
realize [rí:əlàiz] 이해하다, 실현하다

☐ 2868
draw [drɔ:] 그리다, 끌다

☐ 2869
hometown [houmtaun] 고향, 마을

☐ 2870
bamboo [bæmbú:] 대나무

☐ 2871
wide [waid] 넓은, 광범위한

☐ 2872
clear [kliər] 분명한, 확실한

☐ 2873
bread [bred] 빵

☐ 2874
store [stɔ:r] 가게, 저장하다

☐ 2875
heavy [hévi] 무거운

☐ 2876
ever [évər] 지금까지, 여태까지

☐ 2877
tail [teil] 꼬리, 끝

☐ 2878
die [dai] 죽다, 사망하다

☐ 2879
sense [sense] 감각, 분별

☐ 2880
action [ǽkʃən] 행동

☐ 2881
truck [trʌk] 트럭, 화물차

☐ 2882
import [impɔ́:rt] 수입하다, 반입

☐ 2883
blue [blu:] 파란, 푸른

2884	**important**	[impɔ́:rtənt]	중요한
2885	**surprise**	[sərpráiz]	놀람, 놀라게 하다
2886	**mix**	[miks]	혼합하다
2887	**under**	[ʌ́ndər]	~아래의
2888	**success**	[səksés]	성공
2889	**speech**	[spi:ʧ]	연설
2890	**cut**	[kʌt]	자르다
2891	**letter**	[létər]	편지, 문자
2892	**melon**	[mélən]	멜론
2893	**warm**	[wɔ:rm]	따뜻한
2894	**desert**	[dézərt]	사막, 버리다
2895	**record**	[동 ríkɔ:rd, 명 rikɔ́:rd]	기록, 기록하다
2896	**loud**	[laud]	큰소리로, 시끄러운
2897	**past**	[pæst]	과거
2898	**somebody**	[sʌmbàdi]	누군가
2899	**build**	[bild]	건축하다
2900	**bomb**	[bomb]	폭탄

☐ 2901
if [if] 만약, ~라면

☐ 2902
brush [brʌʃ] 솔, 닦다

☐ 2903
memory [méməri] 기억, 회상

☐ 2904
elephant [éləfənt] 코끼리

☐ 2905
far [fa:r] 먼, 훨씬

☐ 2906
bright [brait] 밝은, 영리한

☐ 2907
culture [kʌltʃər] 문화

☐ 2908
refrigerator [rifrídʒərèitər] 냉장고

☐ 2909
perfect [pə́:rfikt] 완벽한, 완전한, 이상적인

☐ 2910
tape [teip] 테이프, 테이프를 붙이다

☐ 2911
spread [spred] 퍼지다

☐ 2912
fire [faiər] 화재, 불

☐ 2913
onion [ʌnjən] 양파

☐ 2914
week [wi:k] 주, 일주일, 주간

☐ 2915
clothes [klouz] 의복, 옷

☐ 2916
computer [kəmpjú:tər] 컴퓨터

☐ 2917
air [ɛər] 공기, 대기, 하늘의

☐ 2918
iron [áiərn] 철, 다리미

☐ 2919
passport [pǽspɔːrt] 여권

☐ 2920
ago [əgóu] 이전, 오래전에

☐ 2921
quickly [kwíkli] 신속히, 금방

☐ 2922
appointment [əpɔ́intmənt] 예약, 약속

☐ 2923
box [baks] 상자, 박스

☐ 2924
peace [piːs] 평화

☐ 2925
ski [skiː] 스키

☐ 2926
question [kwéstʃən] 질문

☐ 2927
homework [houmwərk] 숙제, 과제

☐ 2928
gather [gǽðər] 모이다, 수집하다

☐ 2929
space [speis] 공간, 우주

☐ 2930
rush [rʌʃ] 급한, 혼잡, 서두르다

☐ 2931
thank [θæŋk] 감사하다, 사의

☐ 2932
regular [régjulər] 정규의, 규칙적인, 정돈된

☐ 2933
plant [plænt] 식물, 공장, 심다

☐ 2934
friendship [fréndʃip] 우정

☐ 2935
anger [ǽŋgər] 분노, 노여움, 화

☐ 2936
quite [kwait] 꽤, 상당히

☐ 2937
cycle [sáikl] 고리, 주기, 순환하다

☐ 2938
excuse [ikskjú:z] 용납하다, 핑계

☐ 2939
cap [kæp] 모자, 뚜껑

☐ 2940
difficult [dífikʌlt] 어려운, 힘든

☐ 2941
textbook [tekstbʊk] 교과서

☐ 2942
pack [pæk] 꾸러미, 꽉 들어찬, 포장하다

☐ 2943
taxi [tǽksi] 택시

☐ 2944
table [téibl] 탁자, 테이블

☐ 2945
ceremony [sérəmòuni] 의식, 의례

☐ 2946
hot [hat] 뜨거운

☐ 2947
happening [hǽpniŋ] 사건, 해프닝, 일어나는

☐ 2948
goal [goul] 골, 목표

☐ 2949
dream [dri:m] 꿈, 꿈꾸다

☐ 2950
repeat [ripí:t] 반복하다

☐ 2951
camera [kǽmərə] 카메라, 사진기

☐ 2952
boss [bɔːs] 상사, 지도자, 보스

☐ 2953
wool [wul] 양모, 울

☐ 2954
cloth [klɔːθ] 천, 옷감

☐ 2955
body [bάdi] 몸, 신체

☐ 2956
absent [ǽbsənt] 결석한

☐ 2957
real [ríːəl] 진짜의

☐ 2958
block [blak] 큰 덩어리, 구역, (도시의) 블록

☐ 2959
necessary [nésəsèri] 필요한

☐ 2960
pass [pæs] 통과하다, 지나가다

☐ 2961
floor [flɔːr] 바닥

☐ 2962
exact [igzǽkt] 정확한

☐ 2963
west [west] 서쪽

☐ 2964
bowl [boul] 그릇, 사발

☐ 2965
bed [bed] 침대

☐ 2966
sunrise [sənraiz] 해돋이

☐ 2967
dress [dres] 옷, 드레스, 입다

☐ 2968
happy [hǽpi] 행복한, 즐거운

☐ 2969
page [peidʒ] 페이지, 쪽

☐ 2970
fan [fæn] 팬, 애호가, 선풍기

☐ 2971
live [liv] 살다, 생활하다

☐ 2972
until [əntíl] ~까지, ~할 때까지

☐ 2973
paint [peint] 그리다, 물감

☐ 2974
against [əgénst] ~에 반대하여, ~을 거슬러

☐ 2975
fear [fiər] 두려움, 걱정하다

☐ 2976
spirit [spírit] 정신

☐ 2977
experience [ikspíəriəns] 경험, 경험하다

☐ 2978
back [bæk] 뒤, 등, 돌아가다

☐ 2979
during [djúəriŋ] ~동안

☐ 2980
land [lænd] 땅, 착륙하다

☐ 2981
man [mæn] 남자, 사람

☐ 2982
oil [ɔil] 석유, 기름

☐ 2983
ground [graund] 땅, 지면

☐ 2984
thief [θi:f] 도둑

☐ 2985
please [pli:z] ~을 기쁘게 하다, 제발, 부디

☐ 2986
look [luk] 보다

☐ 2987
upstairs [ʌpstɛ́ərz] 위층으로

☐ 2988
suddenly [sʌdnli] 갑자기

☐ 2989
inside [insáid] 내부, 안쪽

☐ 2990
impossible [impɑ́səbl] 불가능한

☐ 2991
fond [fand] 좋아하는

☐ 2992
stairs [stɛərz] 계단

☐ 2993
head [hed] 머리

☐ 2994
nose [nouz] 코

☐ 2995
mouth [mauθ] 입

☐ 2996
neck [nek] 목

☐ 2997
shoulder [ʃóuldər] 어깨

☐ 2998
stomach [stʌmək] 위

☐ 2999
knee [ni:] 무릎

☐ 3000
leg [leg] 다리

TOEIC 테스트 파트별 테크닉

Part 1 사진 묘사 문제

● 공략 포인트

① 질문이 스피커에서 나오기 전 90초를 잘 활용하자. 최대한 집중력을 발휘해 문제지의 사진을 살펴본다.

② 사진은 2종류로 나뉜다.

인물 사진(Portrait) 또는 풍경 사진(Landscape).

③ 사진 포인트

인물 사진–동작, 시선, 인원수, 성별, 장소, 누구와 어디서 무엇을 하는가.

한 사람일 때–어디서, 어떤 사람이, 무엇을 하는가(장소, 성별, 직업, 행동).

풍경 사진–중앙(가장 눈에 띄는 부분)에 있는 것, 장소, 사물의 위치 관계 등.

Part 2 질의응답 문제

● 공략 포인트

① '1초간 첫 단어'에 귀 기울여라

각 문항의 첫 단어에 귀를 기울이자. 대체로 결정적인 힌트는 첫 단어에 있을 때가 많기 때문이다.

② '의문사 6가지'에 집중하라

문제의 과반수는 의문사로 불리는 6개의 단어(5W1H)로 시작한다. 가령 "Where…?"로 시작하는 질문이라면 '장소'를 뜻하는 단어가 정답이 된다. 즉 의문사 6종류가 번갈아 나오는 형식이니 너무 긴장하지 말고 집중해서 들어보자.

③ '비슷한 발음'에 속지 마라

Part 2에서는 발음이 비슷해서 '착각'하기 쉬운 문제가 출제된다. 가령 copy와 coffee, highway와 hallway 등 질문에 나온 단어와 '발음은 유사하지만 뜻이 전혀 다른 단어'가 보기 중에 나오면 오답일 확률이 높으니 함정에 빠지지 않도록 유의한다.

Part 3 짧은 대화 이해 문제

짧은 대화문을 듣고 보기 4개 중 답을 고르는 형식이다.

- **공략 포인트**

① '개괄형'과 '세부형'으로 구분하라

3인 대화는 '개괄형'과 '세부형', 이렇게 두 가지 유형으로 나뉜다.

'개괄형'은 '남자는 무엇에 관해서 이야기하고 있습니까?'와 같이 전반적인 내용을 이해했는지 묻는 질문을 말한다. 예를 들면 Q: "이것은 무슨 전골입니까?", A: "닭백숙입니다"와 같은 유형이다.

'세부형'은 "여자는 언제 미용실에 갔습니까?", "남자는 어떻게 하자고 제안했습니까?"와 같이 세부 내용을 묻는 질문을 말한다. 예를 들면 Q: "이것은 무엇입니까?", A: "실곤약입니다"와 같이 음식명 자체를 묻는 것이 아니라 음식에 들어간 재료를 묻는 유형이다.

② '역순으로' 보기를 읽어라!

질문이 스피커에서 나오기 전에 보기를 4→3→2→1과 같이 역순으로 읽으면서 '개괄형'인지 '세부형'인지 파악한다.

③ '세부형'은 대화 말미에 유의하라

세부형 문제는 보통 대화 말미에 힌트가 나올 때가 많으니 힌트를 놓치지 않도록 유의한다.

Part 4 설명문 이해 문제

짧은 내레이션을 듣고 보기에서 정답을 고르는 형식이다.

● **공략 포인트**

① '개괄형'과 '세부형' again!

문제 유형은 Part 3와 마찬가지로 개괄형과 세부형, 이렇게 두 가지로 나뉜다.

② '순서대로' 보기를 읽어라

내레이션이 스피커에서 나오기 전에 보기를 1→2→3→4의 순으로 읽으면서 개괄형인지 세부형인지 미리 파악해두자.

③ NTT 풀이법

내레이션의 내용은 크게 세 가지로 나뉜다. 이처럼 문제 유형을 미리 익혀두면 문제를 풀 때 필요한 정보가 귀에 쏙쏙 들어온다. '돈을 찾아야지' 또는 '화장실에 들러야지' 하고 염두에 두면 뇌가 처리해야 할 문제로 인식하여 거리를 걸을 때 실제로 ATM 기기나 화장실이 눈에 쉽게 띄는 것과 마찬가지 원리다.

N=News(사실⇒경위⇒이후의 대응)
T=Telephone(목적⇒세부)
T=Talk(누가 어떤 상황에서 무엇 때문에 말하는가?)

※ Part3과 Part4는 점수를 올리는 데 시간이 제법 걸린다. 영어 학습에서 효과가 늦게 나타나는 분야이기 때문이다. 이제 막 TOEIC 공부를 시작했는데 단기간에 승부를 봐야 하는 상황이라면 Part3과 Part4의 대책은 잠시 미뤄두는 것도 학습 전략이라고 할 수 있다.

Part 5 단문 공란 메우기 문제 (문법/어휘)

● **공략 포인트: 한 컷 그림을 활용한 통암기**

이 책에 나오는 단어를 철저히 암기할수록 점수가 쑥쑥 오를 것이다. 대체로 난도가 높다고 일컬어지는 문제도 결국 어휘력에서 승부가 판가름 나므로 이 책을 제대로 활용한다면 한결 유리한 고지에 설 수 있다. 즉 한 컷 그림을 활용한 통암기로 이 책의 단어를 자기 것으로 소화하여 부디 빠른 시일 내에 원하는 점수를 따기 바란다.

Part 5의 문제 유형은 크게 세 가지다.

① 5~10초 문제

문장을 읽지 않고 밑줄 친 부분만 보고도 풀 수 있는 문제를 말한다. 즉 품사, 숙어, 관용구의 이해도를 묻는 질문이다.

② 10~15초 문제

밑줄 친 부분을 중심으로 일부 문장만 읽어도 정답을 찾아낼 수 있는 문제다. 보통 상용구나 시제 등을 묻는다.

③ 30초 문제

이 유형은 먼저 문제를 차분히 읽고 나서 제시된 보기 중에서 정답을 찾아야 한다.

"Part 7은 시간이 늘 부족해!"라고 느낄 경우 Part 5를 빨리 풀고 남은 시간을 Part 7에 투자하는 훈련을 거듭하면 차차 제한 시간 내에 문제를 다 풀 수 있을 것이다.

Part 6 장문 공란 메우기 문제

● **공략 포인트**

① 장문 형식을 빌린 문법 문제

이 유형은 장문 독해가 아니라 문법과 어휘 문제라는 점을 기억하자. Part 5와 마찬가지로 어휘력을 기르고 TOEIC 시험에 나오는 문법 지식을 익히면 고득점을 딸 수 있다.

② 쉬운 문제를 먼저 풀어라

문제 유형은 크게 두 가지로 나뉜다.

빈칸의 앞뒤만 봐도 정답을 알 수 있으므로 몇 초 만에 승부가 결정되는 '초 단위 문제'가 있다. 또 하나는 '25~30초 문제'로 문맥 전체를 파악해야 하므로 정답을 고르는 데 다소 시간이 걸리는 문제를 말한다.

자칫 잘못하면 Part 7의 문제를 풀 시간이 부족할 수 있으니 먼저 '초 단위 문제'부터 푸는 것이 바람직하다. 보기에서 정답을 골라내기가 어렵다면 일단 다음 문제로 넘어가는 것도 점수를 올리는 요령이다.

③ 질문하면서 풀어라

편지, 기사, E-mail 등이 나오는 문제는 먼저 개요를 파악해야 하므로 '누구를 위하여?', '무엇 때문에?'와 같은 질문에 답을 찾는 형식으로 문제를 읽어보자.

Part 7 장문 독해 문제

● **공략 포인트**

① 뒤에서부터 훑어봐라

문제지의 뒤에서부터 빠르게 훑어보면서 단문, 중문, 장문으로 구분한다. 중문과 장문을 나누는 기준은 딱히 정해진 틀이 없으니 스스로 판단해서 나누되 단문부터 풀어보자. 이렇게 접근하면 남은 시간을 최대한 활용해서 정답을 맞힐 확률이 높아지기 때문이다.

② ABCD 풀이법

출제된 지문의 장르에 따라 독해 관점을 바꾸어 읽는다. 어떤 장르인지는 지문 위쪽에 적혀 있다.

출제 예문: Question 161-163 refer to the following advertisement

장르는 크게 4가지로 나뉜다.

A=광고(ad.) 일반 기사(article)

B=비즈니스 문서(business letters)

C=도표(chart)

D=사내 문서(documents)

E-mail, 채팅, 문자 메시지 등 새로운 형식도 늘어나는 추세이다. 이러한 형식은 앞서 소개한 B나 D로 분류할 수 있을 것이다.

A: 광고⇒ '카피, 타깃, 상품, 서비스, 신청 방법, 조건, 기한'에 유의하자.

A: 기사⇒ '제목, 머리기사, 굵은 글씨'에 주목하자.

B: 비즈니스 문서⇒ '업체명과 발신인, 직업과 직위'는 보통 비즈니스 문서의 첫 줄에 나오므로 첫 줄을 확인하면 '어떤 목적으로' 글을 썼는지 알 수 있을 때가 많다.

C: 도표⇒ '제목, 그래프 주제, 항목, 범례'를 확인하자.

D: 사내 문서⇒ 기본적으로는 비즈니스 문서와 같다. '누가, 누구를 위하여, 어떤 목적으로', 사내 규칙이나 일정을 변경했는지, 인사 이동이 어떻게 되었는지, 본사에서 지점으로 보내는 공문 내용이 무엇인지, 전화로 어떤 메모를 남겼는지 등을 살펴보자.

부디 TOEIC 점수라는 '면허증'을 최대한 활용해서 자신의 인생을 더 멋지고 즐거운 여행길로 가꾸어나가길 바란다! 이 책을 읽고 있는 독자 여러분은 이미 새 차를 타고 핸들을 잡고 있는 셈이다.

지은이

요시노 구니아키

기계공학 대학원을 수료한 후 마쓰시타 전기(오늘날의 파나소닉)에 입사하여 엔지니어 겸 해외 지원 업무를 하다가 프리랜서로 독립했다. 시험 전문 기억법 강사로 변신하여 합격률이 35% 내외에 불과한 파이낸셜 플래너 자격증 대비반을 개설했다. '장수생'이라 불리는 수강생들을 대상으로 원데이 클래스를 열어 단 하루 만에 합격률을 89%로 끌어올렸다. TOEIC 대비반에서는 500점대를 맴도는 수강생을 대상으로 하루 200개씩 단어를 암기시켜 9주 만에 150점을 올리는 등 수많은 강의 실적을 쌓았다.
'한 사람의 낙오자 없이, 한 사람이라도 더', '쉽고도 재미난 기억법을 전수하자'를 모토로 활동 중이다. 명민함과 유머를 겸비한 강의로 정평이 나 있으며 특히 '방정식을 풀 듯 명쾌한 화법'과 전직 엔지니어로서의 경험을 녹인 '논리적인 사고방식'이 돋보인다는 평가를 받아왔다. 초등학생에서 80세에 이르기까지 1,000명이 넘는 수강생의 전폭적인 지지 아래 '기억법의 구세주'라 불린다.

나가이 다카유키

고교 시절부터 '어떻게 하면 재미있으면서도 깊이 있는 지식을 쌓을 수 있을까'를 탐구해온 자칭 '학습법 덕후'다. 도쿄대 재학 시절부터 11년간 대형 입시 학원에서 도쿄대 및 교토대 준비반 강의를 담당했다. '성과만큼만 보수를 받는다'라는 원칙 아래 최상위권 학교를 목표로 하지만 성적은 한참 못 미치는 수험생을 맡아 끝내 합격시키는 막판 역전극을 펼쳐왔다.
도무지 오르지 않는 성적 때문에 공부 의욕마저 잃어버린 수험생의 어려움을 잘 알기에 '빠르고 즐거운 학습'을 신조로 삼아 독자적인 기억법, 자격증 학습법, TOEIC 시험 공략법 등을 개발했다. 오랜 경험을 바탕으로 다양한 학습법 강좌를 열어 강사 겸 입시 컨설턴트로 활동 중이다.

감수

사토 후미아키

24세에 유수의 건설 회사를 퇴사한 후 창업에 도전하지만 실패로 끝났다. 이후 IT 업계에 발을 들인 지 10년 만에 33개의 계열사를 거느린 기업 대표이사로 거듭났다. 대표적으로 TOEIC 스쿨을 운영하고 있으며 〈한 달에 30억을 벌 수 있는 조인트 사고〉를 출간하여 독자들의 호응을 얻었다. 현재 강연 활동을 통해 한 사람이라도 더 성공을 누릴 수 있도록 분투 중이다.

옮긴이

김은하

유년 시절을 일본에서 보낸 추억을 잊지 못해 한양대학교에서 일어일문학을 전공했다. 어려서부터 한일 양국의 언어를 익힌 덕분에 번역이 천직이 되었다. 번역하는 틈틈이 바른번역 글밥 아카데미에서 출판 번역 강의를 겸하고 있다. 주요 역서로 〈빅팻캣의 영어 수업: 영어는 안 외우는 것이다〉, 〈빅팻캣의 세계에서 제일 간단한 영어책〉, 〈1분 아들러〉 등 다수가 있다.

TOEIC®
완전 정복
3,000 보카 수록

한 번만 읽으면 평생 잊을 수 없다

15초 영단어

펴낸날 초판 1쇄 2019년 1월 10일
초판 3쇄 2021년 3월 14일
지은이 요시노 구니아키
나가이 다카유키
감수 사토 후미아키
옮긴이 김은하
펴낸이 이주애, 홍영완
편집 양혜영, 장종철
디자인 김주연
마케팅총괄 김진겸, 김가람
펴낸곳 (주)윌북
출판등록 제2006-000017호
주소 10881 경기도 파주시 회동길 337-20
전자우편 willbooks@naver.com
전화 031-955-3777
팩스 031-955-3778
블로그 blog.naver.com/willbooks
포스트 post.naver.com/willbooks
페이스북 @willbooks
트위터 @onwillbooks
인스타그램 @willbooks_pub
ISBN 979-11-5581-203-7 (13740) (CIP제어번호: CIP2018040796)